嵩 山 行

周昆叔 著

文物出版社

封面照片：耿炳伦
书名题签：周昆叔
封面设计：陈蛮蛮
责任印制：张道奇
责任编辑：王　伟

图书在版编目（CIP）数据

嵩山行/周昆叔著．－北京：文物出版社，2010.12
ISBN 978-7-5010-3054-5

Ⅰ．①嵩… Ⅱ．①周… Ⅲ．①文化史－河南省－古代－文集　②古植物学－河南省－古代－文集　Ⅳ．①K296.1-53 ②Q914-53

中国版本图书馆CIP数据核字（2010）第202775号

嵩　山　行

周昆叔　著

*

文 物 出 版 社 出 版 发 行
北京市东直门内北小街2号楼
http：//www.wenwu.com
E-mail：web@wenwu.com
北京燕泰美术制版印刷有限责任公司制版
北京盛天行健印刷有限公司印刷
新 华 书 店 经 销
787×1092　1/16　印张：21.5
2010年12月第1版　2010年12月第1次印刷
ISBN 978-7-5010-3054-5　　定价：218.00元

目 录

序一 许顺湛 …………………………………… 01
序二 王福松 …………………………………… 04
心扉（代自序） ………………………………… 07

壹 理论探讨
文化加速演进论——信息传递影响文化演进 ………………………… 002

贰 河南建设
论再现豪放中州 …………………………………………………… 014
登封市·嵩山文化圈·嵩山文化产业 …………………………… 026
国家要务——建议尽快把登封建成"天地之中"国家级文化产业园 … 030

叁 嵩山文化
嵩山神韵 …………………………………………………………… 034
嵩山颂 ……………………………………………………………… 036
天地之中——中华文化认同的基础 ……………………………… 038
天地之中歌 ………………………………………………………… 049
天地之中三字经 …………………………………………………… 050
嵩山行 ……………………………………………………………… 052
少林寺夜叙 ………………………………………………………… 067

浅议嵩山少林文化复兴 ················· 070
高山高人 ························· 081
嵩山根雕艺术 ······················· 089
嵩山奇石艺术 ······················· 108
千年古树复开花　登封窑火再辉煌 ········· 130
具茨山巨石文化一瞥 ··················· 153
箕山日月星辰岩画的发现 ················ 160
许由史迹考察纪要 ···················· 166
嵩山掠影 ························· 173

肆　人生絮语

"双节"思国兴 ······················ 196
祖国中兴期间的科学生涯 ················ 200
边缘科学　最佳视点 ··················· 209
暑趣 ··························· 253
俄罗斯印象 ······················· 257
魅力埃及 ························ 267
访问泰国 ························ 276

附录

附录一　论嵩山文化圈 ················· 290
附录二　再论嵩山文化圈 ················ 305

嵩山情缘（后记） ···················· 325

序 一

周昆叔先生是地质与地球物理学专家，在第四纪地质和花粉分析研究方面成绩卓著。20世纪80年代，他受到联合国科教文组织倡导的"全球环境问题"研究课题的启发，提出了"环境考古"的科学理念，1989年在《第四纪研究》上发表了《北京环境考古》的论文，此后全力投入到中原环境考古的研究工作中，1990年在西安召开了首次全国环境考古学术会议，于1991年由他主编了《环境考古研究》第一辑。后来，又亲自参加了洛阳皂角树和渑池县班村两个考古遗址的发掘，环境考古研究的成果在《洛阳皂角树》考古发掘报告中公布。在此期间"中国第四纪研究委员会环境考古专业委员会"成立，周昆叔先生担任主任。先后召开了两次全国环境考古学术会议，由他主编了《环境考古研究》第二辑和第三辑，还出版了《花粉分析与环境考古》一书。李学勤先生在《中华文明和嵩山文明研究·序》中说："周昆叔先生是我国环境考古学科的主要倡导者和奠基人。"这一评价我认为是恰当的。

中华文明连绵不断五千年，是世界文明史中的孤例。中华文明是全国各族人民共同创造的，它的起源是多元的。例如早期的中原文明、海岱文明、太湖文明、江汉文明、甘青文明、燕山文明等；后来又出现了燕赵文明、齐鲁文明、吴越文明、荆楚文明、巴蜀文明以及中原地区的夏商周文明等。水流百川归大海，形成了多元一体格局的中华文明。自五帝时代、夏商周三代、秦汉以降直至北宋，中国的政治、经济、文化的中心以及影响较大的国都文化、根文化、纽带文化都在大中原。因此说，中华古代文明的中心，在关中、晋南、河南等地的大中原，这是铁的历史事实。正因为如此，国家"夏商周断代工程"以及后来的"中华文明探源工程预研究"的重心确定在大中原。对这一基本理念周昆叔先生坚定不移地予以支持，他不仅成为志同道合的同盟者，而且毫不犹豫地冲向前沿阵地。为

嵩山行◎序

了证明中华古代文明中原中心论，他充分发挥了自己的特长，另辟蹊径，以环境考古为切入点，长期在河南做了大量的工作，而且获得了喜人的成果，发表了不少有价值的文章，在学术界受到了好评。

为什么中华古代文明中心出现在大中原？周昆叔先生为了探求究竟，近年来，他对中原地区特别是嵩山地区的山、水、土、生物、气候、地理位置，进行了深入研究，认为这些自然因素所形成的古代环境，与人类文明的起源、形成、发展有极为重要的关系。他通过深入调查分析研究，提出了"嵩山文化圈"的概念，与黄河、淮河、济水"三水文化"（三河文化）相结合，认为"中原文化是中华文化的主源与核心，嵩山是中原文化的发动机和孵化器"（《嵩山情缘》）。这一新的提法是否能成为燎原之火，还得有个过程，要经得起不同学术观点的碰撞。中原文明中心论、河洛文化核心论，在学术界仍有不同看法，"嵩山文化圈"的提出，不仅要考虑面对多中心说的挑战，而且还要协调好"河洛文化"的传统观点。由此也许会引起学术界的热烈争议，推动学术研究的深入。周昆叔先生可能早已料到，所以他在一篇文章中，对今后研究工作，中肯地提出了"任重道远"以勉励同仁（《地层·环境·嵩山文化圈》，《中华文明与嵩山文明研究》第一辑，科学出版社，2009年）。

周昆叔先生对嵩山文化情有独钟，久居嵩山，继续深入考察，老当益壮，快马加鞭，又撰写了多篇文章，汇集成册，名为《嵩山行》，在将出版之前，我有幸拜读了大作。他撰写的动机是："登封是嵩山的中心，是嵩山的代表，在这里可以近水楼台先得月。在近距离观察嵩山的史、文、景、物、人会更了解嵩山文化，因为这些景、物、人中蕴含着嵩山的'基因'，这样既可以运用我有限的精力，也可弥补工作中古今联系不多之憾，筑起古今的认识之路，既可以推进我对嵩山的认识，也许对推进嵩山走向新时代有些助益"（《心扉》）。《嵩山行》一书从表面看，好像是一部游记，实际上比一般游记深刻得多，他在充实"嵩山文化圈"的内容，阐述"中华民族文化的核心"观点。他认为嵩山具有奇、险、秀、美、奥的特点；研究实践禅、武、医是促进少林文化复兴的重要途径。嵩山是三教文化荟萃的圣地，是几千年来文物古迹的大观园，作者在《嵩山掠影》一文中兴奋而感慨地说："嵩山无处不生花"。这句话概括的好极了。

嵩山东支具茨山发现了岩画文化、巨石文化、箕山上发现日月星辰岩画，这是中原地区最重要的考古发现之一，引起学术界高度关注，地方政府也十分重视，多次组织人力进行实地考察、论证，对许多问题已初步取得了共识。在发现、考察过程中，除了禹州市刘俊杰先生之外，最突出的还有一个人物便是周昆叔先生，古稀之年，与年轻人一样跋山涉水，顶烈日，冒严寒，登山巅，下沟壑，考察、记录、照相……这种精神的确难能可贵。

岩画的年代不易确定，这是世界岩画研究的共性问题。但是在具茨山岩画考察中，以周昆叔先生为首的一些专家，发现并确认了地层与岩画的叠压关系，提出了岩画相对的年代，这对具茨山岩画的研究是一个重要的贡献。对岩画和巨石文化的发现，周昆叔先生评价："说明嵩山、中原文化在华夏文化中的根脉性、核心性和主源地位。"（《具茨山巨石文化一瞥》）这种认识促使他对嵩山文化锲而不舍地研究。

周昆叔先生注重理论联系实际，以多年研究中国、中原、河南和嵩山环境考古的科研成果，从社会、自然发展的历史轨迹中得出"再现豪放中州"的建设理念和指出登封文化产业的发展途径，体现出科研为文化、经济建设服务的努力。古为今用，有助于检验和推进科学研究工作，值得借鉴。

周昆叔热爱中原传统文化，钟情嵩山。在科学领域忠于职守，执著认真，责任心很强，勤奋努力，能吃苦耐劳，虽年逾古稀，但思维敏捷，一直活跃在学术前沿，这种精神值得敬仰和学习。

许顺湛
2010年1月7日

序 二

当"中华民族文化的核心——嵩山文化圈"一文在《文明》杂志（2006年3月特刊）上刊出后，许多人知道了"嵩山文化圈"在中国文化发展史上所处的重要地位。这篇文章的作者就是中国科学院地质与地球物理研究所研究员周昆叔先生。周昆叔先生不仅在地质与地球物理方面有诸多建树，而且还是中国环境考古学的主要倡导者和奠基人。2008年9月，我出任中岳嵩山所在地登封市的代市长，2009年1月改任市委书记。由此，我与嵩山结下不解之缘，逐步从周昆叔等大家的研究成果中深层次认知嵩山文化。

嵩山雄居天下之中，乃中国著名的五岳之一。它有35亿年的历史，"五世同堂"的地质奇观，不仅展现着地质史上的万古沧桑，同时还传承着中华民族文化的血脉，在中华文明的进程中一直起着发动机的作用，素称中华民族文化之根的河洛文化亦发轫于嵩山地区的黄河与洛河之间。嵩山地区是中华民族最早的孕育地之一，早在人类社会从原始社会向氏族社会过渡的旧石器时代，华夏祖先就在此繁衍生息；当人类进入新石器时代，嵩山地区成为史前文化最发达的地区，广泛分布其中的裴李岗文化、仰韶文化、龙山文化等，使嵩山形成了璀璨夺目的新石器文明；五千年前，人文初祖黄帝，以嵩山地区为中心，一统中原后建立了强大的部落联盟，并形成了当时中国最先进的农耕文明；四千年前，在中华民族文化形成史上起重要作用的夏、商、周三代均建都于嵩山地区，正如《史记·封禅书》所说："昔三代之居，皆在河洛之间，故嵩高为中岳。"夏、商、周三代政治、经济、文化的中心地位，铸就了嵩山作为中华文明滥觞地的崇高地位。嵩山天地之中的地理位置，在古代被视为万物发生和发展的根源。故《周礼》有"天地之所合也，四时之所交也，风雨之所会也，阴阳之所和也"之说。嵩山特殊的文化氛围，使嵩山成为古代人们心目中的祖山和神山，因而《山海经》有"万山祖宗"之称，因此，受到了历代帝王大规模的祭祀和封禅。

登封位于嵩山的腹地，从上古起，王朝的建都、皇帝的祭祀封禅、三教文化的流传，在登封境内留下了众多不朽的文化遗存。中国夏代最早的都城王城岗、五岳规模最大的礼制建筑群中岳庙、禅宗和少林武术发祥地少林寺、中国最古老的周公测影台和观星台、中国现存最早的中岳汉三阙、中国最古老的嵩岳寺塔及全国规模最大的古塔群少林寺塔林、中国古代四大书院之一的嵩阳书院等，其所透视出来的大禹文化、三教文化、武术文化、天文文化、古塔文化、汉阙文化等则是嵩山腹地历史文化的标志。而由嵩山自然和社会等因素影响而产生的少林禅武医以及奇石、根艺、陶瓷、古岩画等等也是组成嵩山文化的元素。

在人们充分认识嵩山作为中华文化圣山的过程中，周昆叔先生可以说发挥了重要的作用。早在2000年，他对颍河上游的考古调查成果结集而成的《颍河文明》，是其涉足嵩山文化的起点。2005年初，周昆叔先生在深入研究了以嵩山为中心的区域内文化分布特征后，提出嵩山文化圈的概念，此犹如黑夜里的火把，照亮了人们探知嵩山文化的道路。2006年，周昆叔先生提出嵩山文化圈乃中华民族文化核心的论断，标志着嵩山文化的探索和研究迈上了一个崭新的台阶。在此之后，周昆叔先生以其敏锐的眼光、渊博的学识，从环境考古学的角度，对嵩山的地质、地貌、山脉、河流进行了深度研究，得出了嵩山为"天地之中，万山之祖，三水（黄、淮、济水）之联，五岳之宗"的结论，从而科学阐释了丰厚的嵩山文化的来源。之后，周昆叔先生又主持编辑出版了《中华文明与嵩山文明》一书，将其本人及众多知名学者对嵩山文化的研究成果汇集成册。该书比较系统和全面地论述了中原文化是中华文化的主源和核心，嵩山是中原文化的发动机和孵化器。

2009年，周昆叔先生应登封市委、市政府之邀，长住于登封研究嵩山文化。虽然年逾古稀，但精神矍铄，不辞辛苦，攀岩涉水，足迹遍布嵩岳山山水水。他通过对嵩山、少林、箕山、陶瓷、岩画、石艺、根艺等的深入调查和研究，终成《嵩山行》一书。该书虽以"行"为名，但非旅行之"行"，乃是周昆叔先生对组成嵩山文化元素发现之旅的总结，是一部极具历史、文化价值的著述。周昆叔先生根据他长期对全国、中原和河南古环境与古文化的研究，把自然史与社会史结合起来解释中州发展脉络，从历史追溯中适时地提出"再现豪放中州"的理念，对促进河南建设迈向新台阶有重要的意义，这体现了周昆叔先生学以致用的治学精神。在其《嵩山行》中对少林文化精髓禅武医的阐述，使人们知道了少林文化的核心所在，同时也对如何传承和弘扬这一宝贵的文化遗产提供了宝贵的依据。其对古陶瓷、古岩画、许由等的研究，则让人们看到了嵩山更广、更丰富的文化内涵。而其对由嵩山自然环境而诞生的奇石、根艺的探讨则为人们探究嵩山文化打开了新的窗口，开启了新的思路。

  作为嵩山所在地登封的市委书记，读完周昆叔先生的《嵩山行》书稿，心潮澎湃，思绪万千。在我深信嵩山文化的前景灿烂之时，也深感任务的艰巨。庆幸的是，有周昆叔等一大批嵩山文化研究学者作为后盾，我信心倍增。由衷钦佩周昆叔先生多年来对嵩山的钟情，亦对其取得的丰硕成果感到欣慰，同时也殷切希望登封能涌现出一批像周昆叔先生这样对嵩山文化有研究的方家。在周昆叔先生《嵩山行》一书即将付梓之时，约我为之序，愧不敢当。顾周昆叔先生研究嵩山文化成果之硕，念本人所承载的历史使命之巨，故不得辞，濡笔因有上言，是为序。

2010年1月于登封

心 扉

(代自序)

　　这本书是笔者多年研究中国、中原、河南与嵩山环境考古成果的一点体现，论述了中国、河南、登封文化与经济建设问题。另外，近水楼台先得月，写了笔者一年来对中岳嵩山史、文、人、物、景的新体念与新发现。还因60年国庆生情，汇报了半个世纪来笔者的历程、体悟与对祖国的情。

　　当骑竹马的孩童时代还记忆犹新时，当在长沙青少年宫和西安大学里生气盈然的生活还能一幕幕想起时，当风尘仆仆地在野外科学考察和在实验室里忙碌的情景如同昨日时，光阴之箭已把我射到耄耋之年。"光阴似箭，日月如梭"。原来只是读到了，后来感觉到了，现在真切地体会到了。我们尽管在地球上是万物之灵，也逃不过光阴的制约，会生，会长，会老，会消失而回归自然。我们不可能埋怨光阴何以似箭，日月何以如梭，也不可能妄想日月转得慢些。我们怎么办？我们可以争取把每一分钟过得充实些。日月可以为用，光阴可以成事。

　　我庆幸生活在国家复兴的伟大时代，作为国家前进激流中的一员，能为国家复兴增砖添瓦，十分欣慰。近些年，在我推行环境考古的重心郑州地区，得到郑州领导和人民的厚爱，信心和力量倍增。令人难忘的是2006年4月14日首次幸会河南省常委、郑州市市委王文超书记，他笑容满面迎着我说："我早就想与您取得联系，今日终于见面了，有些晚了。"王书记的亲切谈话，一下把我们的距离拉近了。他接着说："您提出的嵩山文化圈有利郑州市文化立市。关于嵩山文化圈，首先是要尽快宣传，让大家都知道，做到家喻户晓。另外，还要深入研究，要成立机构推动。"2006年6月25日，王文超书记在市委会议室对我说："研究展示嵩山文化，将促

2006年4月作者首次幸会王文超书记（右）（张松林摄）

使提高民族凝聚力。毫无疑问中原文化是中国政治、经济、文化的主要源头，要让大家了解，让世界称道。考证中原文化的成熟和形成条件，并将其展示、宣传，使大家认识嵩山文化就是华夏民族的重要源头，要让华人和世界了解嵩山文化在中华民族文化中的核心地位。我听到周教授的讲话很感动，很受鼓舞。如果我们对嵩山文化认识不足是失职，不能发挥她的作用也是失职。我们有责任、有义务做好这件事情，有责任、有义务提高嵩山文化在中国和世界的地位。她的历史地位不仅要得到承认，也要肯定她今天的重要作用。"此后我和我的研究集体在王文超书记的指导、亲切关怀和各方的大力帮助下将嵩山文化研究进一步推展开来。

2007年11月11日，王文超书记不辞劳累，利用星期休息日到具茨山视察我们进行的岩画调查，在返回郑州的途中他对我说："要将嵩山文化作为一项重大的系统工程来抓，要加大投入。对具茨山和整个嵩山岩画要进行系统调查。"

王文超书记对嵩山文化研究的多次中肯和掷地有声的讲话，为我们研究嵩山文化画出了蓝图。王书记对嵩山文化的重视既是要把郑州建设成为有文化、有思想、有抱负城市一贯思想的体现，也是要继承、弘扬中华文化，增强中华民族凝聚力和促进豪放中州崛起的重要举措。

在我晚年时，郑州市以王文超书记为首的党政领导给了我们从事嵩山文化研究的大好机会，这是一个无与伦比的金色大舞台，真是天高任鸟飞，海阔凭鱼跃。我们一定要不辱使命，努力搞好中华文化主源的嵩山文化研究。

继2006至2007年几次对嵩山东支具茨山岩画进行了考察之后，我于2008年11月4日至12月21日的一个半月里，再次与宋豫秦教授等同仁顶寒风攀登具茨山调查岩画，承蒙河南省、郑州市、新郑市和考察队领导与队友的细心关照，总算走过来了，感念至深。2008年4月协同北京大学宋豫秦教授完成具茨山岩画调查任务向河南新郑黄帝文化研究会交差后，深感要识时务。我的"时"是76岁了，老了。我的"务"是如何在力所能及的情况下继续将中原环境考古推向前进。这样就要缩短战线，以便充分利用宝贵光阴。于是我萌生了到登封长住的想法，庆幸得到郑州市王文超书记、登封市王福松书记等领导的大力支持。

登封是嵩山的中心，是嵩山的代表，在这里可以近水楼台先得月。在近距离观察嵩山的史、文、景、物、人会更了解嵩山文化，因为这些景、物、人中蕴含着嵩山的"基因"，这样既可以运用我有限的精力，也可弥补工作中古今联系不多之憾，筑起古今的认识之路，既可以推进我对嵩山的认识，也许对推进嵩山走向新时代有些助益。在登封市领导和人民关爱下，让我这老翁于2009年5月中旬住进了闻名暇迩的少林寺对面的登封少林旅游度假村。

一年里我接触了登封市许多领导、许多百姓。我接触到机关、工业、农业、学校、商业和寺庙等各方面的人士，有的还交上了朋友，一些日子不见还怪想的。好心的朋友总关心地问我在这里寂寞不寂寞，我总是怀着十分感激之情地说：不寂寞。这不是客套，也不是敷衍，因为朋友们待我如亲人，还因为我的事安排得十分紧凑，时间不够用，不闲则不生寂。

我如何实现走近嵩山的愿望，有一个安排的问题。首先，我觉得要把我对嵩山的认识做一个梳理，嵩山的自然，嵩山的人文，经过千百亿万年的演变，既有涉及方方面面之繁，也有浩如烟海之文，总结归纳，删繁就简，这不仅是我新起步之需，也是大众之望。于是，我写出了《嵩山颂》，以128个字概述了嵩山古今和歌颂了伟大的嵩山；还以"嵩山神韵"16个字浓缩嵩山文化。

其次，我逐渐地走近嵩山，走近嵩山的人。我在靠近嵩山中先后写出《嵩山行》、《具茨山巨石文化一瞥》、《箕山日月星辰岩画的发现》、《许由史迹考察纪要》、《暑趣》和《嵩山掠影》。我就住在少林寺近旁，少林寺几个字常常浮现在脑海，少林文化是怎么回事更是环绕在心中。于是以应邀参加"塔沟集团少林文化复兴讨论会"和"第二届嵩山少林禅武医理论与实践研讨会"上的发言为基础，写出了《浅议嵩山少林文化复兴》。我从登封的领导人中看到了孺子牛的精神，看到了登封人执著的品德。于是我写出了《少林寺夜叙》、《高山高人》、《嵩山根雕艺术》、《嵩山奇石艺术》、《千年古树复开花　登封窑火再辉煌》。

你问我一年来到底看到了嵩山什么？从嵩山文化的古老、丰富和对我国文化的重大影响来看，我认定嵩山是华夏民族根脉文化圣山。我看到了嵩山不仅奥，而且奇、险、秀、美。我看到嵩山人有追求真理，追求美及一往无前的精神。我看到了嵩山了不起的上古先贤许由、巢父与现代新秀有同出一脉的相承关系。这种关系我们可以从很多平凡的人、平凡的事中看得到，例如：11月12日后连续降雪，顿时嵩山变得银装素裹，分外娇娆。一天见一位飘动着冉须的老者在奋力铲除积雪。上前打问，才知道是81岁的韩新志老人。他是少林寺附近的老农，曾经在少林寺呆过四年，习过武，说起这段经历，自得地做了个少林拳扎马步，威不减当年。耄耋老人韩新志不怕严寒，不顾年迈，铲冰扫雪，方便别人的朴素举动，是平常小事，却透露出受嵩山文化和少林文化熏陶的人的高尚品德。期盼发扬"各人自扫门前雪，也管他人瓦上霜"的新风尚洒向四方。我住的7号院，是丁占青老先生兄弟的房子。丁先生六十开外，身体硬朗，是少林寺附近的老农民，现在担任少林旅游度假村卫生清扫工作。丁老先生每天推着他的小车巡查在度假村道路上，把影响度假村环境的任何杂物清扫得一干二净，他是度假村的"美容师"。丁老先生布满岁月风霜皱纹的古铜色脸上，总是堆满憨厚的笑容迎着人们而来，又匆匆而去。丁老先生让我过目难忘。

到登封常住一年来，蒙新老朋友们经常前来问寒问暖，不时询问是否缺东少西的，还不时捎来新鲜的玉米棒子和玉米面之类。寒气袭来，服务员张彩虹送来她巧手制作的漂亮唐装棉衣。至于平时一日三餐更是让朋友们挂心，惦记着我们吃的是否合适。我老伴说："在这里生活的舒坦，不想家"。我们融化到登封了。登封人的淳朴秉性教育和激励着我要向他们学习和努力做点事。

我们国家的"使命"是要让全国人民

登封市王指沟韩新志老人在铲雪

过上小康生活，要在复兴国家中变得强大起来，汉唐盛世俱往矣，且看中国的新崛起！我沉醉在中华五千年文明中少有的幸福时刻，不能忘记"使命"，做一点力所能及的小事，结合河南、登封的建设情况写了《论再现豪放中州》、《登封市·嵩山文化圈·嵩山文化产业》和《天地之中——中华文化认同的基础》三篇文章。

丁占青老先生

我对登封的感受也许可以包含在送给"河南嵩山根雕、奇石艺术研究中心"的几个字里："一奇育双奇，双奇显一奇，三奇互动成新奇"，不过我现在要改写为"一奇育多奇，多奇显一奇，多奇互动创新奇"了。圣山嵩山哺育着圣贤，圣贤又弘扬着嵩山的伟力。

2009年，我们举国迎难而上的时候迎来国庆六十周年大庆，真是心潮澎湃呀！于是写出了《"双节"思国兴》，表达了我对祖国大跨越由衷地高兴，思祖国变化之由是坚持了文化传统，期盼祖国之变仍然要弘扬文化传统。国庆节前夕，我应召回京，向中国科学院民革支部全体成员做了题为《祖国中兴期间的科学生涯》汇报，以此次汇报和写的习文《边缘科学 最佳视点》形成姊妹篇，记录了我半个多世纪以来在祖国怀抱里成长的足迹。

近年间我先后到俄罗斯、埃及与泰国等国考察，写成《俄罗斯印象》、《魅力埃及》与《访问泰国》三篇文章，这是我对异国他乡的体察，一并刊出，目的是借他山之石攻玉。

2010年11月26日应台北市立教育大学之邀在该校学术年会开幕式上作了题为《文化加速演进论》的演讲，这是我对文化演进规律的一个探讨。

为使读者对我的学术思想有一个连贯的了解，故把曾发表的《论嵩山文化圈》、《再论嵩山文化圈》两文作为附录刊在书末。

本书名《嵩山行》，既包括了我对嵩山新近的考察，也包含最近住在嵩山写的有关文章，因此，本书虽然大部分写的是嵩山或与嵩山有关的人、文、景、物和事，也还有其他内容的篇章，不过都是笔者在嵩山写成或定稿的，意在及时向朋友们汇报。走马观花，只言片语，纰漏之处，费蒙指正，不胜感谢！

壹　理论探讨

文化加速演进论*
——信息传递影响文化演进

文化加速演进是文化发展的主要特点之一，
信息传递是其主要推动力。

达尔文的进化论和马克思的人类劳动起源论，为我们修了一条进入科学认识人类起源的康庄大道。然而人类文化到底是怎么演进的，以及这种演进的根本原因是什么，都是有待研究和讨论的。文化演进具有加速的特点，其重要推动力是信息传递，它启迪人们理解来路和明确未来。

一　文化加速演进

人类由猿进化到人，在其生产、生活过程中创造了文化。其文化分为旧石器时期（Paleolithic period）、新石器时期（Neolithic period）、历史时期（History period）和现代（Modern times）几大发展阶段。

人类各期文化各有特点，不过文化在作加速演进。我们着重以中国文化加速演进为例做一探讨。

1. 旧石器时期文化

旧石器时期文化，即约距今300万年人类诞生至1万多年间的文化，也就是相当于地质时代的更新世期间的文化，该期文化又可分作早、中、晚期。其文化以打制石器为特征。

（1）旧石器早期

旧石器早期是指距今300万～20万年间的文化。巫山龙骨坡最早，约距今200万年；芮城西侯度次之，约距今180万年；元谋上那蚌稍晚，

---

*该文是2010年11月26日应邀参加台北市立教育大学学术年会开幕式上做演讲整理而成的。

约距今170万年；蓝田公王岭、芮城匼河、郧县曲远河口、郧县梅铺、建始高坪、阳原小长渠与东谷坨，约距今100万年；周口店，约距今70万～20万年[1]。总之，旧石器早期人类文化的演进是以100万年计。

（2）旧石器中期

旧石器中期是指距今约20万～4万年期间的文化[2]。该期典型地点有山西丁村、河北阳原许家窑和河南灵井[3]，约距今10万年，陕西大荔，约距今20万年。总之，旧石器中期人类文化的演进是以10万年计。

中国古文化加速演进表

人类文化发展阶段	各期文化时间长度（年）	各期文化演进概数（年）
旧石器早（300万～20万年前）	2800000	1000000
旧石器中（20万～4万年前）	160000	100000
旧石器晚（4万～1万年前）	30000	10000
新石器（1万～4000年前）	6000	1000
历史时期-农业文明（4000～200年前）	4000	100
历史时期-工业文明（200年前至今）	200	100
现代-生态文明（50年前至今）	50	10

（3）旧石器晚期

旧石器晚期是指距今约4万～1万多年间的文化。宁夏水洞沟，约距今38000～24000年。北京周口店山顶洞，约距今34000～27000年。山西朔州峙峪，约距今32000年。山西下川，约距今24000～16000年。辽宁海城小孤山，约距今40000～21000年。黑龙江哈尔滨阎家岗，约距今

---

[1] 李炎贤《中国早更新世人类活动的信息》，高星、侯亚梅主编《20世纪旧石器时代考古学研究》，文物出版社，2002年；吴汝康、吴新智、张森水主编《中国远古人类》，科学出版社，1989年；王幼平《中国远古人类文化源流》，科学出版社，2005年。

[2] 杜水生《中国北方旧石器时代中期的文化特征及相关问题》，钟侃、高星主编《旧石器时代论集——纪念水洞沟遗址发现八十周年》，文物出版社，2006年；高星《关于"中国旧石器时代中期"的探讨》，高星、侯亚梅主编《20世纪旧石器时代考古学研究》，文物出版社，2002年。

[3] 李占扬《灵井旧石器遗址研究新进展》，周昆叔、齐岸青主编《中华文明与嵩山文明研究》（第一辑），科学出版社，2009年。

中国古文化加速演进图

图例：
- 旧石器早（300万~20万年前）
- 旧石器中（20万~4万年前）
- 旧石器晚（4万~1万年前）
- 新石器（1万~4000年前）
- 历史时期—农业文明（4000~200年前）
- 历史时期—工业文明（200年前至今）
- 现代—生态文明（50年前至今）

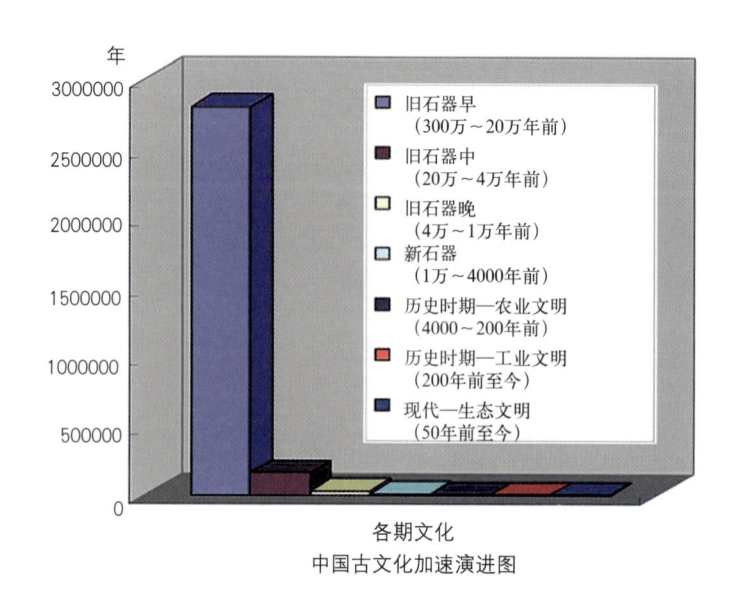

22000年。青海小柴旦，约距今35000~23000年[1]。四川资阳县资阳人"B"地点，约距今39000~37000年[2]。总之，旧石器晚期人类文化的演进以万年计。

2. 新石器时期文化

新石器时期文化，即约距今11000~4000年间的文化，也就是相当于地质时代的全新世早期至中期，该期文化又可分为早、中、晚期。该期文化以磨制石器为主要特征。中国近几十年，由于考古地层学、类型学、^{14}C 年代学的迅速发展，各区域考古学文化序列的研究获显著进展，尤其在黄河中下游地区，新石器文化中、晚期文化还可以分出不同类型[3]。

（1）新石器早期

新石器早期指距今11000~9000年间的文化，该期在黄河下游有李家沟，长江下游有神仙洞，华南有甑皮岩，台湾有海雷洞文化。

（2）新石器中期

新石器中期指距今9000~5000年间的文化，该期在黄河下游有贾湖、裴李岗、磁山和仰韶文化，在海岱地区有后李、北辛、大汶口文

---

[1] 黄慰文、侯亚梅、袁宝印、M.Budja、鲁娜《中国北方的旧石器晚期文化》，钟侃、高星主编《旧石器时代论集——纪念水洞沟遗址发现八十周年》，文物出版社，2006年。

[2] 王幼平《中国远古人类文化源流》，科学出版社，2005年。

[3] 周昆叔《环境考古》，文物出版社，2007年。

中国考古文化期表

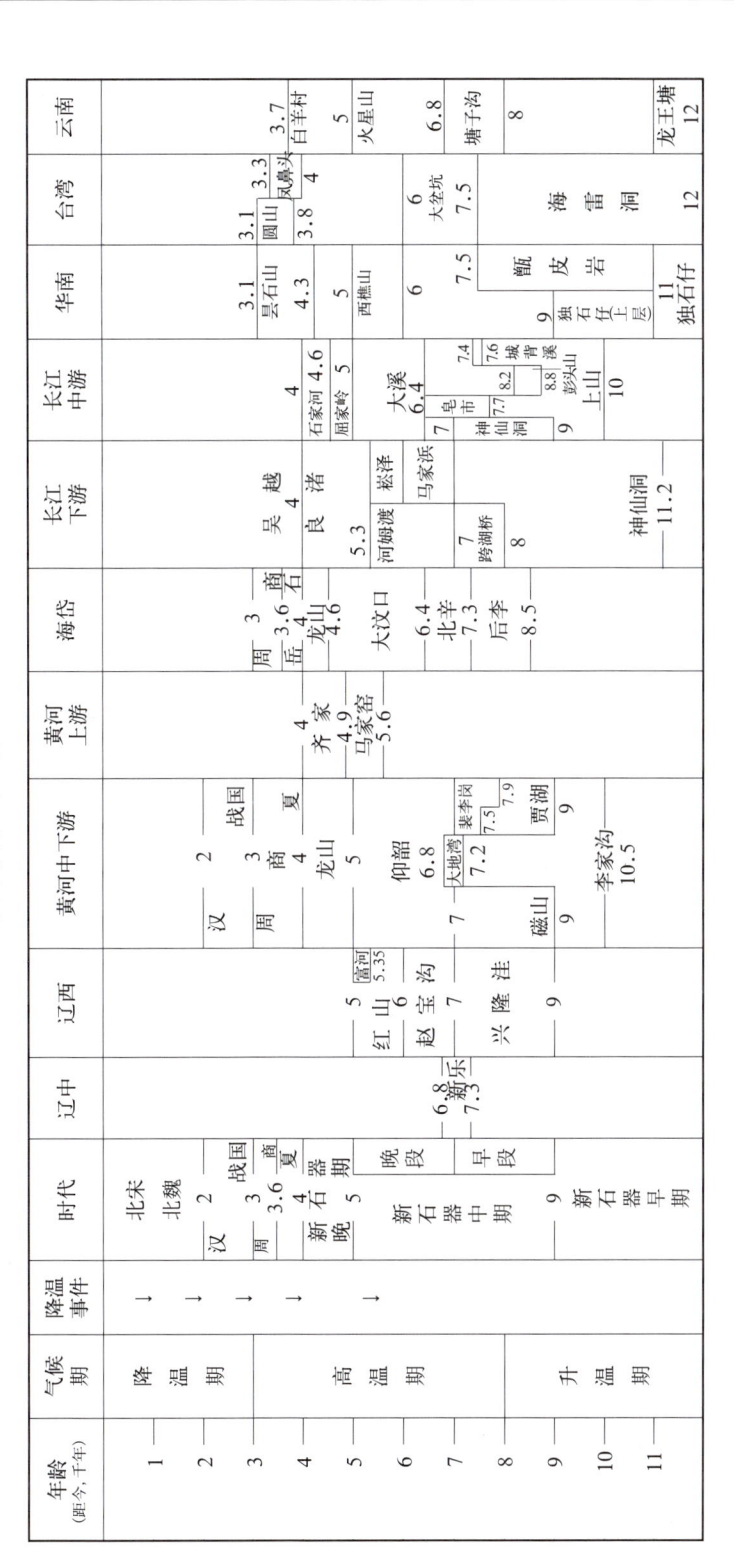

年龄(距今,千年)	气候期	降温事件	时代	辽中	辽西	黄河中下游	黄河上游	海岱	长江下游	长江中游	华南	台湾	云南
1	降温期	↓	北宋 北魏										
2		↓	汉 2 战国 3 商 3.6 夏 4										
3		↓	周										
4	高温期		新石器晚期 5		红山 5 赵宝沟 6	龙山 4.9	齐家 4 马家窑 5.6	周岳 3 营山 3.6 龙山 4 大汶口 4.6 6.4 北辛 7.3 后李 8.5	吴越 4 良渚 5.3 河姆渡 7 跨湖桥 8	石家河 4.6 屈家岭 5 大溪 6.4 皂市 7 神仙洞 9	昙石山 3.1 西樵山 4.3 5 6 甑皮岩 7.5 独石仔上层 9 独石仔 11	圆山 3.1 凤鼻头 3.3 3.8 4 大垒坑 6 7.5 海雷洞 12	白羊村 3.3 3.7 5 火星山 6.8 塘子沟 8 龙王塘 12
5						仰韶 6.8 大地湾 7.2 裴李岗 7.5 贾湖 7.9			崧泽 马家浜 7	城背溪 7.4 7.6 8.2 彭头山 8.8 上山 10			
6			新石器中期 7	新乐 6.8 7.3									
7					兴隆洼 9									
8	升温期		新石器早期 9			磁山 7 李家沟 10.5							
9													
10										神仙洞 11.2			
11													

嵩山行◎理

化，在黄河上游有马家窑文化，在辽西有兴隆洼、赵宝沟和红山文化，在长江下游有跨湖桥、河姆渡、马家浜和崧泽文化，在长江中游有城背溪、彭头山和大溪文化，在云南有塘子沟、火星山文化，在华南有甑皮岩、西樵山文化，台湾有大坌坑文化。

（3）新石器晚期

新石器晚期指距今5000～4000年间的文化。该期在黄河下游有庙底沟二期、河南龙山文化，在海岱地区有龙山文化，在黄河上游有齐家文化，在长江下游有良渚文化，在长江中游有屈家岭、石家河文化，在云南有白羊村文化。

总之新石器时期的文化演进以1000年计。

3. 历史时期文化

历史时期是指距今4000～50年的文化，也就是相当于地质时代的全新世中期至晚期的文化。该期我们把它分为农业文明、工业文明两个时期。

（1）农业文明时期

我们在这里所讲的农业文明时期是指约4000～200年间，它出现的年代要比该期长得多。该期在黄河下游为夏、商、周及其后时期，在长江下游为吴、越及其后时期，在华南为昙石山，在台湾为凤鼻头、圆山。我国是农业文明的先锋。

（2）工业文明时期

工业文明时期是指200年前英国瓦特发明蒸汽机之后的时期。由此促成西方资本主义国家经济大发展，他们随之掠夺劣根性膨胀，以强凌弱，走损人利己之路。我国以侯德榜先生为代表的科学家、工业家顶住了列强的威胁利诱，带领同仁在极其艰苦的情况下，屡建屡迁他的制碱工厂，创造了"侯氏练碱法"。侯德榜在国家危亡之际，把一部分工业转为生产火药抵抗侵略者。以侯德榜先生为代表的先贤是我们民族崛起的脊梁和榜样。我国作为工业文明的后起者，要以此为训，努力弘扬侯德榜先生的奋斗和爱国精神。

总之，历史时期的农业文明时代和工业文明时代文化演进是以100年计。

4. 现代文化

指50年前至现今生态文明时代文化。生态文明是指20世纪60年代至现今50年间的文化。生态文明的提出是基于近半个世纪来生态环境的恶化，在人们要求珍惜和改善环境的迫切要求驱动下产生的，其产生有一个孕育的过程。最早要追溯到1962年美国海洋生物学家卡逊（Rachel carsom）出版《寂静的春天》，要人们警觉环境恶化的危害。1972年美国"罗马俱乐部"发表《增长的极限》报告，指出增长不可能长期无限下去。1972年联合国发表《人类环境宣言》，指出人类的权利和义务，倡导爱护环境。1987年联合国提出《我们共同的未来》，首次提出可持续发展的概念。1992年"世界环境发展大会"发表了《环境与发展宣言》，号召大家重视环境问题。2002年联合国可持续发展大会发表《可持续发展执行计划》，对全球可持续发展提出要求，促成可持续发展观念的形成。2007年中国共产党召开17届代表大会将建设生态文明作为全面推进小康社会建设五个新的要求之一。总之，提倡生态文明是反映人们关切环境的心声，应对环境恶化，促成中国和人类迈上一个新时代必然之路，其文化演进以10年计。

综上所述，人类文化是以100万年、10万年、万年、千年、百年和十年的概数呈几何级数加速演进的。

二　文化加速演进的动力

文化为什么会出现7位数100万年、6位数10万年、5位数万年、4位数千年、3位数百年、2位数10年加速演进呢？这是智力增长的自然结果吗？还是物质、环境和交流的影响？应该说这些都是原因，是动力。我们仅就交流影响作一讨论。

（1）语言影响

语言是影响人们交流和信息传递最初的重要因素。语言使人类知识得以积累和传承。语言现今仍很重要，因此我们要学习语言和讲究语言的表达，故语言形成一门语言学。语言学中最关键和最难解答的就是语言起源问题，虽经专家们艰苦努力，至今仍是个不解之谜[1]。为了探讨语言起源问题，就不得不重新回顾文化的演进。旧石器早期打制石器

---

[1] 李大忠《语言的起源》，《语文战线》1982年11期。

简单而原始，旧石器中期就石器形态与打制方法与早期基本上是相同的，只是地层和时间之别，故有学者忽略旧石器中期而统称"早期旧石器时代"[1]。这说明旧石器早、中期人类稀少，生活原始，彼此关系不密切。到旧石器晚期文化则呈现出焕然一新的态势，这时石叶、细石器繁荣起来，精美的装饰品出现，图腾、墓葬、火塘、石雕、骨针等也具备，甚至有音乐、舞蹈，还有寓意深奥的象征性符号出现[2]，这说明旧石器晚期人们在摆脱原始生活方面取得了重要进展，但还是属茹毛饮血的原始社会。

到新石器时代，人类进入氏族社会，并且从母系社会过渡为父系社会，农业生产、畜养的出现与繁荣，大中小聚落的出现，城的发现，有不同类型的墓葬，乃至产生不同类型文化，以及音乐[3]、舞蹈[4]进步，反映人们的生产、生活的复杂化。还有陶器等刻画符号产生，虽它们不是文字，却无疑是人们意识新的表达。语言在旧石器和新石器文化期间到底如何产生，何时产生，尚待研究，但语言的产生与生物、文化的演进一样，有一个由简单到复杂，由低级到高级，由不完整到完整的过程。语言的产生会由于受自然与社会因素影响，其发展过程有快有慢。因此，语言对文化演进作用也会有一个逐渐明朗与强化的过程。

（2）文字影响

文字是声、意、形的表达。殷商甲骨文出现成为人们交往的高级形态，成为增进文化演进前所未有的非同凡响的手段。

（3）纸张发明

文字出现后，虽有石、木、竹、金属等材料记录、表达与传递，但很受局限。直到公元105年东汉蔡伦造纸成功，方使书写成为促进人们交往和文化演进的重要手段。

（4）活字印刷

北宋庆历年间（1041～1048年）毕昇发明活字排版是印刷史上的

---

[1] 高星《关于"中国旧石器时代中期"的探讨》，高星、侯亚梅主编《20世纪旧石器时代考古学研究》，文物出版社，2002年。

[2] 黄慰文、侯亚梅、袁宝印、M.Budja、鲁娜《中国北方的旧石器晚期文化》，钟侃、高星主编《旧石器时代论集——纪念水洞沟遗址发现八十周年》，文物出版社，2006年。

[3] 河南省文物考古研究所《舞阳贾湖》，科学出版社，1999年。

[4] 夏鼐等《中国大百科全书·考古卷》，中国大百科全书出版社，1986年。

一次革命，其影响直达20世纪70年代末。活字排版使纸张对人们的交流和文化的推动作用进入一个新时代。

（5）电子技术

在我国算盘运用和原理的启发下，17世纪后机械计算机出现。20世纪中期电子计算机发明，人类运算能力得到空前提高，影响到各个方面。这里要特别感谢王选（1937～2006年）院士发明汉字激光排版系统，由于运用王选院士的发明，从1980年起告别了长期运用的活字排版，使原来印刷一张报纸要四小时变成只需20分钟。因此，人们誉称王选院士为当代的毕昇。王选院士的发明为出版全过程计算机化奠定了基础。20世纪的中后期，随着集成电路、芯片的相继发明与运用，使电子计算机小型化和功能的多样化，促进了互联网时代的到来，使文化演进日新月异，文化进入到10年加速演进的新时代。

不同的文化阶段具有不同的内在与外在特点。所谓内在特点，包含人对自身的认知和人与人之间的关系，其表现形态包括不同的语言文化、宗教信仰、政治制度等。外在特点包含人对所生存的物质环境的认知和人与环境关系的处理，其表现形态包括生产工具、生产资源与科学技术等。当内、外特点发生质的变化时，人类的文化阶段就会发生跨越式演进。

总之，由语言、文字、纸张、活字印刷发明与应用，到电子技术的互联网的风行，是在不断改进着人们交往中信息传递的方式，促成文化以前所未有的速度加速演进。所以，影响人类信息传递方式的改进是加速文化演进的强大推动力。

三 文化加速演进的启迪

文化加速演进给了我们什么启迪呢？主要有三方面。

第一，增进了对人类文化来路的理解。

为什么在旧石器时代的早中期，人类文化进展如此的缓慢，其时间进度以百万年和十万年计，这是由于人类形成处在初始期间，人类稀少，人类的生产、生活尚处在很原始的状态，彼此间的交流很少，也不

迫切，故文化进展缓慢，人类进化还只能处在能人和直立人阶段。到旧石器时代的晚期，人类的数量明显增多，彼此间的交流增多，其生产、生活的能力增强，故文化较前焕然一新，人类也就进化到智人的阶段了。当人类进入到新石器时代，由于生产工具的改善，特别是后期铜器的出现，生产自给能力的增强，生活的改进，以及社会形态的发展，彼此联系密切多了，增进了彼此了解，文化得以更好的传递和积累，故文化的发展进入到以千年的速度推进。到历史时期文字的出现与成熟，铜、铁器运用的扩展，生产力的提高，阶级的出现，国家形成与发展，人们彼此间的联系、交流已成为不可或缺的重要内容，故文化进入到百年的时速演进。到近代由于计算机的出现和互联网的形成，地球村变小了，人们的联系越来越便利，知识的传递空前的迅速，故文化进入十年的时速演进阶段。

第二，促进了对文化发展规律的认识。

文化加速演进是文化发展的主要特点之一，它的形成过程与人类信息传递方式的改进同步，故注重信息传递方式改进和交流是很重要的。

第三，对人类的未来更具信心。

首先，坚定开放。

我们的语言、文字、纸张、活字印刷、计算手段和方法与激光排版印刷术为推动我国和世界文化做出了难能可贵的贡献，我们也受惠于世界各国人们的发明创造。因此，文明是世界各国、各族人们共同书写的，各国、各民族要彼此尊重，互相学习，和睦共处，大家来创造人类文明的新时代。这就要坚持走开放之路，闭关自守、独善其身是不可能的，只有坚持开放，互通有无，取长补短，才能前进，才有前景。因此，坚持开放就是坚持走发展和进步之路。

其次，倡导创新。

毕昇发明活字印刷术，蔡伦发明造纸术是我国对世界文明的重大贡献。我们要学习王选院士克服癌症痛苦和攻克科学难关，努力继承毕昇事业的敬业和创新精神。创新就是生产力，创新人物是推动社会前进的中坚，只有创新才能推动文化的演进。当电子书像计算机一样走到每个人身边时，当低碳生活成为一种时尚，当风能、太阳能、合成能源等新能源登堂入室时，我们将迎来文化新发展、空气新鲜、环境宜人的新时代。

再次，只争朝夕。

从环境变化影响人们生产、生活方式从而影响文化演进，从中悟出顺环境则发、逆环境则损的道理，我们要做环境的守护者。当文化演进到现代生态文明时代，文化以两位数时间更加加速演进时，这提示我们要吸取工业文明落后挨打的教训，认识文化、文明转折时期的历史责任，全力抓住稍纵即逝的契机，革新生产、生活方式，只争朝夕，发扬农业文明和工业文明时代先贤的奋斗精神，争做促生态文明时代到来的先锋。

总之，从文化加速演进的事实和内在、外在的驱动因素探讨中，启迪我们要与人与物为善，为迎接生态文明时代的到来，为创造中华更先进文明而努力！

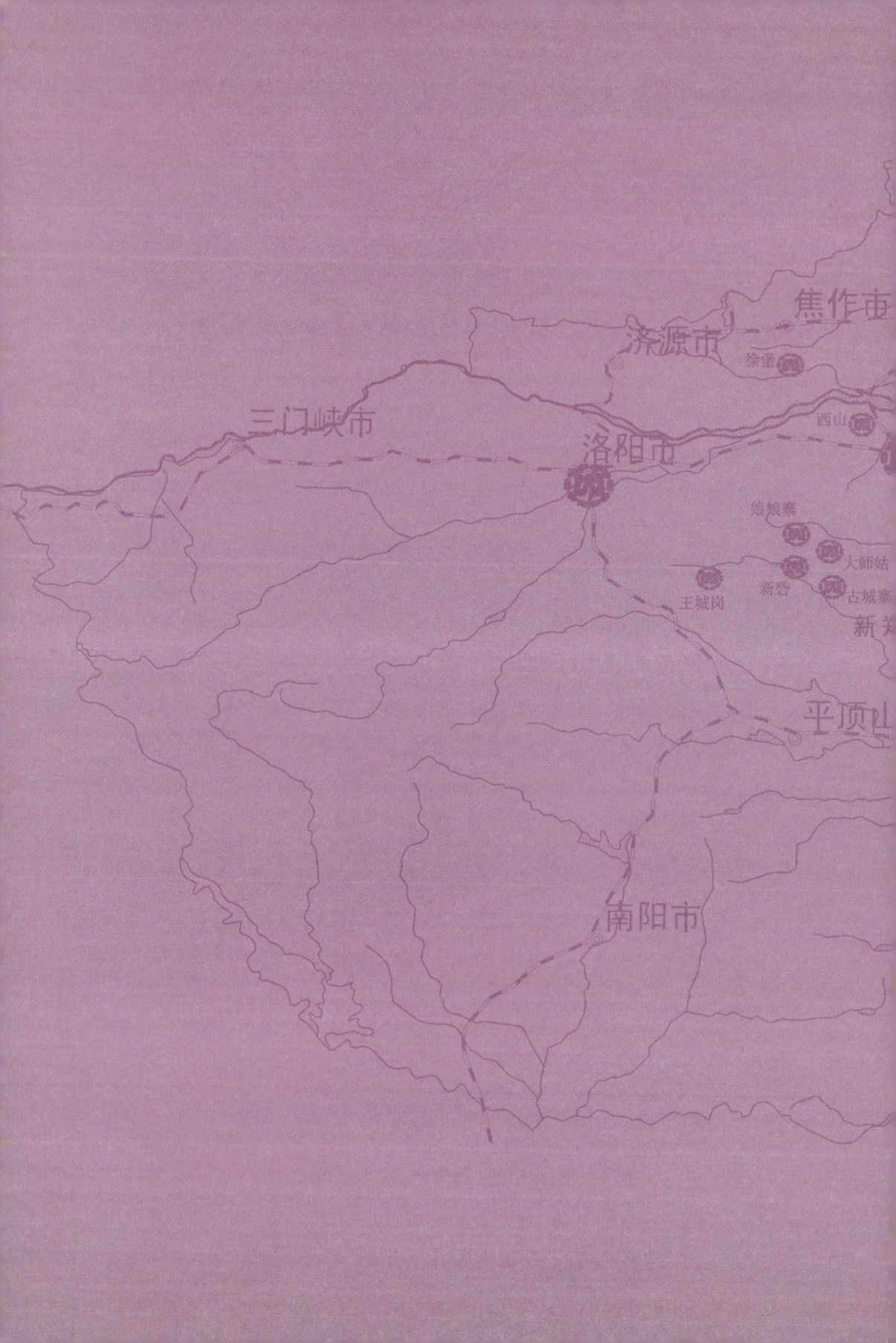

焦作市
济源市
徐堡
三门峡市
西山
洛阳市
娘娘寨
大师姑
王城岗 新砦 古城寨
新郑
平顶山
南阳市

贰　河南建设

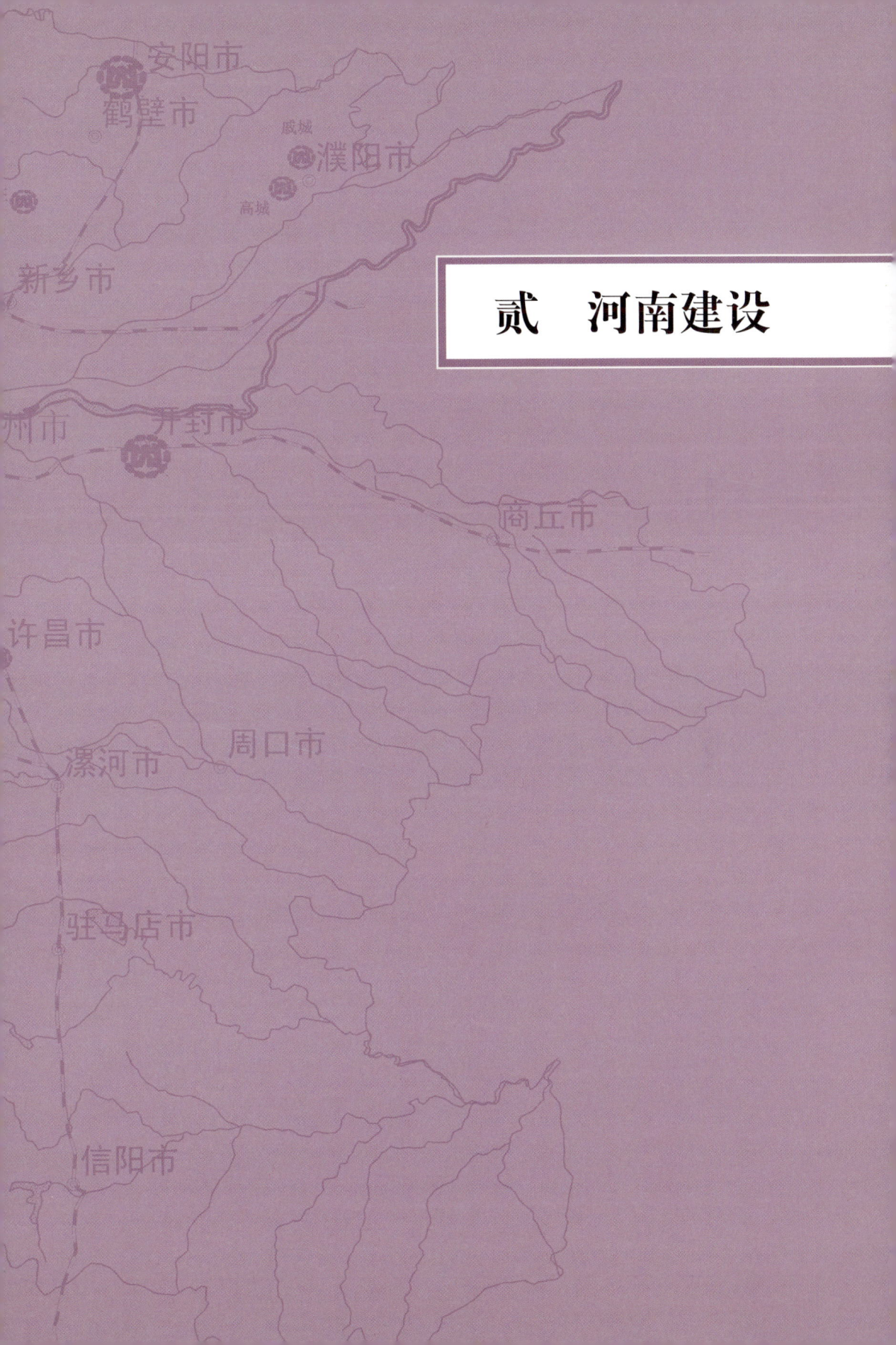

论再现豪放中州[1]

> 从历史的底蕴中，提高文化自觉，抓住契机，再现豪放中州。

传说禹分九州，《书·禹贡》作冀、兖、青、徐、杨、荆、豫、梁、雍。豫州处在九州之中部，故称中州，可见中州主指河南省一带。

以史为鉴，可以知兴替。现今我国处在大兴时期，故为兴而鉴史，很有必要。具体问题具体分析。河南省以史悠长和影响深广著称，故兴河南，鉴史更有必要。

河南史可分作古代豪放中州、北宋衰败中州和解放后再现豪放中州三个阶段。

一　古代豪放中州

古代中州是指上溯原始文明的距今约5000年，下抵发达封建社会北宋的距今约1000年，延时约4000年，在这4000年的中州史有两大特点。

一是古都多[2]。中国八大古都中州地区有洛阳、郑州、安阳、开封4个，占八大古都的一半。洛阳号称九朝古都，其称谓是缘于我国古时认九、五数为尊，以九为最大个位数，示多之意，故洛阳"九朝古都"系多朝古都的美誉，并非在洛阳只有九朝。先后在洛阳建都的有夏、商、西周、东周、东汉、曹魏、西晋、北魏、隋、唐、武周、后梁、后唐、后晋等14朝。郑州为早商古都。安阳为晚商古都。开封为战国时期

---

[1] 本文是在笔者2010年6月12日应河南大学环境与规划学院邀请所作同题学术报告的基础上整理而成。
[2] 朱士光主编《中国八大古都》，人民出版社，2007年；孟令俊《洛阳古今》，中州古籍出版社，1991年；刘春迎《考古开封》，河南大学出版社，2006年。

河南省古代都城分布示意图

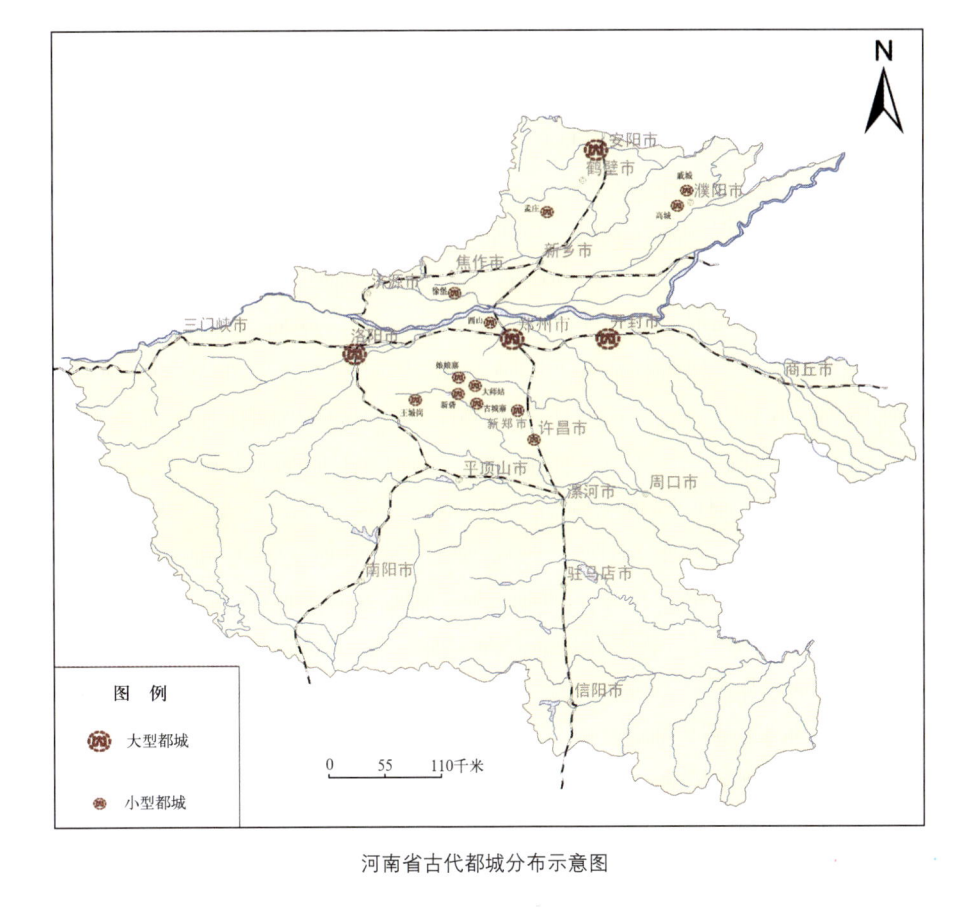

的魏（公元前364~前225年），五代时期的后梁、后晋、后汉、后周（907~960年），北宋（960~1127年）和金代后期（1214~1233年）的七朝古都。综上所述，可见在中州立都有20多个朝代。据考证，中州有更多的古城，如西山、王城岗、孟庄、新砦、大师姑、古城寨、娘娘寨、高城、徐堡与戚城等古城和郑韩、许昌故城等都具某些古都的功能。黄河中下游这样密集的古都城是绝无仅有的。

二是名人多。据统计，影响中国100名人中，黄河中下游中原河南、陕西、山西、河北、山东五省有40人，占40%；长江下游江苏、安徽、浙江三省29人，占29%；湖广两省11人，占11%；其他省20人，占20%。其中中原各省40名人中河南有12人，占30%。从该统计看中原出名人多，占全国的五分之二，但均出在1000年前的古代。河南出的名人包括黄帝、大禹、李耳、玄奘、杜甫、赵匡胤、张衡、张仲景、子产、王安石、陈胜、岳飞12人，在中原五省名人中河南占多数[1]。

国都是一个国家政治、经济、文化的中心，古代中州有20多个朝代立都河南，约占我国朝代总数的三分之二，河南对中国的影响之深之广是不争的事实，是无与伦比的。名人，尤其是影响中国发展的100名人，都是精英中的精英，是人杰，是智慧的顶峰，是时代的代表。因此，在古代中州河南对中国社会发展所起作用何等巨大，故前河南省省委书记徐光春同志有"一部河南史半部中国史"之说[2]，对我们很有启发。

古代中州人们以天下为己任，豪情满怀，壮志冲天。以4000年前大禹为例，他挽万民于水火，故"三过家门而不入"，其精神泣鬼神，万古流芳。大禹"薄衣食，致孝于鬼神，卑宫室"

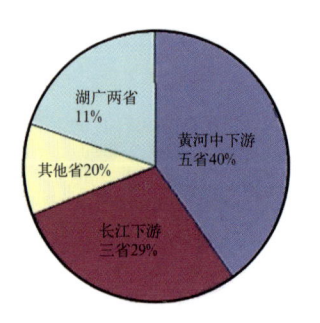

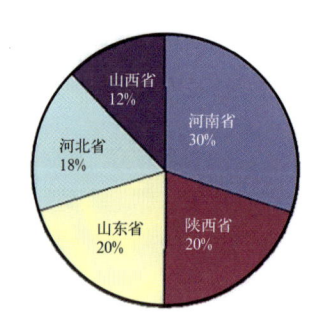

影响中国100名人各区域和中原各省百分比图

（《史记·夏本纪》）所体现重民克己、轻小我重集体的品德已为考古学所验证。正因此，才促进了中原文明的持续发展，中原才最早形成国家。又例商汤，是距今3600年开创商朝的第一个帝王，筑内城7000米城墙的巨大商城，总面积约40万平方米的庞大宫殿，以及重量达60多至80多公斤令人震惊的、巨大的、精美的青铜方鼎等，让我们看到了一个有开创文明之殊功的早商先贤。商汤号郑州商城为"亳"。甲骨文中"亳"从"高"从"丰"，即亳有盛大、崇高之意，故亳与博通。商汤废夏桀暴政，以仁德施于天下，深得人民拥戴。当遇特大旱灾，商汤自责，要引火自焚，"祈雨于桑林"。火将至，雨大降[3]。这些可见商汤胸怀之广，志气之弘。古代中州河南以民为重，以集体为先，以国家为己任奠定了华夏民族的伟大精神，是何等的豪放啊！以上所谈，是先进的都城与贤达的名人相互辉映，推动着古代中州成为华夏民族的核心，

---

[1] 王慧敏主编《影响中国历史100名人》，民族出版社，1999年。
[2] 徐光春《一部河南史半部中国史》，大象出版社，2009年。
[3] 朱士光主编《中国八大古都》，人民出版社，2007年。

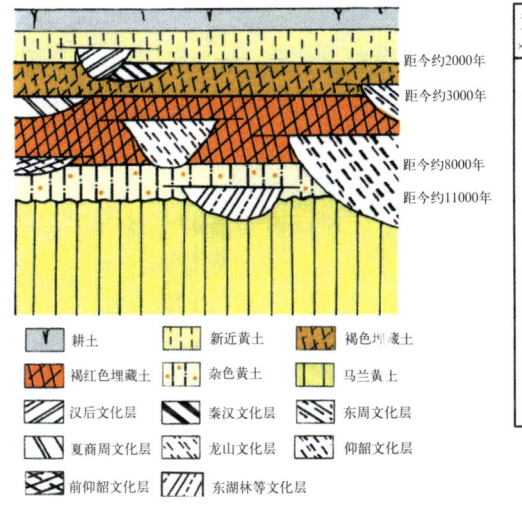

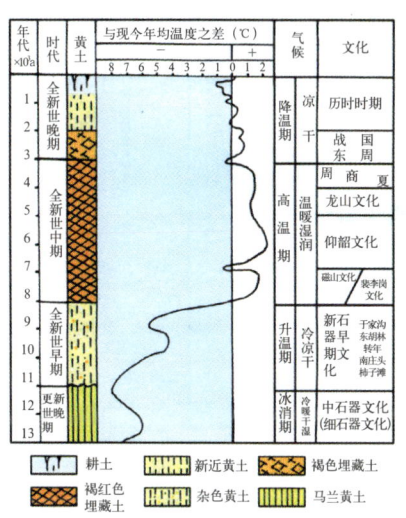

黄土高原东南边缘周原黄土地层划分、环境演变与文化发展关系图

这是促成古代豪放中州的社会因素，即社会史。

古代豪放中州的社会史得以形成，有如植物于土，当时中州河南人所处的生存环境，尤其是前期，与今有所不同。3000年前，中州水丰土沃，河水、济水和淮水组成发达的水网。土壤为褐红色的棕壤类古土壤，青冈、枫香等亚热带植物和麋鹿、扬子鳄等亚热带动物都可以分布到中州河南。那时年均降水量多于现在约200毫米，年均气温比现在高约2℃。在这样的温湿气候下，有利人生，有利文明的创造[1]。

2010年8月1日巴西首都巴西利亚联合国科教文组织世界遗产34届大会上登封"天地之中"历史建筑群被列入世界文化遗产名录，确认登封系天地之中，这就肯定了嵩山在适宜环境下所创造的先进中原古文化。嵩山天地之中，是缘于中国古代的"天圆地方"的宇宙观[2]，地既是方的就应有地中，地中就应是黄河中下游至高无上的皇权中心嵩山及其周边，故有周公到嵩山的登封市告成镇"禹都阳城"、"立杆测影"求地中之举。嵩山系天地之中，主要表述嵩山位置、环境适中，处在北纬34°。嵩山位置适中，还表现这里为环境的过渡带，才分布有东西南北四方植物。少林寺方丈室和立雪亭东边各有一株藤抱柏奇观，其藤为

---

[1] 周昆叔《周原黄土及其与文化层的关系》，《第四纪研究》1995年2期。
[2] 关增建《中国天文学史上的地中概念》，《自然科学史研究》19卷，2000年3期。

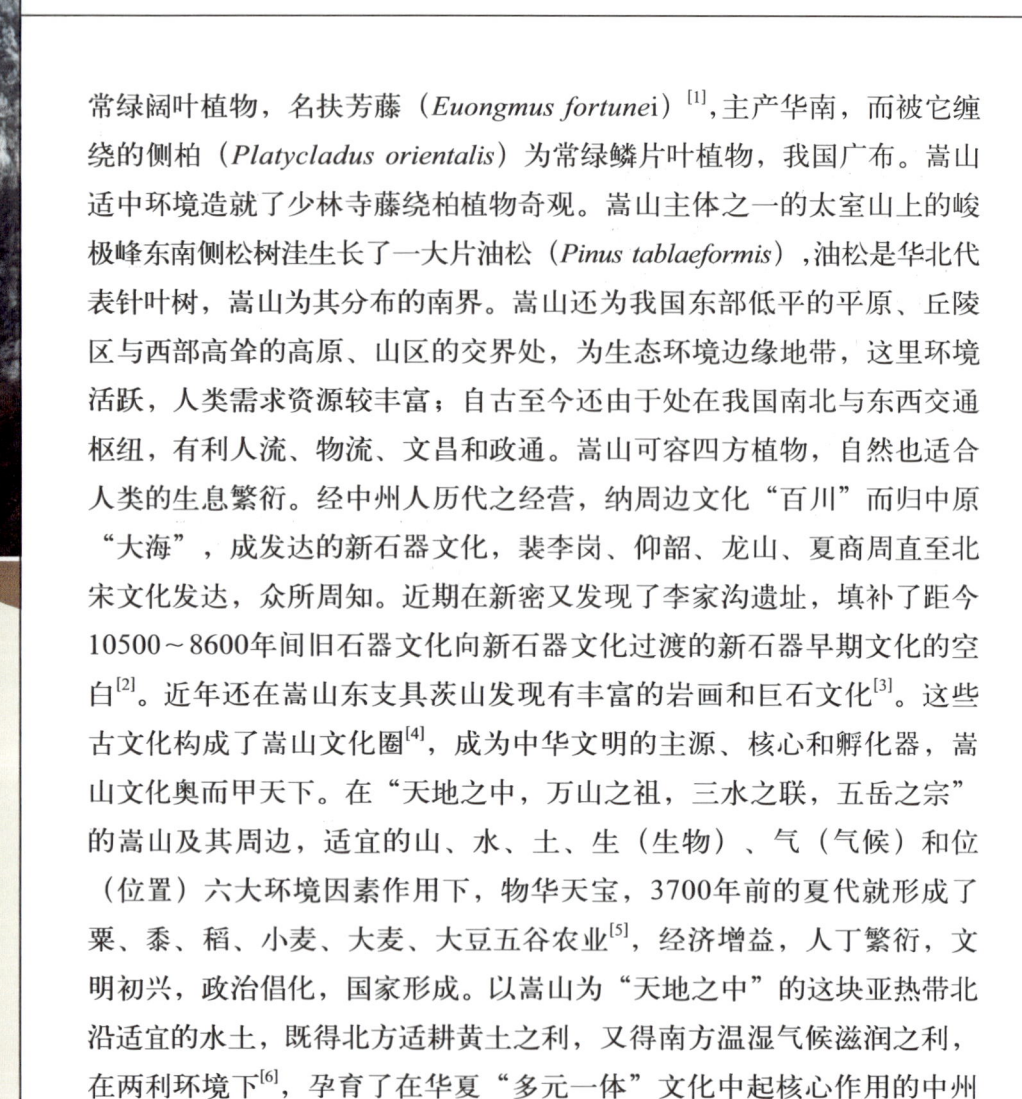

常绿阔叶植物，名扶芳藤（*Euongmus fortune*i）[1]，主产华南，而被它缠绕的侧柏（*Platycladus orientalis*）为常绿鳞片叶植物，我国广布。嵩山适中环境造就了少林寺藤绕柏植物奇观。嵩山主体之一的太室山上的峻极峰东南侧松树洼生长了一大片油松（*Pinus tablaeformis*），油松是华北代表针叶树，嵩山为其分布的南界。嵩山还为我国东部低平的平原、丘陵区与西部高耸的高原、山区的交界处，为生态环境边缘地带，这里环境活跃，人类需求资源较丰富；自古至今还由于处在我国南北与东西交通枢纽，有利人流、物流、文昌和政通。嵩山可容四方植物，自然也适合人类的生息繁衍。经中州人历代之经营，纳周边文化"百川"而归中原"大海"，成发达的新石器文化，裴李岗、仰韶、龙山、夏商周直至北宋文化发达，众所周知。近期在新密又发现了李家沟遗址，填补了距今10500~8600年间旧石器文化向新石器文化过渡的新石器早期文化的空白[2]。近年还在嵩山东支具茨山发现有丰富的岩画和巨石文化[3]。这些古文化构成了嵩山文化圈[4]，成为中华文明的主源、核心和孵化器，嵩山文化奥而甲天下。在"天地之中，万山之祖，三水之联，五岳之宗"的嵩山及其周边，适宜的山、水、土、生（生物）、气（气候）和位（位置）六大环境因素作用下，物华天宝，3700年前的夏代就形成了粟、黍、稻、小麦、大麦、大豆五谷农业[5]，经济增益，人丁繁衍，文明初兴，政治倡化，国家形成。以嵩山为"天地之中"的这块亚热带北沿适宜的水土，既得北方适耕黄土之利，又得南方温湿气候滋润之利，在两利环境下[6]，孕育了在华夏"多元一体"文化中起核心作用的中州河南古文化，才使我们中华文明内容既丰富、又统一，形成一株生生不息的东方文明大树。这就是古代豪放中州形成的自然环境，即自然史。

因此，是自然史与社会史共同孕育出古代豪放中州这朵中国、

---

[1] 叶永忠、吴顺卿主编《嵩山植物志》，中国科学技术出版社，1993年。

[2] 北京大学考古文博学院、郑州市文物考古研究院《中原地区旧、新石器时代过渡的重要发现》，《中国文物报》2010年1月22日6版。

[3] 周昆叔《具茨山岩画是认识中原古文化的第三依据》，赵德润主编《炎黄文化研究》第十辑，大象出版社，2009年。

[4] 周昆叔、张松林等《论嵩山文化圈》，《中原文物》2005年1期。

[5] 洛阳市文物工作队编《洛阳皂角树》，科学出版社，2002年。

[6] 周昆叔、张广如、曹兵武《中原古文化与环境》，张兰生主编《中国生存环境历史演变规律研究》，海洋出版社，1993年。

东方和世界的文化奇葩。我们要庆幸大自然在文明形成之初赐予我们嵩山地区天地之中这块沃土。

二 北宋后衰败中州

金太宗天会四年（1126年）女真族金兵南侵，北宋1127年被金灭。盛极一时的北宋何以兴、何以灭、又中州河南自此何以衰败，有其深刻的社会和自然原因。

北宋兴于开国帝王赵匡胤的雄才大略，从选都开封，到收复南方政权和建繁盛东京等大建殊功。就选都于川原之地的开封来说，与前依山河之险建都迥异。这是有鉴于我国自3000年前西周时开始干旱，2000年前时更甚。这从褐红色古土壤变褐色古土壤，再被新近黄土代替，以及植被草原化，植被覆盖度变小，导致水土侵蚀加重，河道逐渐淤塞等自然界变化可以看得出来。因此，洛阳、长安一带始有开渠、开运河、疏浚河道和发明与发展保墒技术之举，以利农业和漕运。开封地区，接近济水，由三条断层形成开封凹地，易于积水，加之此前开鸿沟引荥阳来水，促成开封有汴、蔡、金水河、五丈河四河交汇之发达水网，水运通达，便人流、物流、文发、政昌，形成有150万人的中外首屈一指的超大城市，其繁荣达世界之最，故有表现汴水一隅盛况的旷世巨画之作《清明上河图》。北宋东京三重城郭的严谨布局，为后世京都建设所仿效，破"坊"、"里"分割的陈规，开防火制、供排水系统之先河。促成"富丽甲天下"，"人民车马往来，日夜不休"的名都大邑[1]。但是由于疏于防范和过于集中管理，部队将官难履行职守，金兵的铁骑所向披靡，"汴京富丽天下无"的宋东京都城倾刻土崩瓦解，不得不迁都临安（今杭州），史称南宋。

北宋亡，南宋起，有其深层次的环境原因，那就是前述的干旱化。由于北方干旱，农业收成欠佳。而南方原来湿热，多瘴气，丈夫早夭，难于发展。由于干旱，湿地疏干，阻碍发展的瘴气环境得以改善。湿洼地露出，可垦为耕地，稻作发展，产量高，吸引中原人南迁。中原人

---

[1] 朱士光主编《中国八大古都》，人民出版社，2007年。

南迁，始于汉代[1]。此后在环境旱化和北方社会动乱诱发下，中原人南迁是其大势[2]，到北宋末年，北方多丝、瓷、产五谷的富庶时代一去不复，而被后起的南方取代，中国的经济、文化、政治重心南移，致南方人才倍出[3]。影响中国100名人的南方名人均出自北宋以后，尤其近代出现尤多。而北方影响中国100人名单中则再不见踪影。中国北衰南兴还与社会发展阶段有关，那就是随航海事业发展引发海洋经济兴起，有利沿海的东南，而处在内陆的中州则相形见拙。

中州河南衰败，也由于地处要冲，战争频仍，受"得中原者得中国"的制约，逐鹿中原，中州屡屡成为兵家必争之地，中州河南人民深受其害。

中州河南衰败还源于洪灾。3000年前的湿暖时代，河水即古黄河由西东流，出豫西山地入华北平原，至武陟改东北流，绕今新乡后分两支沿太行山前和华北平原东北流，经今天津入渤海。到汉以后，由于干旱加剧，流水减少，河水推动力变小，致河水中泥沙日增，河道淤塞日重，洪水来临时遂溃堤向东南改道，这为内乡三杨庄汉代农家院落覆压于约4米厚的河水沉积物之下，以及离三杨庄遗址东南约20公里的濮阳市高城遗址的战国城墙上堆积有3米厚的汉代河水洪汜沉积的事例所证实[4]。汉以后的"河水"改名为"黄河"。古黄河经过1000多年向东南改道，终于袭夺了济水。由于黄河带来大量泥沙，其下游形成悬河，导致黄河常常决口，低洼的开封地区，洪灾首当其冲。"据《祥符县志》和《开封黄河志》记载：从金大定二十年（1180年）黄河在开封县境决京东埽起，到民国三十三年（1944年）尉氏容村决口止，前后764年间，共决溢338处，平均两年多决口一处。据统计，在黄河的多次决溢中，开封城曾七次被淹（元太宗六年、明洪武二十年、建文元年、永乐八年、天顺五年、崇祯十五年，清道光二十一年），其中明崇祯十五年（1642年）和清道光二十一年（1841年）的两次特大水患，均使开封城遭到了"灭顶之灾"。这样形成开封"城摞城"的奇观[5]，开封七朝古都被埋在约12米厚的洪水沉积物之中。

---

[1] 王子今编《秦汉时期生态环境研究》，北京大学出版社，2007年。
[2] 陈正祥《中国文化地理》，生活·读书·新知三联书店，1983年。
[3] 王慧敏主编《影响中国历史100名人》，民族出版社，1999年。
[4] 周昆叔、宋豫秦、鲁鹏、莫多闻、王辉、陈盼盼《再论嵩山文化圈》，周昆叔、齐岸青主编《中华文明与嵩山文明研究》（第一辑），科学出版社，2009年。
[5] 刘春迎《考古开封》，河南大学出版社，2006年。

在内患外侵、环境干旱化和洪水肆虐的几重危害下，豫东良田被毁，城镇淹没，河流埋没，土地退化，"黄沙白草，一望丘墟"，农业衰败，哀鸿遍野，迫使农民流离失所，中原人民不得不忍受较之其他地方更大的苦难。

古都开封兴于济水，败于黄河。

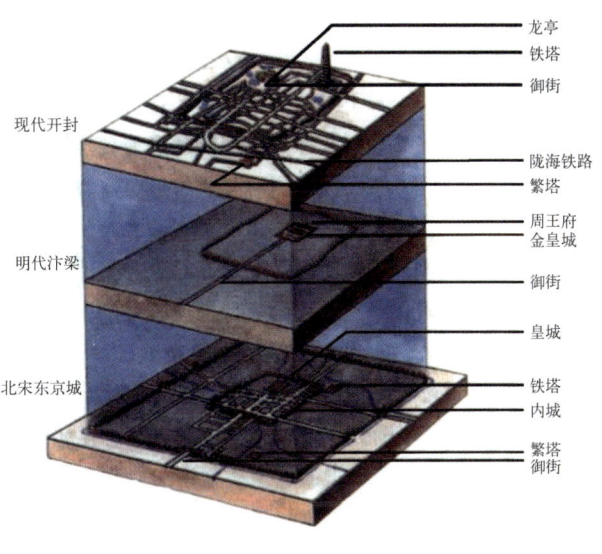

开封"城摞城"示意图

三　解放后再现豪放中州

乌云总是遮不住太阳。1949年河南人民唱着"解放区的天是明亮的天"迎来了解放的春天。

根据《河南60年（1949～2009）》统计资料，2008年与1949年相比，生产总值由20.88亿元增至18407.78亿元，增长881.6倍。第一产业（农、林、牧、副、渔）由14.12亿元增至2658.80亿元，增长了188.3倍。第二产业（工业、建筑）由1.54亿元增至9546.08亿元，增长了6198倍。第三产业（服务、旅游）由2.95亿元增至5271.06亿元，增长了179倍。人均生产总值由50.00亿元增至19593.00亿元，增长391.8倍[1]。

2009年9月27日，河南省省委副书记、省长郭庚茂同志在"河南省庆国庆成就60周年展"开幕式上的讲话，为河南建国60年巨变做了个言简意赅的总结，他说："由经济落后省份向全国经济大省、由温饱不足的省份向全国第一粮食生产大省、由传统农业大省向新型工业大省、由文化资源大省向全国有影响的文化大省的伟大转变"。

河南60年来的巨变是河南人民在党中央和河南省委领导下所取得的

---

[1]　河南统计局、国家统计局河南调查总队主编《河南60年(1949～2009)》，中国统计出版社，2009年。

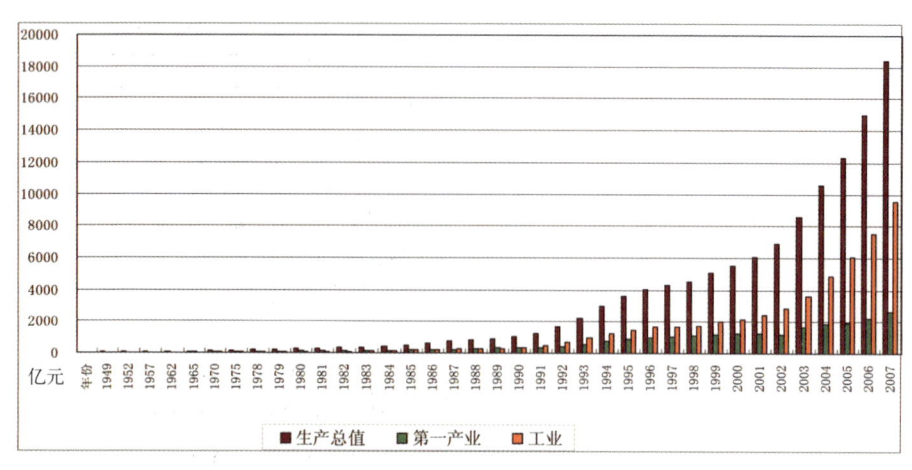

1949～2007河南省主要经济产值柱状图

有关省市2009年GDP调查表

排名	省市名	GDP（亿元）	增长（%）	GDP含金量排名	人口数量（万人）	常驻人口（万人）	人均GDP（元）
1	广东	39081.59	9.5	8	7859	9449	39978
2	江苏	34061.00	12.4	23	7381	7625	43907
3	山东	33805.30	11.9	28	7859	9367	35893
5	河南	19367.28	10.7	27	9613	9360	21073
6	河北	16188.60	10.1	26	6735	6943	24583
8	上海	14900.93	8.2	1	1625	1858	77205

注：根据百度查找的数据。

卓越成就，是河南人民脱贫致富路上一首可歌可泣的豪放赞歌。

但是，河南若纵向与历史上古代中州豪放时代比，距离很大，若横向与先进省市比也有距离，河南要完成国家现代化建设中承东启西的任务还需做更大的努力。

河南面临着大发展的历史机遇。

首先是国内、省内发展面临新契机。党中央审时度势，提出我国科学发展、和谐发展的新发展战略，在贯彻中央制定的国家发展战略中，如何发扬河南人民的奋进精神，克服不足，把河南的工作推上一个新台阶就很有必要了。如前所述，河南经过60年的建设已成工农业大省。河南一些设施和生产指标名列全国前茅。例如全省高速公路通车里程为4556公里，列全国第一。又如2009年河南GDP为19367.28亿元，继续保持中西部第一和全国第五。还如粮食生产11年来一直列全国第一。这就为河南生产转型创造了良好的基础。

其次是世界形势给我们的动力。放眼人类文明发展史，有过农业革命时代和工业革命时代，近年来就全球发展的需要已提出生态革命。我们是农业革命的先锋。工业革命我们落后了，所以我们挨打。解放后，我们急起直追，成就斐然。当我们在还工业革命账时，人类又在向生态革命时代迈进了。生态革命是什么？生态革命要求人类以既有利改善生活又有利环境的方式生产与生活。这样就要求我们淘汰落后的生产方法和生活方式，要进行低能耗低碳排放的新生产和新生活。这就要求我们以新的思维模式来生产和生活，这是一个重大的变革与挑战。我们是工业革命时代的落伍者，我们好不容易逐渐赶上来，当今又要向生态革命时代前进，我们别无选择，只有顺潮流而动，才不致落后，才有生机，才主动。知难而进，是我们中华民族文化永续的动力，是我们发展的契机。抓住生态革命的契机，提高文化自觉性，淘汰拼资源的落后思路，调动文化、智力资源尽快转变生产、生活方式，是河南人民，是中国人民的历史任务。

第三，借申遗成功的东风促河南工作迈上新台阶。8月1日，联合国科教文组织34届世界遗产大会上批准登封"天地之中"历史建筑群文化遗产申报列入"世界文化遗产名录"。这表明"天地之中"的理念得到世界认可。"天地之中"理念的形成是地理位置、古天文、生态自然因素与人文因素综合作用的结果。"天地之中"是指古代登封嵩山及其周边中国文明诞生、发展最适宜处。"天地之中"理念巨大的凝聚力是我们中华形成、巩固的基础，由此结出中华民族文化绵延等的硕果。登封嵩山"天地之中"理念所反映河南"中"的客观存在，启示我们要努力发挥河南承东启西的作用。当今我们国家的经济有如一人挑担，成一头重、一头轻之势，为了前行，靠中间挑担人来挪动肩膀。在解决挑担子一头重、一头轻的问题中，挑担者起好支点作用就是关键了。当今我国经济发展起支点作用的的挑担者主要是中州河南，即中原。所以，中州河南崛起豪放时代的到来，有牵一发而动全身的作用。过去战争时代有"得中原者得天下"之说，现今和平建设年代也会中州河南崛起全国崛起，河南不小康，全国难小康，河南早小康，全国早小康。重视河南在经济建设中的辐射作用，就抓住了国家经济迈上新台阶的契机。因此，全国上下要认识"天地之中"的重要意义，以此促进中原和国家的建设。

　　河南人民在历史转折关头，首先是要在新形势下有清醒的头脑，发扬胜不骄、败不馁的继续革命精神，想成绩，信心百倍，想困难，意气昂扬。

　　人类的历史是一部与困难作斗争的历史，克服困难，就会前进。我们的困难是什么？是任务重，底子薄。当前的重任是要让成亿的第一人口大省过上小康生活。河南是第一人口大省，这有形成的历史和适宜人口繁衍的环境原因，但不可讳言，还有传宗接代的思想作祟，我们希望在努力改进社会福利中，尽快丢掉这个妨碍大家过小康生活的包袱。河南创造的经济总量并不算小，但是由于人口多，按人口平均计算起来与有关省市比就偏少了（见《有关省市2009年GDP调查表》）。河南底子薄，就是指北宋后中州衰败给河南留下的一穷二白底子，还包括近几十年，尤其近十年河南奋进中，我们低头拉车，少抬头看路，以致形成在全国GDP取得排名第五的好成绩，但是在全国GDP含金量却排27位，即倒数第四的窘境。GDP含金量是什么？是指单位GDP牺牲的环境越小，对生态冲击越小，GDP含金量越高。因此，从河南GDP排行靠前和含金量拖后的一前一后矛盾来看，说明我们河南的建设还是粗放的。现在全省的河流都有不同程度的污染，严重者已成无生命的死河，有的干枯，大部缺水，"流水不腐，户枢不蠹"，无水、缺水所造成的"腐"就会难以改变，而近期河湖干枯、缺水的主要原因就是过度开采矿产与水资源。因此，河南环境质量严重下降对我们今后建设的影响是很严重的，绝不可掉以轻心。

　　我们河南抓住生态革命的契机有三大有利条件。首先是有党中央与省委的有力领导，这是最根本的有利条件。其次是资源条件较好，那就是有"天地之中"的适宜环境条件，即生产生活必需的适宜水、热等条件。现今水、热条件虽不如上古时期，但我们生产技术较古代大为改善和组织能力大为增强，从而可以得到补偿。我们交往条件，即枢纽作用依然。尽管

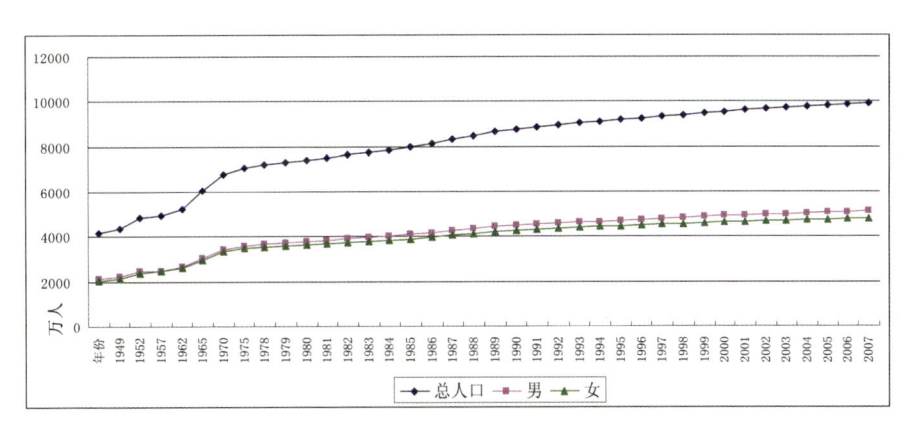

1949～2007年河南省人口统计图

不依海，但由于交通工具先进化和管理方式的现代化，也会从中得到补偿与强化。第三是人力资源富裕和素质较高。现代生命科学证明，"基因"可以遗传，而"基因"也包括文化积淀所带给后代大脑的积极影响。有辉煌历史的中州河南人民，继承了先辈的聪明才智，智慧超群，有能力去创造新生产、新生活。我们要像仰韶时代大河村人，以一种开放心态，既接受东方大汶口文化，也接受南方屈家岭文化，形成五千年前先进的新石器时代晚期文明那样，努力培养自己的先进人才的同时，也注重吸纳四方先进文化与人才为我所用，形成原创性、能起核心推动作用的先进生产力。

中州河南发展的历史，对推动河南经济建设有很大的启发和借鉴作用。由于3000年前干旱萌发，2000年前干旱明显，1000年前干旱加剧，是中国经济、文化重心由中原向东南转移的诱因，因此，要把抗旱和节水作为持久发展河南农业和保护地力的战略思考。这样，在河南农业中要注重培养耐旱、质高、丰产的农作物品种和大力推行、落实节水等措施。由于距今3000年以来中州河南的环境在逐步干旱化和脆弱化，故对河南环境破坏大的工矿业要分批淘汰，大力发展节能、低碳环境友好型的高技术产业。文化底蕴深厚是河南的重要优势，它既是引导河南文化自觉的依据，也是最具文化产业开发潜力的资源，要重点培植和连线、深度开发河南古老文化，使其可看、好看，以推动河南文化和旅游与服务业的发展。

河南人民会继承红旗渠奋斗精神和焦裕禄革命传统，发扬宇通客车、双汇食品争先的干劲，勇于克服困难，再现豪放中州，成为时代先锋的河南，指日可待。

登封市·嵩山文化圈·嵩山文化产业

古为今用，文化、经济双飞。

一　登封市简介

位置：嵩山之中。地处东经113°20′，北纬34°20′。

面积：1220平方公里。

人口：63万。

产值：2009年246.2亿元，主产煤，为全国100强产煤县。旅游，2005年游客670万人次，门票收入2.36亿元，创社会效益36亿元。

交通：距郑州国际机场68公里。已建成郑少、少洛、少许高速公路，正在建巩登、登汝高速公路，将于2008至2011年建成。国道G207线、省道S316线、S323线等干线公路穿境而过。

特点：世界地质公园、国家森林公园、全国文明城市、全国优秀旅游城市。

二　嵩山文化圈简介[1]

中原古文化发达是共识。中原古文化何以发达？中原古文化在全国文化中的地位到底如何？这两个问题值得思考。经过近20年对中原进行环境考古，发现这里中原古文化核心区形成于嵩山或嵩山周边，因此命名为嵩山文化圈。嵩山文化圈是一个地域文化名称。

嵩山文化圈的形成，得益于这里古生态环境，那就是这里山好、水丰、土沃、生（物）茂、气（候）宜和位（置）中。

---

[1] 详见本书附录。

山好。嵩山有35亿年地质历史，为我国古陆之一。其地史之绵延和地壳运动之典型，世界少有。嵩山地貌北有海拔约1500米的太室山、少室山，南有海拔1000米以下的低山箕山，二山之间夹海拔300～400米的低丘，面积超过100平方公里，这种山岳地貌，非常罕见。嵩山是世界地质公园和国家森林公园，林木矿产资源丰富。嵩山环境优越，适于人生，成文化荟萃之区，仅国家文物保护单位即达16处，占五岳国家文物保护单位28处一半以上，为五岳之冠。

水丰。嵩山中水网发达，好似江南，其水系呈放射状，每一条河流成为人们从山迁移至原的走廊，也是文化传播的通道。嵩山为中国古代四渎中河、济、淮三水的水源补给地或重要源头，中原古文化核心区受河、济、淮三水之孕育，故中原古文化也可称作三水（河）文化，世界独有。

土沃。嵩山及其周边为黄土高原的东南沿，中原古文化在棕壤类型的褐红色古土壤上发展农业形成。

生茂。中原古文化形成时的植被为含常绿阔叶树的落叶阔叶林。植物含亚带植物枫香、青冈等，动物含亚热带动物扬子鳄、麋鹿等。

气宜。当时嵩山处在亚热带。

位中。处中纬度，地当我国发达地区的中部，便于文化辐射与吸纳。恰值我国东西、南北十字形交通要道与文化传播通道交汇处，也与世界文明古国处在同纬度带上。

距今约8000～3000年的中全新世时期，嵩山地区上述的优越生态环境和边缘环境效应，成为形成发达中原古文化的原动力，先进的中原古文化在中华民族文化中起着核心作用。

嵩山文化圈科学理念引起的三个变化。

其一是命名依据的变化，即从以考古文化为主对文化区命名，变成以考古学为基础，以文化形成区域古生态环境为主的命名，嵩山文化圈这个地域文化概念涵盖中原古文化核心区，也涉及整个中原文化。

其二是环境与文化关系分析的变化，即从以"水"为主单生态因素分析中原人、环境与文化关系，变成以"山"为主，并含水、土、生（物）、气（候）、位（置）多生态因素系统分析中原人、环境与文化关系。

其三是水生态因素的变化，即过去从以黄河、河洛考虑与中原文化关系，变成以河（黄河古称，指汉以前的黄河）、济、淮三水考虑与中原文化关系。

嵩山文化圈概念图样

三　嵩山文化产业开发

嵩山登封市实行"文化立市"、"工业强市"的战略。登封市召开了旅游产业发展大会，出台了加快旅游产业发展的意见和奖励等政策。全市以新的决心在大力抓登封市旅游产业。登封市的这一重要举措，符合登封市情，也与世界和我国重视文化产业的潮流一致。登封市的远见卓识，一定会把登封建设得更好。

登封市正在从打"少林牌"向打"嵩山牌"转变，这也是很对的。"少林牌"要打得更响，"嵩山牌"也打响才能把整个嵩山文化产业发展起来，我们不能只见少林寺不见嵩山，也不能只见山不见水，也不能只围着老景点转而不去开辟新的景点。我们要把登封建设成为观光休闲、文化体验、健身养生的旅游胜地。

文化产业是文化事业中的新观念，是推动文化进步的新动力，是经济的新增长点，它与制造业构成双轮共同推动社会进步，都在为国家GDP增长做贡献。

文化产业归根结底是要在弘扬文化上做文章，弘扬是在继承传统上发展。发展文化产业既要深研传统文化，又要不拘泥于传统，不能只见古不知今，我们要力争古为今用，就是要把凝固的古文化变成今天可体察可借鉴的生动文化。古为今用，想不想，做不做，做得好坏是检验我们做学问到底为什么的问题。古为今用是我们研究古的动力之源。古为今用是克服孤芳自赏毛病的灵丹妙药。所以嵩山文化圈研究是要在深挖嵩山文化圈内涵的基础上，力争转化为文化产业。

登封属郑州市，我在2006年7月"中国第四届文化产业郑州论

2007年在"嵩山论剑"会上演讲

坛"会上谈到:"郑州是中原的重心,中国传统文化的核心,东亚文化的中心,这'三心'是源于这里有'四力',即有强大活力、辐射力、吸纳力和凝聚力,而四力源于一个圈中,那就是嵩山文化圈"。嵩山文化孵化作用,嵩山文化形成的边缘效应,嵩山文化在中华民族文化中的核心地位,河水、济水、淮水三水文化,嵩山文化圈处在中国十字形文化传播古道的交汇点上,嵩山文化圈同处在世界各古文化带上,特别是嵩山文化在中华文化中的根脉性等文化理念,是郑州市、登封市文化产业腾飞的独有资源,以嵩山文化为内容的郑州、登封文化产业将成为新时期中原崛起和豪放中州再现的重要动力。

国家要务

——建议尽快把登封建成"天地之中"国家级文化产业园

推动社会进步的生产力，分为物质与文化两类。

过去我们注重物质产业，而今却把文化也当作产业，且认为是国家支柱产业，为什么会发生如此大的变化呢？乃社会发展阶段变化使然。

当物质生产丰富后，也就是我国将进入小康社会时，人们吃、穿、住、行需求得到基本满足后，人们转入到对文化的关注，要学习，要欣赏，要愉悦，也就是要注重精神丰富与提高。人们经过参加观光等文化活动，以求扩大眼界，提高情操，心情松弛，身体健康，这有利于把物质生产搞上去，所以把文化作为产业是反映了人民对文化的需求，故把文化当做国家支柱产业来办是适时之举。

物质产业要有工厂、农田与牧场，文化产业也要求有场所，故国家为促进文化产业发展提出文化产业园的建设。

文化产业园必须名副其实，也就是园区一定要文化内涵丰富。文化是人们在选择、适应和改造环境中创造的，所以文化是人们利用环境的产物，故文化必打上环境的烙印，以致各地区有不同的文化。国家级文化产业园建设要选择那些能代表国家文化和环境优美的地方。

登封最适于建设成国家级文化产业园区，何以如此，因为登封本来就是国家文化顶尖的地方。

登封处在嵩山的中心。嵩山是我国五岳居中的一个，故名中岳。这个"中"字可了不得，不只是嵩山位置处于五岳中间而已，她反映嵩山处于我国中枢，在嵩山地区枢纽作用下，能控四方，这样在其中形成了我国4000年前第一古都——禹都阳城。后来影响扩展到嵩山周围，成为我们国家形成源起的地方，并成为占我国八大古都一半的地方。追其源是这里早有上百处旧石器文化遗址和成千处新石器文化遗址，它们为这里文明起源和国家形成打下了牢固基础。人们长期在嵩山地区生活，创造出丰富与先进的嵩山文化圈，嵩山成为我国文化区中最重要的中原文化区的核心、发动机和孵化器。正因为这样，我们先辈早已认为嵩山登封是"天地之中"了。今年9月1日被联合国教科文组织批准登封"天地之中"历史建筑群为世界文化遗产，这是世界通过登封历史建筑群所代表我国"天地之中"文化理念的承认。登封"天地之中"衍生出中国、中华、中央、中原等"中"文化理念，登封为我国文明和国家形成主源地自然要得到肯定。

因此，把山青水秀的登封，把中华文化主源和文化认同的登封建设成为国家级文化产业园区是顺理成章的事。通过对登封国家级文化产业园的建设，让登封"天地之中"文化发扬光大，作用更广，乃国家要务。尽快把登封列入国家级文化产业园建设，善莫大焉！

叁　嵩山文化

嵩山神韵

中心位置，古老地史，水润万邦，
祖源之地，乃嵩山神韵也。

神韵乃神采气度也。将嵩山之神韵浓缩为下述四句话。

> 天地之中①，万山之祖②，
> 三水之联③，五岳之宗④。

① 地理位置之中，处在北纬30°～60°中纬度南边。古天文之中，有闻名中外的观星台，此外还有会善寺和箕山日月星辰岩画等古天文文化。生态之中，处在

山地与平原、黄土高原与华北冲积平原、暖温带与亚热带的边缘环境。人文之中，居"五行"之中位和古代名人之汇。政治之中，占全国八大古都的一半，有洛阳、郑州、安阳、开封，占中国总朝代的三分之二，此外还有西山、王城岗、孟庄、新砦、大师姑、古城寨、娘娘寨、高城、徐堡与戚城等古城和新郑郑韩故城与许昌故城，其古城之多，无与伦比。嵩山及其周边为中国文化认同奠基处。

② 有35亿年的地史，属嵩箕地块，加之是嵩阳、中岳和少林三次大地构造运动命名地和有"五代同堂"的完整地层，故为万山之祖。

③ 为河水（古黄河）和现代黄河水源补给地，古济水水源地和淮水（淮河）主要支流颍河发源地，由此三水环嵩山织成水网，滋润嵩山文化圈，故该处又可称之为"三水（河）文化"。

④ 嵩山腹地告成镇王城岗是中国第一古城"禹都阳城"所在地。

汉三阙拓片之一

嵩山颂

苍莽昆仑，逶迤河江。山原之交，嵩山名扬。
万山之祖①，五代同堂②。海陆沧桑，煤海瓷乡。
天地之中，辐辏四方。三水之联③，滋润万邦。
禹都阳城，国兴颍畔。三皇五帝，幸居巡访。
唐宗宋祖，垂幸封疆。寺庙书院，齐聚史长。
少林文化，三宝无双。三教荟萃④，胸阔文昌。
天文科技，周公首创⑤。一行效仿⑥，守敬发祥⑦。
嵩山岩画，文明滥觞。皇天后土，中岳唯彰。

嵩山少室山五乳峰晚霞

①嵩山有36亿年历史。32亿年时形成陆核，28亿年时成古陆，25亿年开始成山，2.5亿年最终成山。嵩山以其古老历史和独特地层序列与构造体系而成万山之祖，与晚成的秦岭及其东支伏牛山区别自成一体。

②指太古代、元古代、古生代、中生代、新生代地层。

③指河水（古黄河）、济水（古济水，汉以后逐渐被河水袭夺而成现今黄河的中下游）、淮水（淮河）。三水织成水网，滋养中原人民创造中原文化。

④指儒、释、道三教。

⑤周公，系周武王弟。为建东都洛邑，在阳城（今登封市告成镇）建立土圭，用以测日影，以征四时，以求天中。

⑥一行（683～727年），俗名张遂，法名一行，唐朝著名天文学家，创当时世界上最先进的历法《大衍历》。

⑦郭守敬（1231～1316年），字若思，天文学家、仪器制造家和水利专家。建造周公庙内的观星台，制定《授时历》。

嵩山行 ◎ 闸

天地之中——中华文化认同的基础

"天地之中"指古代登封嵩山及其周边是中华文明诞生、发展最适宜处。"天地之中"是中华文化认同的基础。

一　登封名扬四海

2010年8月1日，联合国科教文组织世界遗产34届大会，在巴西首都巴西利亚通过登封"天地之中"历史建筑群文化遗产申报列入《世界遗产名录》，这是中国的第39处，也是河南的第三处世界文化遗产。登封"天地之中"历史建筑群申报世界文化遗产成功，是中国文化的胜利，是中国外交工作的胜利，也是大力支持申遗群众和参加组织工作人员的胜利。

登封"天地之中"历史建筑群文化遗产申报世界文化遗产成功的喜讯越洋传来，登封、河南、中国一片沸腾。因为登封"天地之中"历史建筑群遗产被世界承认，反映了登封历史建筑群所积累的中国悠久建筑文化和人文文化得到世界的认同。所以，这是登封、河南、中国和世界人民的光荣。登封更加名扬四海，嵩山神岳在人们心目中更加神奥，更加牢记在人们的心坎里。

登封"天地之中"历史建筑群位于河南省嵩山中心地区，包括中岳庙、汉三阙（太室阙、少室阙、启母阙）、嵩岳寺塔、周公测景台、登封观星台、少林寺常住院（含初祖庵、塔林）、会善寺和嵩阳书院8处11项优秀历史建筑群，历经汉、魏、唐、宋、元、明、清，绵延不绝，构成了中原地区上下2000年辉煌的建筑史，具有很高的历史、艺术和科学价值。

衣、食、住、行是人类生活必需的要素，其成就是人类文明的成果。

我们的居住环境从洞穴演变成金碧辉煌的殿堂，是人类居住文化的巨大成就，保护它，丰富它，展示它，是对我们建筑劳动结晶的爱护、尊重与骄傲。

中岳庙始建于公元前110年，距今2120年。面积10.89公顷，含有殿、宫、楼、阁、亭、廊等建筑39座，近四百间，有五岳中最大的殿宇——峻极殿，高23米，面积920平方米，属皇宫式建筑，是中国古建筑的样板。

汉三阙（太室阙、少室阙、启母阙）建于东汉年间（公元118～123年），是中国仅存的时代最早的庙阙，是中国古代国家级祭祀礼制建筑的典范。雕刻在汉三阙上的图画、铭文十分精美，是研究建筑史、美术史和东汉社会史等的珍贵资料。

嵩岳寺塔初建于北魏正光四年（523年）。该塔历经1400多年风雨侵蚀，仍巍然屹立，是中国现存最早的砖塔，也是全国古塔中的孤例。嵩岳寺塔筒式建筑，是现代世界高层建筑的样板。

"周公测影台"是西周周公（姬旦）营建东都洛阳时，在颍河北告成"崇地"利用土堆、木杆进行测影，以土圭之法测日影，求地中，验四时季节变化。唐玄宗开元十一年（723年），太史监南宫说仿周之旧制，重建石制测影台。

登封观星台由我国著名天文学家郭守敬于元代至元十三年至十六年（1276～1279年）建成的我国最古老的天文观测建筑。郭守敬利用观星台获得《授时历》，其精确度与现行公历仅相差26秒，比现代通用的《格力高利历》创制时间却早了300年。观星台在世界天文史、建筑史上都有很高的价值。

少林寺常住院系北魏太和十九年(495年)孝文帝敕建。东西宽120米，南北宽300余米，占地面积约36000平方米，保存明、清建筑多座。是禅宗的祖源地，是禅武医少林文化的典型，是佛教圣地。

初祖庵是宋代少林寺僧人为纪念佛教禅宗初祖菩提达摩而营建的纪念性建筑，明、清续建。

塔林是少林寺历代高僧的墓地。似参天巨木，又如茂密森林。保存

有唐、五代、宋、金、元、明、清7个朝代的古塔228座。

会善寺前身是北魏孝文帝元宏所建离宫，魏亡改作佛寺，隋开皇年间(581～600年)赐名"会善寺"。唐、宋、元、明、清续建或整修。出过著名天文学家、高僧僧一行等名僧。

嵩阳书院始建于北魏太和八年(484年)，初名嵩阳寺。宋景祐二年(1035年)重修太室书院后，赐额更名为嵩阳书院。现为清代建筑。系我国四大书院之一。宋代理学的"洛学"创始人程颢、程颐兄弟都曾在嵩阳书院讲学，此后，嵩阳书院成为宋代理学的发源地之一。

嵩山8处11项历史建筑群，代表了"天地之中"2000年来建筑艺术的最高成就，它有悠、大、全、特和美的特点，其丰富文化内涵是难以匹敌的。步履其间会体验到政治家、天文学家周公（姬旦），伟大的政治家汉武帝、孝文帝与女皇武则天，以及名僧菩提达摩、天文学家与名僧僧一行，著名儒学家程颢、程颐，著名天文学家郭守敬等伟人的业绩，令人敬仰，启迪人生。所以，瞻仰嵩山8处11项历史建筑群是接受文化熏陶的幸事，也是接受灵魂洗礼的圣事。

二 何谓"天地之中"

登封历史建筑群是"天地之中"文化的体现。登封"天地之中"的含义到底是什么？

登封"天地之中"的含义可以从以下五个方面来讨论：

1．位置之中。

北纬30°～60°为中纬度，0°～30°是低纬度。60°～90°是高纬度。高低纬度的盛行气团在中纬度相互交替，气旋活动频繁。地球绕太阳转动，太阳照到地球的入射角产生变化。中纬度地带入射角变化大。当入射角大时，地球受太阳照射光多，即热量多，反之亦然，致使中纬度地带季节变化明显。这里春、夏、秋、冬四季分明，表现典型，故24个节气兴于中原。受四季气候的影响，生物有春发、夏长、秋实与冬藏的特点，反映了能量的聚集、释放与转移的规律，而低纬度与高纬度地区这种规律性不如中纬度地区明显。由于节气的变化，水、热环境就有

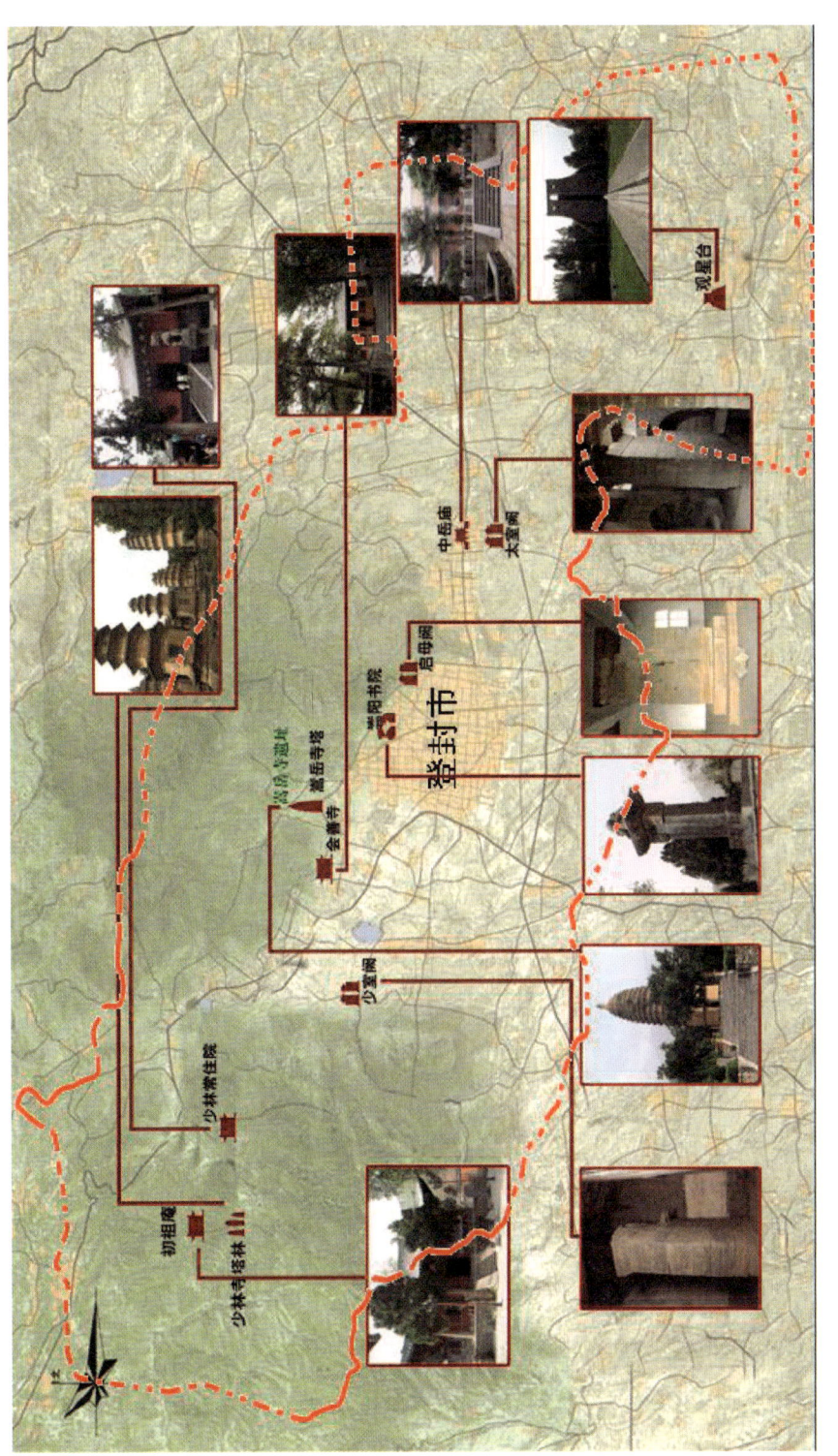

登封历史建筑群分布图

嵩山行 ◎ 闸

041

所不同，这对于人类、生物的繁衍生息，农作物更替，农时确定，农业丰歉有决定性作用。嵩山为北纬34°左右，处在中纬度的南沿，也就是温带与亚热带接触带，水、热环境最好，这里的土地较平坦，土层深厚，煤、铝等矿产资源丰富，故此带是中国与世界人口密集带、农业繁盛带、古文化发达带和文明形成带。因此，登封嵩山就地理位置来说正值"天地之中"。

2．古天文之中。

3000年前周公选择"崇地"阳城测影，从礼制上定阳城为天下之中，并赋予它"天地之所会也，四时之所交也，风雨之所和也，阴阳之所会也"的地位。而这是依据我国古天文观盖天说，也就是天圆地方说。地既是方的，就应该是有中心的。都城所在的地方是帝王号令四方之所，理所当然是地中。周公在阳城测影求地中是为都洛邑找依据。可见这里含有"君权天授"的意图。唐代高僧僧一行以登封为基地创《大衍历》。元代伟大的天文学家郭守敬也以阳城周公测影台近旁立观星台获《授时历》。近年又在箕山的将军山上发现"日月星辰岩画"。这些天文学传统都是在处于"天地之中"的登封境内获得的，可见登封早已是古天文学的"天地之中"，故阳城民间有"天心地胆"、"没影台"之说。

3．生态之中。

生态，指生物之间以及生物与环境之间的相互关系与存在状态，亦即自然生态。生态自然有着自在自为的发展规律。人类适应、选择和利用这种规律，就形成了文明。

登封嵩山地区处在温带与亚热带之间，中国西部山地、高原与东部平原、丘陵之间，处在黄土高原和华北平原之间，处在西部欧亚大陆与东部太平洋环境的过渡带上，因此这里是不同生态环境的接触带、边缘环境效应，人类需求的资源较丰富，尤其在3000年前的文明形成时期更是如此。

在4000年前我国第一古都禹都阳城王城岗遗址，将发掘出的木炭做植物解剖研究证明，这里当时生长有亚热带植物枫香(*Liguidambar formosana*)、青冈(*Cyclobalanopsis*)[1]，还在嵩山附近发现有喜暖湿的

---

[1] 北京大学考古文博学院、河南省文物考古研究所《登封王城岗考古发现与研究》（2002～2005），大象出版社，2007年。

亚热带动物麋鹿（*Elaphurus davidianus*）和扬子鳄（*Alligator sinesis*）等，这些说明文明时期的嵩山地区属亚热带，当时的水、热环境比现在更好，有利文明、国家的形成与发展。

现在的嵩山1000多种植物中含有东西南北的植物。例如：在少林寺附近生长有南方的常绿藤本植物哥兰叶（*Celastrus gemmatus*）、扶芳藤（*Euonymus fortunei*），在峻极峰松树洼生长有大片的华北针叶植物油松（*Pinus tabulaeformis*）。

嵩山是中国古代济水发源地；是河水（即古黄河），也是现代黄河河水补给地；是古代淮水，也是现代淮河主要支流颍河发源地，由此三水组成水网滋润万邦，形成绵延不断的嵩山文化圈[1]和豫西、关中东西向与伏牛山、嵩山、太行山东麓南北向十字形文化古道[2]。

4．人文之中。

人文指人类社会的各种文化现象。中国古代把人、物、环境和文化之间的关系表述为五行，这种概念在战国以前就有了，一直延续到现今。五行中"物"表述为金、木、水、火、土，"方位"表示为西、东、北、南、中，"颜色"表述为白、青、黑、赤、黄，"神明"表述为白虎、青龙、玄武、朱雀。五岳与五行的关系示于下表中。

五岳与五行关系表

五岳	方位	物质	颜色	神明	人
泰山	东岳	木	青	青龙	
衡山	南岳	火	赤	朱雀	
嵩山	中岳	土	黄		人
华山	西岳	金	白	白虎	
恒山	北岳	水	黑	玄武	

上表中嵩山与五行关系处在居"天地之中"的位置，故谓中岳。五岳中只有中岳非神明动物，而是受东、西、南、北四岳神明动物所拱卫

---

[1] 周昆叔等《论嵩山文化圈》，《中原文物》2005年1期（亦见本书附录）。
[2] 周昆叔等《再论嵩山文化圈》，周昆叔、齐岸青主编《中华文明与嵩山文明研究》（第一辑），科学出版社，2009年（亦见本书附录）。

的人。所以，五行早已视嵩山与其他四岳不同，嵩山是处"天地之中"中心地位的圣山。嵩山与土和黄色对应，土即地，黄是黄土的表征，这说明嵩山人创造的文明扎根在农业文明依赖的土中，而且是扎根在中国农业依存度最大的黄土之中，这里也就成为中国文明主源地和国家起源的地方。

　　社稷坛也能验证嵩山"天地之中"的涵义。中国传统文化中，在皇宫有"左宗右社"之说。"左宗"是对先祖的崇拜，讲血缘关系。"右社"是对农神的崇拜，讲国泰民安。在北京天安门的右侧今中山公园内就有仅存的"社稷坛"一座。社为土神，稷为谷神。该坛由五种颜色的土组成，即南红、北黑、东青、西白、中黄。该坛俗称"五色土"，象征"普天之下，莫非王土"。坛台中央"社主石"，也称江山石，表示"江山永固"。明清两朝皇帝每年的农历二月在此举行隆重祭祀仪式，祈求五谷丰登，国泰民安。后来"社稷"一词一度引申为国家代词。可见"社稷坛"的设立是我国以农立国观念的集中体现。它的结构既是国土的体现，也深含人文文化的含义，即表示我国的多元文化和一体文化。中间的黄色土反映了黄土在我国的广泛分布，尤其在国家起源与文明主源地区多黄土的状况，以及反映黄土在中国农业中举足轻重的地位。这与嵩山在五行中体现的中心地位、土、黄色和人本的人文理念是一致的。

　　古代中州河南名人文化也体现出"天地之中"的含义。据对中国历史影响最大100名人的统计，在1000年前的古代，中原五省有名人40位，占40%。河南在中原40位名人中有12位，占30%。河南出的名人包括黄帝、大禹、李耳、玄奘、杜甫、赵匡胤、张衡、张仲景、子产、王安石、陈胜、岳飞12人。在全国100名人中按区域划分，中原占多数；中原名人中河南又占多数。名人，尤其是影响中国发展的100名人，都是精英中的精英，是人杰，是智慧的顶峰，是时代的代表[1]。因此，古代中州河南名人对中国社会发展所起的巨大作用，也体现了嵩山地区"天地之中"的人文含义。

　　因此，登封嵩山"天下之中"的含义，不论在五行中，在社稷坛

---

[1] 引自本书《论再现豪放中州》。

中，或者在名人文化中都得到充分的体现。

登封历史建筑群礼制、宗教、教育与科技建筑集大成体现着"天地之中"的含义，尤其还有"天地之中"文字的明确表示，例如，在观星台有"千古中传"照壁，在少林寺有"天中福地"门，在中岳庙有"配天作镇"牌坊等。

5. 政治之中。

中国八大古都中州地区有洛阳、郑州、安阳、开封4个，占八大古都的一半。洛阳号称九朝古都，其称谓是缘于我国古时认九、五数为尊，以九为最大个位数，示多之意，故洛阳"九朝古都"系多朝古都的美誉，并非在洛阳只有九朝。先后在洛阳建都的有夏、商、西周、东周、东汉、曹魏、西晋、北魏、隋、唐、武周、后梁、后唐、后晋等14朝。郑州为早商古都。安阳为晚商古都。开封为战国时期的魏（公元前364～前225年），五代时期的后梁、后晋、后汉、后周（907～960年），北宋（960～1127年）和金代后期（1214～1233年）的七朝古都。从上可知，在中州立都有20多个朝代。据考证，中州有更多的古城，如西山、王城岗、孟庄、新砦、大师姑、古城寨、娘娘寨、高城、徐堡与戚城等古城和郑韩、许昌故城等都具某些古都的功能。黄河中下游这样密集的古都城是绝无仅有的[1]。需要指出的是中华第一古都禹都阳城王城岗古都就位于登封。

国都是一个国家政治、经济、文化的中心，古代中州有20多个朝代立都河南，约占我国朝代总数的三分之二，河南对中国影响之深之广是不争的事实，是无与伦比的，这也反映了登封嵩山及其周边"天地之中"的文化。

从上述位置、古天文、生态、人文和政治五个方面说明登封嵩山及其周边是处在"天地之中"的位置，这是环境与人文文化结合的最好体现。古天文观与现代天文观有区别，但是古天文观是现代天文观的前身，是现代天文观的基础。古代天文观反映了"天地之中"自然环境与人文环境的结合，故要重视古代天文观的历史作用和科学内涵。

---

[1] 引自本书《论再现豪放中州》。

概括起来说,"天地之中"指古代登封嵩山及其周边是中华文明诞生、发展最适宜处。

三 "天地之中"理念的影响

"天地之中"的理念源远流长,五帝时代已经萌发,夏商周时代已经形成,其后影响至今,故"天地之中"的理念对华夏民族和中华民族的形成起着推动作用。"天地之中"理念促使中原文化绵延和嵩山文化圈形成。"天地之中"理念是国家几千年统一局面形成和巩固的力量,是叶落归根与龙的文化传统等伦理形成的基础,是中华文化中的中国、中华、中央、中原与中州等重要文化概念以及河南口头语"中"形成的源泉。例如,中国概念形成于西周青铜器"何尊"铭文记载:周武王灭殷商后,在洛汭京宫大室告祭嵩山说:"其余宅兹中国,自之民。"中国称谓源于此。可见中国一词源于嵩山及其周边地区。又如河南独有的口语"中"现多表示"是"、"行"、"可以","不中"表示否定的意思。"中"就其原委来说还含有中庸、中和明是非之意。由于"天地之中"理念给予中华民族巨大的凝聚力,所以我国中央集权制得以形成和巩固。

综上所述,可见"天地之中"理念是我们中华民族形成、巩固的基础,由此结出中华民族文化认同的硕果。

"天地之中"内涵与影响表

文化动力	因	果
文化效应	基础	文化认同
文化内涵	位置之中 古天文之中 生态之中 人文之中 政治之中	文化绵延 文化核心形成 伦理形成 "中"文化概念形成 中央集权制形成与巩固

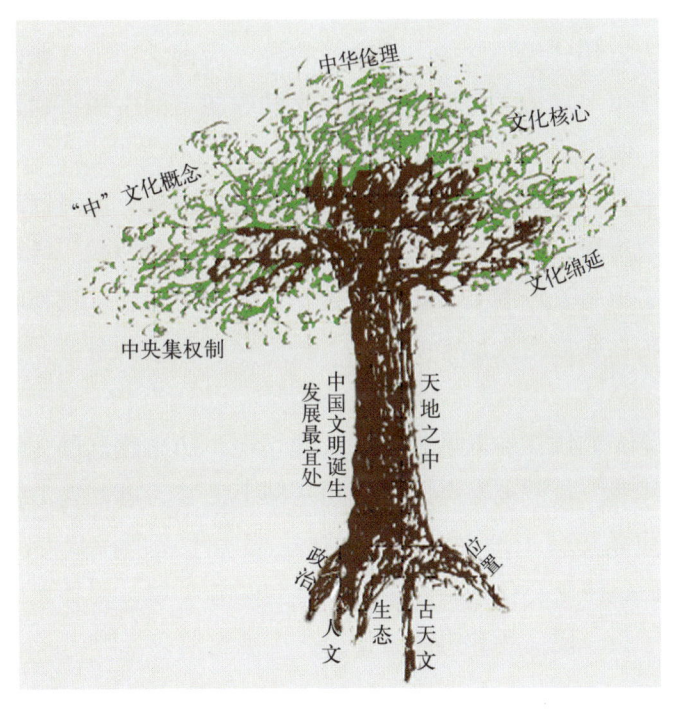

"天地之中"树状图

四　光荣与责任

　　登封"天地之中"历史建筑群成为世界文化遗产，这是对我们先辈功业和登封人成就的肯定。登封人为建设、保护登封文化遗产，做了有效管理与很好保护，成绩斐然，全国人民和世界人民感谢登封人民，这是登封、河南、中国与世界人民的光荣和骄傲。同时，由于登封"天地之中"历史建筑群已成为世界文化遗产，这就意味着它不仅仅属于登封人、中国人，而是属于全人类的了，这样，我们登封人就要负起世界公民的责任，管理好和保护好这笔人类遗产。我们登封人只有更好地负责保护好这笔人类遗产才能保持光荣。为了国家的安危，我们可以出生入死。为了国家的荣耀，我们理当尽职尽责。

　　为此，我们要对以下问题做一考虑。

　　考虑到"天地之中"在我国文化、伦理和治国中的奠基作用，为了

更好地凝聚登封市的力量，建议以"天地之中"作为登封市建市理念。

要大力宣传"天地之中"理念，宣传"天地之中"在我国文化形成中的奠基作用。宣传"天地之中"在推动我国与河南经济建设中的"中坚"作用，做到家喻户晓。

为了丰富和凸显登封"天地之中"的文化内涵，要对登封市建设、规划作新的审视。例如，考虑建设"天地之中"公园或广场设施，该设施要体现嵩山与五行的关系，设东青龙、西白虎、南朱雀和北玄武四个门拱卫着站立在黄土大地上的传说人物伏羲、女娲和黄帝、大禹等伟人形象。

为了使人们认识和欣赏登封"天地之中"历史建筑群文化遗产，使之可看、好看，我们要在深入研究的基础上，努力丰富它，表现它。

为了使登封"天地之中"历史建筑群文化遗产持续得以欣赏和利用，要努力钻研文物保护科学，保持登封清新环境，爱护嵩山的一草一木，一土一石，使文物和市政工作上一个新台阶。

天地之中歌

(悠扬唱叙状,带戏歌味)

涛涛黄河天上来,芬芬昆仑向东开,河畔山原,云绕嵩山,天中一柱奠乾坤啊!中华文明五千年,五千年!

大禹立都王城岗,周公测影地中求,一行效仿,守敬发祥,日月星辰岩画中啊!天文传奇万古情,万古情!

女皇封禅登封城,功成名就宣告成,蓦然回首,事越千年,金戈铁马尽英雄啊!神州万里有天中,有天中!

东西南北会天中,武高德昌谁问鼎,神韵嵩山,天中福地,容光焕发精神爽啊!天地之中一家亲,一家亲!

天地之中三字经

天地中，嵩山行。太室山，峻极峰。少室山，天地人。
万山祖，五代同①。煤电铝，瓷石根。高原边，黄土层。
农耕作，原丘中。上古时，粟为主。黄河水，盈自嵩②。
济水源，泉流颍②。三水联，润万民②。帝朝拜，封圣城。
佛道儒，三教融。少林寺，四海名。禅武医，福佑民。
古建筑，遗产群。亭台阁，楼殿耸。中岳庙，配天镇。
观星台，传天文。会善寺，僧一行。书院里，念两程。
汉三阙，史艺魂。大塔寺，远扬名。众山岳，嵩高崇。
嵩岳奥，文昌盛。王城岗，禹阳城。文源远，国诞生。
文发达，政昌明。都城多，朝替更。郑汴洛，安阳殷③。
夏商周，汉曹晋④。魏两周，隋唐后④。七朝代，城摞城⑤。
历史久，世认同。贤达多，智超群。三皇游，五帝兴。
古中州，繁星明。禹治水，李玄杜⑥。赵陈岳，才相辅⑦。
问缘由，位适中。生态好，利生灵。基础牢，文认同。
尚伦理，礼乐施。中国中，自国中。中华中，国兴盛。
中央中，意志凝。中原中，国诞生。中不中，是非明。
中文化，聚民心。中文化，国之根。多元好，体一统。
华夏乐，民族兴。嵩山灵，寸土金。扬荣誉，再立功。

① 当地球还是被无边无际的海水包围时，35亿年前嵩山就孕育成陆了，其间六沉海六成陆，直到2.35亿年的二叠纪嵩山才真正脱离海成陆。嵩山地质历史经过了太古宙、元古宙、古生代、中生代和新生代，层序清楚，时代连续，故誉为"五代同堂"。由于地质界后来将嵩山早期地层细分了，故后来有"七代同堂"之说。二者无实质区别。

嵩山行 叁 嵩山文化

② 中国汉以前有"四渎","渎"指独立入海的大河,"四渎"指河、济、淮、江四水。流经中原的有河、济、淮三水。河为古黄河之名,河水出豫西山地后,接受嵩山水的伊洛河补给后流入华北平原,现今仍如此。济水主源于嵩山东北麓,后被黄河袭夺成其中下游。淮水基本如今,其主支颖河源于嵩山。

③ 郑(郑州)、汴(开封)、洛(洛阳)与安阳合成四大古都,占我国八大古都的一半。

④ 洛阳为14朝古都,即夏、商、东周、东汉、曹魏、西晋、北魏、武周、西周、隋、唐、后梁、后唐、后晋。

⑤ 由于黄河泛滥,将开封七朝古都相继埋于地下,包括战国时的魏(公元前364~前225年),五代时期的后梁、后晋、后汉、后周(907~960年),北宋(960~1127年)和金代后期(1214~1233年)。

⑥ 指大禹、李耳、玄奘与杜甫。

⑦ 指赵匡胤、陈胜、岳飞、张衡、张仲景、子产与王安石。

嵩 山 行

> 嵩山占天地之利，兼四方之美，甲五岳而少天下。

余2005年10月7日上午，与北京大学莫多闻教授等初次登嵩山，我们从嵩阳书院后山起程，午后抵达嵩山的太室山最高峰——峻极峰。当日下山回到嵩阳书院已是黄昏时刻。匆匆登山，未及详察。林茂山陡，山岩壁立，环顾四野，山峦连绵。南远眺登封城与箕山，二者间为低丘原野。北望洛阳盆地，沃野无垠。大河东流，积陈年伟力，创华北沃野，成欧亚大陆东侧海陆边际，在海陆互动中，创东方文明的摇篮。立嵩山之巅，观自然与人文之最，何其遂意。巍巍中岳，窥其一隅，游兴未尽，有待来日。

一晃，人生的旅途已进入2009年的76岁唉！重登太室山的欲望与日俱增，遂计划入秋后了却夙愿，那知阴雨连绵，不能如愿。9月15日，趁雨后天晴，与禹州市具茨山文化研究会秘书长刘俊杰先生一早从嵩阳书院东登山。这是登嵩山常走的一条路线，在老母洞以下比较平缓，所以成为登封人携老扶幼常登攀锻炼的地方。峻极宫有一著名景点，叫石船，名源于峻极宫东北有两块相并而立的巨石，体积达几十立方米，形如船状。又因该石周围常云雾缭绕，故又名云城。这是山岩受重力作用崩塌而成，实际上除巨大船石岩块外，附近还有许多较小的岩块，就整体来说，石船附近的崩塌岩块应称作倒石堆，这也是嵩山在继续作上升运动的一种标志，地质学上把这种现象叫做新构造运动，所谓新构造运动是指几千万年前以来的地质构造活动。在石船之南缘，生长有两颗木瓜树（*Chaenomeles sinensis*），树高约七八米，生长旺盛，结

叁 嵩山文化

嵩山会善寺内的木瓜树

有十多个木瓜。木瓜树在会善寺内大雄宝殿前有一棵，据说嵩山上还偶有发现。木瓜多栽于华南，能在嵩山生长，说明嵩山有某些南方气候环境的特点，这为孕育丰富的嵩山文化提供了多种多样可供人们利用与选择的环境。峻极宫海拔698米，到嵩山山顶峻极峰尚有一半多路程，自此山势更加陡峻，一般为倾角60°至70°，这种陡峻山势直至山顶，故名峻极峰。峻极！峻极！峻至极点，名不虚传。由于天色已晚，我们只好从石船就步入返途了。

　　寒露已过，秋末冬初，风和日丽，遂邀请吕宏军与刘俊杰先生续登嵩山，吕先生因公务忙，虽未能如愿，但一直得到他的关注。于10月17日，与刘俊杰先生到登封市东北，从卢崖瀑布所在的寺里沟旁拾级而上。卢崖一名来自唐名士卢鸿一隐居于此。寺里沟的源头由许多半圆状岩层形成高百米的陡坎，山水从陡坎上倾泻而成卢崖瀑布，如珠似帘，霏充山谷，声震长空，其势之雄，其形之美，令人叹为观止，引无数游人流连忘返，或为瀑布奇观陶醉而凝视，或为其欢腾雀跃。人们禁不住摄影留念，留住这奇观、美景和震撼的永远怀念。明代著名旅行家、地理学家徐霞客（1587～1641年）于36岁（1623年）见之写到："从庙东北循山行，越陂陀数重，十里，转而入山，得卢崖寺。寺外数武，即有

嵩山行◎篇

流铿然，下坠石峡中。两旁峡色，氤氲成霞。溯流造寺后，峡底蠹崖，环如半规，上覆下削，飞泉堕空而下，舞绡曳练，霏微散满一谷，可当武彝之水帘。盖此中以得水为奇，而水复得石，石复能助水，不尼水，又能令水行，则比武彝为尤胜也。"[1]可见徐霞客认为"卢崖瀑布比武彝尤为胜"。卢崖瀑布以其瀑布的规模来说比之吉林长白山、江西庐山等瀑布并无多少差异，为何给游人印象很深刻呢？这是由于卢崖瀑布背景是20亿年前微褶曲石英岩层，岩层颜色深浅有别，这样卢崖瀑布就好似倾泻到一纹轮清楚的"盆"中。又游人可以从近"盆"底下缘岩层间隙开凿的游道攀向悬练峰，深入瀑布后，如珠似帘的瀑布，霏微入怀，

石英岩交错层理

阳光照射，奇光异彩，令人惊叹。卢崖瀑布虽以源头为盛，然卢崖瀑布流经的寺里沟也美不胜收。当卢崖瀑布以其水深切山崖蜿蜒南下时，切石而成涧，击石而成潭，组成搁笔潭、黑龙潭等十潭九瀑，形成潭涧相随的景观，涧水潺潺，潭水映照，一步一景，一路泉声，一路欢乐。寺里沟如一把锐利的大刀，将18亿年前的海滨石英砂岩深深切开，岩层中层理清晰可见。由于远古海滨水流方向的改变，致地层层理成互相交

---

[1] 徐宏祖《徐霞客游记》，时代文艺出版社，2002年。

卢崖瀑布远景

错的结构，石英砂白，磁铁矿黑，黑白矿物分别聚集，交互叠置，线条勾勒清楚，呈现出互相交错叠置的交错层理，以其清晰程度和规模之大来看是很罕见的。卢崖瀑布所在的寺里沟是展示沉积物交错层理的典型地点，是学习沉积物交错层理的教科书，也是嵩山奇石国画石的绝好原料。

　　要说这次到卢崖瀑布是再次谋面了。在今年盛夏8月21日，时值雨季水丰，卢崖瀑布壮观，在嵩山管理委员会刘慧铎女士陪同下，我与夫人单岁琴就曾游览了卢崖瀑布。途中遇雨，只好在一岩棚下避雨，这里是刘老先生摆摊为游客题诗名处。我们这些不速之客的到来，有碍先生的生意，于是赠刘老诗一首：

> 阵雨卢崖游兴浓，偶遇刘老仙居岩。
> 思路敏捷真才子，名诗逢送乐开怀。

嵩山行

叁 嵩山文化

卢崖瀑布近景

当我们游毕返途时，承刘老先生回赠诗一首：

> 烟雨嵩山遇周公，谈笑犹若故友逢。
> 先生胸怀若幽谷，同道永结万古情。

游览途中，与刘老先生萍水相逢，彼此赠诗，令人回首。

途中偶遇中岳景区管理局卢崖瀑布管理处刘万森、钱育生与景庆伟三位同志，三位自述在2006年听过我的报告，初会旧知，承蒙他们热情引导和帮助下，告别卢崖瀑布，我们继续攀登。山势越来越陡峻，直抵悬练峰山脊前，危岩耸立，攀登之难，难于上青天。似乎嵩山能解人意，在两扇巨岩间形成一深达几十米的裂隙，然宽不过两三米，长达百米，可供人们通行，这就是著名的"一线天"景观。入其中，如与世隔绝，判若另一个世界。

由于"一线天"两侧岩壁凸凹不平，有吸声之功，外声不入，内声不扰，故十分安静，令人心境平和。由于一线天内岩层暗，一线天外天空明，两者的对比度大，仰望其上，如坐井观天，蓝天一线。它好似一条可望而不可及的湛蓝色飘带，这根飘带给人以美的享受。"一线天"，物以征名，名副其实，名为景增色，"一线天"这个名字再恰当不过了！不到嵩山悬练峰"一线天"，就不知什么是洞天。要知何洞天，最好到"一线天"。洞天，洞天，只是洞天，

悬练峰一线天

步出洞天，豁然开朗，广阔天地欢迎我们重新迈入她的怀抱。

午后1时，到达北纬34°29.46′、东经113°03.37′的东天池，这是一个人工水库，库容量约一万立方米，为卢崖瀑布的补充水源。我们在水库大坝的南头吃了点午餐。在和煦阳光下，波光粼粼的水库送来的水气，被秋风带来伴餐，十分惬意。水库中流泻的水正在为卢崖瀑布美景增色。

入悬练峰山脊，视野开阔，遥望气象台和峻极峰，尽收眼底，似乎唾手可得。然山脊忽高忽低，登山阶梯虽完备，却在攀登与下踏之频繁交替中让人疲乏，令我想起"望山跑死马"之说的真切。我们既要有望山之期盼，也要做好应对曲折前行的准备，且有不达目的不罢休的决心，这既是登山之要旨，也是求真之路的必然吧！道路虽曲折，美景更诱人，我们行进在一条美景如画的长廊中。一会儿穿行在阳光点点的栓皮栎中，一会儿步入到开阔的灌木与草丛间。栎林的杏黄色与黄栌的赤红色，还有一些不敏感秋意的杏树等绿色，它们组成一幅幅斑斓多彩的画卷铺展在嵩山上，如花似锦。此情此景，诗兴盎然。

> 彩叶红如二月花，点缀嵩山竞自华。
> 一步一登无限好，夕阳又送万千霞。

嵩山植物种类丰富，达1540种，有许多珍贵树木和多种奇花异草，"嵩山作为国家森林公园，开拓为旅游风景区来说，观赏植物格外重要。区内有许多优良的风景树种，如银杏、侧柏、油松、青檀、黄连木、三角枫、泡桐、楸树、香椿、椴树、枫杨、大果榉等等。这里的观赏花木种类繁多，如中国特有的蝟实，春夏之交全株满缀粉红色的花朵，繁花如锦，十分美丽，英文译文为美丽的小树（Beauty bush）。流苏树属全世界共两种，北美洲一种，中国一种，即流苏树，春季开花，犹如积雪。还有天目琼花，春开白花，秋结红果，枝叶也很美观。还有玉铃花、白鹃梅、杜鹃、山梅花、绣线菊、紫丁香、醉鱼草等等。万紫千红，满山春色，供游人鉴赏。"[1]

---

[1] 叶永忠、吴顺卿主编《嵩山植物志》的吴仲伦《序》，中国科学技术出版社，1993年。

荫蔽的栎林

　　春季嵩山开繁花，夏季嵩山翠绿妖，秋季嵩山漫山红，冬季嵩山傲雪霜。嵩山适宜四季游，只有四季游才能真正亲近嵩山，体验嵩山完整的美。

　　带着美景醉意，于午后4时多到达了河南省嵩山气象站。曾在山下遥看的气象站，如今来到它的跟前，不胜感慨。气象站人长年守候在这离尘脱世的海拔1170米工作岗位上，为观天测地尽职尽责，他们的心地如同这气象站白色建筑物一样纯洁，令人敬佩。

> 嵩山气象站，坐落白云间。
> 把稳天公脉，力解百家难。
> 人生有追求，何惧风雪寒。
> 感谢气象人，字字送平安。

　　过了气象站，续西行，在登山步道的北侧丛林间见芦荻随风飘舞，十分奇异。又西行，在北纬34°30.05′、东经113°02.05′处惊观西流泉井一眼，石井口径约半米，泉水清澈见底。在嵩山山脊能见芦荻与泉

嵩山行 ◎ 闸

嵩山秋色烂漫

蝟实（*Kolkwitzia amabilis*）
（叶永忠等，1993）

流苏树（*Chionanthus retusus*）
（叶永忠等，1993）

嵩山行 ◎ 叁 嵩山文化

嵩山松树洼郁郁苍苍的油松林（刘俊杰摄）

眼，真是应验了"山有多高，水有多高"的说法。

　　接近峻极峰，步入胸径多为20厘米左右的油松林中。松香扑鼻，松叶铺地如毯，风助松树针叶摩擦而发出海涛般声音，这就是所谓的松涛。嵩山太室山这样近1494米峻极峰的高山上，气流多变，山风劲吹，才会有松涛声声。这里生长的松树名油松（*Pinus tabulaeformis*）。油松乃华北常见的针叶树种，它在嵩山分布已为该种分布的南界，故只适于气温较低的嵩山山顶分布。油松之所以能在太室山峻极峰茂盛生长，还与它立地为变质花岗岩有关，因为松树根能分泌出酸性物质，助其根深入花岗岩中，吸收它所需的营养物质。这也是安徽省黄山上松多而美的原因之一。所以我们能在太室山山顶听松涛声，是一种机遇，是大自然的恩赐，我们感谢峻极峰松涛涤荡去行者的征尘，得到身心的助益。太室山峻极峰是旅游的天堂，是要十分珍惜的宝地。

> 苍松翠欲滴，风雪不低头。
> 峻极松树洼，涛声动千秋。

嵩山日出

晨曦映嵩山

群峰舞嵩山

嵩山行 ◎ 叁 嵩山文化

夜幕已降，我们不得不用手电照明前行。遥望山南，登封城万家灯火，闪闪发光，流光溢彩，如诗如画，生气盎然。

> 城坐半山腰，南向气宇昂。
> 四方通衢畅，出入任城乡。

傍晚7时抵达松树洼嵩山管理委员会招待所，承招待所款待夜宿，一躺下来，呼噜声声，难得在嵩岳之巅进入梦乡。

次日晨5时半醒来，见天已亮，我们立即翻身起床，拿起照相机直奔几百米外的悬崖，庆幸东方刚露出晨曦，灰暗的天空露出一丝鱼肚白，接着一轮红日喷薄欲出，从紫霞中冉冉升起。顿时，晨曦的天空中霞光万道，彩之美，力之大，变之速，都在瞬息间，难得一睹。到嵩山之巅观日出，是力与美的享受。我们在观日中能体察到宇宙之空灵，她赐予地球以光明，以伟能，以生命，以希望。啊！太阳这部发动机与地球、宇宙和我们息息相关。因此，人类正在竞相奔向月球，探测宇宙，去洞察她无穷的秘密，从而使人类生活得更自在些。所以，人们观日出

红叶焰嵩山　（刘俊杰摄）

嵩山行 ◎ 叁 嵩山文化

嵩门待月（刘俊杰摄）

是迎接新希望、体验新世界难得的契机。

在晨曦中遥看东北，层层山峦，在晨光照射下颜色由浓重至浅淡，山巅次第展布，格外分明，层峦叠嶂，如浪之涌，如马之腾。向西南眺望少室山，它浩似一座孤岛，那高尖的山峰，在晨曦中显得那么顽强、高耸，真有刺破青天之势。晨曦中的嵩山，有少女披纱巾的朦胧美，给人以企盼与追求。

7时许，我们打点行李下山，不久，就见到人群鱼贯而上，真是更有早行人，祝君再上一层楼，美景风情尽眼收。

不久狂风大作，行难前，立难稳，帽子都差点被风吹跑。西望山脊之凹的"嵩门待月"，这是在25亿年前的世界性大地构造运动——嵩阳运动的作用下，导致岩层陡峭，千刀万仞，奇峰秀拔。真是鸟难立，攀登好手也胆寒。这里却是徐霞客游嵩山下山之处，其勇其谋，令人敬佩。

三百年前霞客游，樵夫陪伴行影单。
红男绿女竞登攀，笑声飘逸尽嵩山。

过天梯，下到天梯后，在楼榭间小息。一长得很干练的小伙子，约20岁的风华正茂年青人，仰望45°倾角的天梯，难见尽头，长出了一口气，询问我天梯有多少级，答：有200级。他伸了伸舌头，做出起跑的姿势，就奋勇向上攀登，不久，这可爱的小伙子消失在我的视野之外了，寄盼所有的旅者都像这小伙子一样，奋勇攀登。同休息的还有几位衣着整齐的旅游者，他们中一先生询问我何来，答：来自北京。他说："您是周教授吗？"回答："正是。""先生，我们曾见过，我听过您的报告。"啊！我们曾谋面，今相识了。原来询者系登封市纪律检查委员会办公室主任刘书杰同志，真是幸会，在刘主任的提议下，我们合影留念后道别。

陡峻的天梯

中岳行宫

过中岳行宫后，来到张伯声先生命名的"嵩阳运动"题字前，这位嵩山之子，是我国大地构造镶嵌学说的创立者。当下，科学建国，我们要认真学习张先生的创新精神，才不愧是他的学生和后继者。

我曾经谈到嵩山奥而文化甲天下，现在我要说嵩山瀑布之美，一线天之奇，悬崖之险和四季秀色，嵩山也有其他四岳奇、险、秀、美的特点。正因为嵩山奇、险、秀、美才促成三皇五帝巡访，皇室垂幸，达官贵人和文人墨客的来访，以及寺、庙、书院的聚集，这样使嵩山孕育出"奥"的文化。所以说：嵩山甲五岳而少天下。

少林寺夜叙

盛夏之夜与永信方丈谈天说地。

自2009年的5月起,我入住登封少林景区王指沟"少林旅游度假村"已有一年了,这期间我曾在秋冬时节各去少林寺一次。然而,不论我住在王指沟,或到少林寺,都有想去拜访永信方丈的念头。据说他的佛事、寺事和外事活动都很多,我怕打扰方丈,所以,才把这个念头装在心里。另外,我觉得永信方丈与自己咫尺之间,相信总会有机会去拜访的,这正如我家住在北京鸟巢和水立方旁,至今还未去一样,不着急。

2010年端午节,也就是6月16日,几个朋友相聚,谈话间,两位朋友都说永信方丈早知道我入住王指沟了,并说欢迎去访。我趁端午节休假,猜想永信方丈会有点空闲,故于傍晚托微书微刻专家田德学先生与永信方丈联系,转达我有意前去造访。不久,田先生回复,永信方丈欢迎我即刻前往。听罢,我将正在热饭的电磁炉关上,稍事整理,便随田先生前往。

我们是从少林寺东侧旁门步入寺院的,走了约200米的坡道,已有些气喘。待进入寺院东侧门,已是黄昏。此刻,寺院十分宁静,仿佛掉一根针都可听得出来。我与田先生从东向西横穿寺院,过西侧门,到方丈寝院,一打听,有僧人把手往东一指,示意永信方丈在退舍。于是我们返回,当抵达方丈退舍前,已见方丈在纳凉。永信方丈见我们到来,便离座笑迎。握手后,方丈示意我靠近他入座,并向寺的管事介绍,这是政府请来的高级专家周教授。尔后,吩咐倒茶。从已摆好的茶杯看,这是方丈有意设定乘凉会见环境,便于攀谈。茶浓情盛,和风飘逸。

见面寒暄后,方丈热情地说:周教授写了几篇关于嵩山的著名文

永信方丈与笔者友好攀谈

章。嵩山要作为一个整体，作为一个品牌介绍出去，就需要从科学上解释。例如：这里为什么是天中，你不从科学上解释，人家不信你的。英国人讲格林威治时间，他们认为那儿是中心呢！我在美国一个大学演讲，谈到嵩山有中国南方湿热环境生长的植物，也有北方凉干环境生长的植物，还有东边平原与西边高山生长的植物。若要将南方植物北移，需在嵩山栽培，过渡两三年，再往北移才行。方丈言简意赅，充分说明嵩山是四方皆宜的好地方。经他这么一说，美国人就听懂了嵩山为什么在中国是居中的道理。

品茶过后，方丈继续说：周教授从气候环境谈到人类适住在嵩山及其周围，才创造出先进的文化。从古至今嵩山所在的河南，由于这里环境好，适于人口繁衍，人口稠密。寒带环境不如中原，人口就稀少。周教授从环境科学把道理一讲，这样从过去只知道那样，现在就知道为什么那样了，令人信服，所以，科学研究嵩山很重要。

接着方丈又说：文超书记对嵩山很重视，不久前还成立了嵩山文明研究会，又让我担任常务理事，可没让我去开会。

我说：到会的人不算多，今后学会还可能给您发聘书，请方丈多关心和支持"郑州中华之源与嵩山文明研究会"的工作。方丈兴奋地说：我住在嵩山，热爱嵩山。

尔后，我说：我已经77岁了。方丈听罢，看了我一眼，摇了摇头说：看不出来。我接着说，想把不多的时间继续放在研究嵩山文明上。方丈指着夜空说：这里星星月亮看的多清楚，北京不易看得清楚，住在这里适合你潜心研究。少林寺这地方好，在少林寺内练武术就比在别的地方练容易成功。和尚不懂风水，挑选建寺庙地点全靠坐禅入定，易入定的地方，就是好地方，适合建寺庙。

用适合入定与否作为选择寺庙地址的依据，还是头一次听说。我想，此说必有科学道理。是否除幽静环境外，还与磁场有关呢？人作为导体，能将天地之磁顺利连通，有助入定，益于身心，便于修行吧！这些都有待研究。

夜渐深了，方丈示意转入退舍就座。入室，迎面摆放着一张方桌，桌旁各置太师椅一张，椅两侧各放明式围椅三张，作弧形展开。而这些古家具都是用海南黄花梨木所制。桌后靠墙立着一张长方形大座屏，座屏是用著名浙江昌化鸡血石薄意雕刻成众罗汉拜佛图。座屏刀工繁复，工艺精湛，古色古香。门内侧各放置一张紫檀透雕书几。这些古家具可谓价值连城。我认为少林寺是一座集禅武医和文物之大成的文化与文物宝库。

在谈话即将结束时，我把带的《中华文明与嵩山文明研究（第一辑）》赠与永信方丈。他接过后，立即打开，关切的询问是否系列丛书？我答：是嵩山文明研究会的不定期会刊。方丈言语间十分关心这一书续刊问题，这是方丈对我们工作的鼓励和督促。另外我还将自己亲笔写的一个斗大的"禅"字送给方丈，在禅字下方的空白处，写了"曹洞正宗，禅宗祖庭"几个边款。对此，方丈笑容满面地说："周教授的字，还写得真好！"合影后，告别。永信方丈吩咐用车把我们送回住地，临别还说：欢迎常来！

与永信方丈初晤，一见如故。茶叙间，谈天说地，永信方丈对科学的关心，可谓语重心长；对科学工作的尊重，评价之高，令人印象深刻；对嵩山的热爱，溢于言表。我们度过了一个宁静、凉爽、友好、和谐与有益的夏夜。

浅议嵩山少林文化复兴

少林文化的精髓就是禅武医。研究和践行禅武医是促进少林文化复兴的重要途径。

少林文化即嵩山佛教文化。少林文化的核心是禅宗。禅宗是佛教的代表。佛教自传入我国1500年来，由于其缜密思维而受欢迎，但也有副作用。由于佛教关系我们的思想、哲学，影响体育、医学和对外文化交流等，所以我们要在中国大发展时期注重研究佛教，弃其糟粕，发扬其科学性、教育性和爱国传统。

2009年10月25日在北京国宾馆参加"塔沟集团少林文化复兴讨论会"合影（自左至右：河南省嵩山风景名胜区管委会党委书记裴松宪、周昆叔、登封市市长郑福林）

一　少林文化起源

少林文化是在嵩山自然与人文环境下，在中印文化交流中诞生的一支重要的佛教禅宗文化。少林文化是以其诞生、传承地少林寺而得名。据吕宏军先生考证，少林寺始建于北魏太和十九年，即公元495年[1]。由于先后有印度高僧普陀、菩提达摩到来，故有少林寺小乘、大乘佛法的传播，尤其以达摩举张面壁静思传大乘法，适合信众而大为推广，成为佛教八大派中影响最大者，少林寺也成为禅宗的发源地即祖庭而备受推崇。

为便于讨论佛教文化，我们不妨简单地回顾一下佛教的源流。少林文化自诞生后的1500年的历史虽有起伏，也有人为的干扰，但是仍然可以理出如下的传承：

初祖──二祖──三祖……→二十八祖→二祖→三祖
　释迦牟尼佛　摩诃迦叶　阿难尊者　菩提达摩　慧可（神光）　僧璨

→四祖→五祖→六祖→不传法衣，高徒40多位，其中南岳怀让、
　道信　弘忍　慧能

青原行思最有成就。

南岳怀让→马祖道→百丈怀海→黄檗希运→临济义玄→
　　　　　　　　　　　↘　　　　（临济宗）

　　　　　　沩山灵佑──仰山慧寂
　　　　　　　　（沩　仰　宗）

兴化存奖→宝应慧颙 →风穴延沼→石霜楚图→黄龙慧南（黄龙派）
　　　　　　　　　　　　　　　　扬岐方会（扬岐派）

　青原行思──曹洞、云门──法眼等
　　　　　　（三宗）

禅宗以前，佛教就已在中国传播，大概始于西汉末或东汉初。

---

[1]　吕宏军《少林寺》，河南人民出版社，2000年。

笼统地说，禅宗史可概说为"五家七宗"，即沩仰、临济、曹洞、云门、法眼，临济宗又分黄龙派与扬岐派，不过此二派有认可者，也有不认可者。

印度佛教讲"进修"，在面壁坐禅中，达到"忍"与"悟"的境界。南宗慧能与神会提倡"顿悟"，即主张"放下屠刀，立地成佛"，这与"进修"不同，这成为佛教中国化的分水岭，是佛教中的革命性事件。胡适在他写的重要文章《神会和尚遗集序》中谈到"神会是南宗的第七祖，是南宗北伐的总司令，是新禅学的建立者，是《坛经》的作者。在中国佛教史上，没有第二人比得上他的功勋之大，影响之深。这样伟大的人物，却被埋没了一千年之久。……到今日，……我们得重见这位南宗的圣保罗的人格言论，使我们得详知他当日力争禅门法统的伟大劳绩，使我们得推翻道原契嵩等人妄造的禅宗伪史，而重新写定南宗初期的信史"[1]。

二 少林文化精髓

2500年前，印度还没有佛教的时候就已有"瑜伽"，"瑜伽"梵文为"yoga"，即管束之意，管束自己在身、心、慧上成一个好人。古印度流行"瑜伽"，佛祖释迦牟尼借用"瑜伽"修行，并名为"禅"。在我国名著《水浒》中写有鲁智深打了一根八十二斤禅杖的文字。故"禅"在印度起源很早，对中国也有影响。

禅宗中有个话头"如人饮水，冷暖自知"。就是说要体悟。佛说：不可说。禅宗有"教外别传，不立文字，直指人心，见性成佛"的说法，这也就是说，"教外别传"，就是"非信不说禅"。

既然禅宗是一种影响广的佛法，少林文化一词也已流传，既是文化，无论教内教外都应问个究竟，这样就不能不问"禅"。过去说"不可说"，那是由于客观上"禅"要领悟，难说，所以出现了"只可意会，不可言传"的说法与做法，也由于受时代的制约，认识有一个过

---

[1] 《胡适说禅》中吕实强《1993年北京版耿序》，团结出版社，2007年。

德建禅师入定

程；主观上是故作神秘、玄虚。现在是21世纪了，凡事要问个清楚，才能进步，才能创新，不能让佛教老是个"闷葫芦"。难说，并不是不可说，所以我冒昧地说点看法，求教诸位。

少林文化是什么？我的陋见，少林文化是禅武医融合。禅武医是少林文化的"三宝"。

"禅"是什么？禅要做到三个字，即"静"、"思"、"气"。静，是进入禅的状态。患得患失者，不可能静下来。要进入禅的境界，必须排除杂念，才能达到静的状态。这就是调心，或曰正心，为此才能安定自如。所以，静是入禅所必须的。佛者要静，平常人也要静，每天都要静下来想想我昨天做得怎么样，今天、明天、后天如何做得更好。

思，静下来就是思，主要是思两个方面的问题，首先是思"善"，"善"与"过"是矛盾的统一体，思善必别过。另外是要思"理"，就是要把人、宇宙与物的互动关系进行哲学层面的思考。想世界如何大到无外，想物质如何小到无内。这样我们就会成功不傲，失败不悲，知道为什么我们要与人为善，与物为友。尊重人，尊重自然，做到和谐发展。

气，就是指吐纳之法或曰气功。禅修的吐纳与我们平常的吐纳不同，我们平常吐纳，吸气靠胸腔，而禅修常运用丹田（肚脐下一寸三分处），两眼微闭，两手（或单手）轻按丹田，吸气时想丹田，呼气时想鼻子。这种吐故纳新的呼吸法大有利于发挥身体的潜能。这源于丹田含影响身体的多个重要穴位，故要"意守丹田"。关于气功的"气"是什

嵩山行 ◎ 阐

么？人们都说不清，我以为"气"是经过人们学习、锻炼以后可以形成的一种气能，是经过学习可以调动起来的人体的潜能，这种能力可以影响人体机能的状态，有助于人体机能的运行。目前我们还只能从科学上证明人体有消化系统、循环系统、神经系统，近些年来我们又发现了人体还有经络系统。今后是否会在人体中发现与气功相关的生理功能，这是我们面临的一个新问题，也是我们对人体研究有新希望、新突破、新贡献的研究领域。据香港中文大学心理系陈瑞燕教授科学研究，德建禅师大脑前额叶非常活跃，对照组却表现平平[1]。大脑前额叶是智慧之区，由陈瑞燕教授研究可知，何以说禅是大智慧，也可知禅师何以多是智者。我们佩服佛者久坐的本事，怎么能办到？就是因为佛者进入"禅"的状态，看似是静的，实质上他们都在吐纳之间调动身体中的潜能，使之静中有动，保持动静平衡，这就是佛者久坐能不倒的原因之一，总之，气功是经学习、锻炼可以调动、培养身体潜能的方法，有助身心健康，与冒充者不同，与邪教更是两回事。

"武"是禅的外延，或者说是禅的派生。在长久的静以后，通过"武"拳的形式，活动机体，保证身体的健壮，为禅的实行创造强身健体的条件。少林拳是与禅定相对应的禅动，为的是求得静中有动，动中有静，达到静动平衡。所以说少林拳是禅。少林拳类型多样，但打起

行性法师练武

德建禅师练武

德建禅师行医

---

[1] 陈瑞燕《德建身心疗法——少林禅武医临床应用》，禅武医文化出版社有限公司，2009年。

拳来，伸手抬脚间和躯体转动时，形体圆润，这是符合物质运动规律的，如树轮是圆的，道路、河流作曲线状。所以少林拳是很科学的。少林拳要遵循两条：一是在武中用禅的思维作指导，使之柔中带刚，刚柔并济，灵活自如，以达健体之目的。二是要随时记住少林拳的另一宗旨是匡扶正义，助人为乐。

禅武医

"医"是用禅的理念指导，治病先治心，强调心理治疗，只有精神状态良好的情况下再借助传统的中医疗法施治，其疗法才能发挥应有的作用。不过禅医也有独特之处，如以药水滴鼻，并连唾液一起吞服，以通窍于脏腑。在用药的同时也加入了气功、点穴、按摩等的辅助治疗。同时，饮食要素食，忌食腥、荤、辛辣、蛋，以达到治病救人、泽被大众的目的。经近些年推展禅武医疗法，不但对医治一般疾病和强身健体有显效，而且对治疑难杂症也有显效或有助益[1]。因此禅医是与中医有关，又有区别的重要新型医学。

通观我国和世界宗教文化，只有少林文化才是强调"禅武医融合"的宗教文化，因为少林文化通过"禅武医"的实践，以最大程度的有益人类、社会和自然为目的，因此它在宗教文化中是绝无仅有的，所以我说："少林文化，禅拳无双"，或者说："少林文化，三宝无双"。笔者认为少林文化的精髓就是要做到"禅正心，武健体，医治病，三合一，法大成"。德建禅师说得好："禅通武达医理明，三者不可偏废，是统一体"。只讲禅、只讲武、只讲医，把"禅武医"三者分离开来，就不是少林文化，更不是少林文化的精髓。禅武医是统一体，这是前提，但各也有侧重，禅侧重修身，武侧重健体，医侧重治病。因此，弘扬"禅武医"的少林文化，就是弘扬了中国传统文化，发扬了有中国特色的佛教禅文化。

综上所述，禅武医是少林文化的精髓，是佛教在新中国发展的新阶段，是生命科学的新领域，是对中国传统文化的弘扬。

---

[1] 王群中《禅武医法自然——体悟禅武医》，"第二届嵩山少林禅武医理论与实践研讨会资料"，2009年。

三　少林文化之复兴

少林文化在中国1500年历史中是不断变化的，故有"五家七派"之说，家、派即是不同，不同就是变。今天我们说复兴少林文化，我以为就要提高三点认识，采取三项措施。

提高三点认识：

1. 认识少林文化是在嵩山自然和人文环境下诞生的禅宗文化。

嵩山是中原文化核心区的发动机、孵化器[1]，少林文化就是在嵩山古文化背景下孕育出来的禅宗文化。又如禅医中经常用的草药来自嵩山，见下表：

禅医常用嵩山中草药表

药名		功能	主治	图例
中文	拉丁文			
柴胡	Bupleurum chinense	和解表里、疏肝、升阳	感冒发热等	
连翘	Forsythia suspensa	抗菌、强心、利尿、镇吐等	急性风热感冒等	
金银花	Lonicera japonica	抑菌、抗病毒、抗炎、解热、调节免疫等	温病发热、热毒血痢、痈疡等	

---

[1] 周昆叔等《论嵩山文化圈》，《中原文物》2005年1期。

野菊花	Chrysanthemum indicum	清热解毒、消肿	上感、流感等
蒲公英	Taraxacum officinale	甘、微苦、寒。清热解毒、消肿散结	上呼吸道感染、眼结膜炎、流行性腮腺炎、乳腺炎
血参	Wedelia wallichii	补血、活血、止痛	贫血、产后大流血等
乌头	Aconitum carmichaeli	祛寒湿、散风邪、温经止痛	风寒湿痹、关节风痛、四肢拘挛等
大黄	Rheum palmatum	泻热通肠、凉血解毒、逐瘀通经	便秘、积滞腹痛、泻痢不爽、湿热黄疸等
商陆	Phytolacca acinosa	逐水消肿、通利二便、解毒散结	水肿胀满、二便不通、痈肿疮毒
百部	Stemona sessilifolia	润肺下气止咳、杀虫	新久咳嗽、肺痨咳嗽、百日咳等

嵩山行 ◎ 阐

半夏	*Rhizoma pinelliae*	燥湿化痰、降逆止呕、消痞散结	胃有宿寒、呕吐吞酸	
黄栌	*Cotinus coggygria*	清热解毒、散瘀止痛	黄疸性肝炎、跌打瘀痛	
金樱子	*Rosa laevigata*	固精缩尿、涩肠止泻	遗精滑精、遗尿尿频、崩漏带下等	
白附子	*Typhonium giganteum*	祛风痰、定惊搐、解毒散结止痛	中风痰壅、口眼歪斜、语言涩謇等	
石韦	*Folium pyrrosiae*	利水通淋、清肺止咳、止血	热淋、石淋、血淋、小便不通等	
羊踯躅	*Rhododendron molle*	风痰注痛	腰脚骨痛	

因此，既然嵩山文化孕育了少林文化，少林文化就应是嵩山的本土文化，所以我建议今后要把嵩山与少林文化紧密结合起来，叫做"嵩山少林文化"。

2. 认识少林文化是与时俱进的文化，现在要搭上中国大发展的快

油画般的三皇寨景观

嵩山行 ◎ 闸

三皇寨秀峰

车，扬长避短，加快少林文化发展。认识个人持修不是最终目的，以个人为出发点去促进社会发展，才是弘佛之路。因此，德建禅师自1995年十年隐居三皇寨，苦持修，得禅武医精粹，将之从庙宇中鼎力推向社会，使之利国利民，这是德建禅师为佛法中国化做出的显著贡献。

3．认识少林文化的精髓是禅武医，且要三位一体，缺一不可，我名之为"禅武医融合"。禅武与表演少林拳有很大的不同，禅武一定要严格遵循禅武医的传统，而表演少林拳是为了适应大众的需要，可以灵活一些。

建议采取三项措施：

1．加强嵩山少林文化禅武医的科学研究，提高其科学水平。为此，建议成立"嵩山少林文化禅武医研究会"。

2．加强禅武医文化的宣传，为此，建议在"嵩山少林禅武医理论与实践研讨会"的基础上，成立"嵩山少林禅武医研讨会"，并使之常态化。

3、申请禅武医成为国家非物质文化遗产。

致谢：感谢德建禅师前后两次与我长谈和吕宏军先生与我讨论。

> **三皇寨赞**
> 香炉映照三皇寨，禅院一乘佛满堂。
> 嵯峨竞秀千峰起，少林绝学更辉煌。

高山高人

秀峰耸立的三皇寨高山,
育少林禅武医高人。

近十多年来,我是嵩山的常客,对人们称道的三皇寨,只是遥看过,或被三皇寨图片吸引过眼球。为何不早日去探访这奇观胜景呢?不便当然是原因之一,更多的是要留一个想象的空间。

近些时日,我在构思登封标志建筑物的设计中,把三皇寨石英岩林作为自然文化的元素融入设计中,于是有到三皇寨考察的想法。7月31日近9时我们在登封市接待办公室张媛媛小姐带领下,与老伴单岁琴,并特邀舞台美术家王晓鑫夫妇一同考察。我们从少林寺南乘索道缓缓而上,回望山下,少林寺塔林尽收眼底,群山环抱的少林寺一览无余。属淮河水系源流的少林溪啊!你"深山藏古寺,碧溪锁少林"。嵩山的山水孕育了嵩山文化的重要代表少林文化。索道越来越高,山谷越来越窄,两侧岩层看得越来越清楚。南边是陡峭的白色石英岩,而北边是较平缓的以黄色调为主的砂砾岩层,咫尺之间,为何判若两样,乃地层时代和地球动力不同所为。南侧为25亿年前大地剧烈变动的结果,地质学家称之为嵩阳运动,以其表现典型的嵩山南侧而命名。这一次大地构造运动把本是在海里平躺着的、水平层理清楚的石英岩一下竖立起来,如果您仔细观察岩壁中显露的直立砾石就不会怀疑这久远地质历史中的伟大变故。从那些破碎、揉皱、错乱堆积的岩层,就可以辨认出是在巨大地质构造动力作用下,造成新老不同的地层翻转,真是天翻地覆啊!北侧为8亿年的另一次大地剧烈变动的结果,地质学家称之为少林运动,以少林寺所在地区表现典型而得名。

三皇寨索道终点站全景素描图

　　踏上索道的终点，向南遥望，只见两侧山峦挺立，中间开阔的山谷直抵平川，远远的箕山隐见。由于照相机难于尽收这美景，只好执笔素描了。绘图毕，我们沿山道踏上去三皇寨旅途。密林中的山道阳光点点，湿气弥漫，透过巴掌大的栎树叶映入眼帘的远山，分外娇娆，好似亭亭玉立的少女。不久千刀万仞的石英岩体扑面而来，我们步入上不沾天、下不着地的千米岩壁上的栈道。这里的石英岩体较软的岩层被水冲刷掉而成为裂隙，较硬的岩层被保存突出起来，就形成好似一本本竖立着的巨大书籍。这里基本上见不到完全分割的岩体，因此三皇寨石英岩是一完整的巨型岩体，它与云南昆明石灰岩石林、云南元谋土林以及湖南张家界砂岩林和黄土高原黄土柱完全不一样，最大的不同是三皇寨石

亭亭玉立的少室山

嵩山行 ◎ 叁　嵩山文化

三皇寨栈道

嵩山行 ◎ 闫

平卧挺立两重景

嵩山行 ◎ 叁 嵩山文化

英岩体不像石林等处是塔柱状的岩溶地貌。所以只得克服千难万险在她腰间修栈道，我们才能亲近她。三皇寨石英岩体石林刺破青天的气势，令人震惊。它又好似把我们带进了一座知识海洋的图书馆。三皇寨罕见的巨大直立石英岩山似林非林，似书非书，气贯中天，景情相生，岂能胆怯。

  由于岩层频繁转折，致使沟坎密布，栈道虽有修整完好的台阶，却要时上时下，弄得两腿越来越不自在，由酸胀而胀痛，气喘吁吁，汗流浃背。然而从未见过的石英岩峭壁奇观，吸引着我们兴趣盎然地迈步。走了近两个小时，据说离中点吊桥还有一段路，大大出乎我所预料的里程，加上大家饥肠辘辘起来，这样才使我骤然醒悟，由于轻视，犯了旅行的大忌，饮水很少，食品也未带，心里着急起来，好在打听到吊桥桥头有方便面可买，忐忑不安的心情才稍安定了些。12点过了吊桥，赶快买了些方便面吃起来。餐后，我又买了些黄瓜、八宝粥罐头之类的食品带上，好心却遭老伴的埋怨，说我增加了大家的负担。何不知，我考虑到大家下半程体力消减情况下，只好慢行，很可能要到傍晚才能到达终点，买食品是为旅行打持久战做的准备。幸好市接待办公室邓全保同志

二十多亿年前的海滨砂砾成为壁立千仞的石英岩层

考虑周到，他提着食品从陡峭的山南爬上来接应我们，这下我悬着的心一下稳定下来了。途中见到许多旅行者，中途返回，有的边走边说：为了保命，还是原路返回吧！我们却义无反顾的往前迈！

经过狭窄的十分陡峭的岩石裂隙"一线天"、"天梯"和"双佛拜塔"（塔名卓剑峰），随后我们来到了三皇寨。这里是久闻大名的释德建禅师修禅处。他是少林寺禅武医法当代的传人，我们慕名前访，承他于百忙中在"慧心妙术"会客室中会见了我们一行。"慧心妙术"是

嵩山行 ◎ 阐

一座用块石垒砌的仿北魏式建筑。经德建禅师精密策划，周到设计，花七八年时间，带领弟子、工友们从山下背抬大量建筑材料，劈山石，克服了千难万险，精心打造出巍峨壮观的三皇寨禅院，成为少室山中令人向往的禅武医佛法胜地。我们能舒适地坐在"慧心妙术"客厅中畅谈是享受德建禅师等的劳动成果，他们至诚至伟的精神令人起敬。德建禅师边品茶边娓娓介绍禅武医观念后，谦恭地说：我十多年在瑞应峰下修炼，至今还有许多不明白，我要践行恩师张庆贺（行性）法师的教导，坚持修禅武医，造福大众。我说您是一位高人。他打趣地回答：山高。可不是吗？德建禅师按行性法师教导，超凡脱俗，常年在高山三皇寨面壁坐禅修持，努力钻研禅、武、医，才成为少林禅武医的传人。我从他刊刻追念老师恩德碑和收藏大量珍贵的玉石、莹石佛像来看，德建禅师是一位虔诚的佛法大师。他坚持"禅武医"并重的弘佛道路，将使少林文化发扬光大，成为嵩山文化名副其实的重要组成部分。与德建禅师的一席话，使我认识了少林文化的真谛就是禅武医。我向德建禅师学习的体会是"禅正心，武健体，医治病，三合一，法大成。"与德建禅师幸会是我们三皇寨之行的另一重要收获。

三皇寨天梯　　　　　　　　　三皇寨一线天

三皇寨禅院既是佛教圣地，也是嵩山重要的人文景观。人们饱览了三皇寨景色后，又抵达三皇寨禅院建筑艺术殿堂，在舒适幽静的禅学环境中，接受禅的洗礼，思想得到升华，体力也得到恢复，心神俱佳。

黄昏时刻，我们依依不舍地告别了德建禅师。向三皇寨的南坡旅行终点进发之前，回望来程，居然可以清楚地看见索道终点站，可见这直线距离不过两三公里路程，却让我们花了4个多小时攀登，足见三皇寨险峻，正是在这险峻中让我们体验到了三皇寨的峻美。也许是三皇寨对我们旅行意志的考验，抵达山下前让我们艰难地下踏到好汉坡，这里有481个台阶，坡度达50°～60°，一步一震动，直到震得双膝双腿酸软。旅行不仅是一种体力的锻炼，也是一种意志的磨练。我们一行在彼此鼓励下，想当年修栈

双塔拜佛素描

三皇寨禅院

作者与德建禅师

道的人们冒着随时受伤甚至丢掉性命的危险让栈道延伸。修阶梯的人们肩负重石，或艰难地凿石，使一个台阶一个台阶得以延伸，难道我们就不能坚持走下去吗？我们终于战胜了疲劳，在17时30分胜利抵达终点。此时夜幕已降，在登封市万盏灯火映照下凯旋归来。我再次回忆起陡峭的三皇寨，它是一首险、秀、奇、美自然景观与禅武医文化相辅相成的协奏曲。

嵩山行 ◎ 叁 嵩山文化

游三皇寨二首

一

嵩阳运动立殊功，岩层壁立插天穹。
晴天遥看蓝天远，雨天濛濛翠青峰。

二

似林非林三皇寨，如书非书石英崖。
高山秀峰幽深处，幸会禅师有高才。

嵩山根雕艺术

嵩山根雕是嵩山"天人合一"的艺术创造，
是嵩山文化的一朵新奇葩。

我们的生活与"木"密切相关，衣、食、住、行都少不了"木"。人们最早穿的衣服就有用树皮制作者，以避风寒。最早的农耕工具有耒，以获粮果腹。最早住的半地穴房子用木柱搭窝棚，以避寒暑。最早用独木舟，以沟通水路。后来用木浆纤维造纸，以用作书写，利交流。凡此种种，说明"木"是文明的要素，"木"是现代化的必需。

"木"还能增进人们的情趣，充实人们的生活内容，提高人们的生活质量。如木雕艺术，不论是木雕实用器或观赏器，都是为增加美感，陶冶人们情操。又如根雕，它虽属利用木材制造，但它与木雕不同。木雕是利用未加工良好的原木，经人工雕琢成不同艺术作品，而根雕是以腐朽根材为主要利用对象，后来又扩及到利用腐朽或难以利用的树干、树枝、木块。根雕贵在利用根的自然美，不打磨，不雕刻，就能彰显根雕神韵，此为根雕的上品。为完善根雕，必要时也可稍打磨，稍雕刻，点到为止，以有助彰显根的神韵为原则。著名美术家常任侠先生为根艺题的十句话："天然造型，历史长久，奇根劲节，饱含异光，造物赋形，变化无方，唯有识者，乃能衡量，略加休整，永化宝藏"。根艺界总结根艺特点为"真、奇、古、怪、绝"五个字[1]。由于根蕴含有体现万物自然美的神韵，又有借以发挥人们聪明才智的机会，所以根艺成为我国传统艺术。我国古代已有根艺。1982年湖北荆州博物馆在发掘江陵县马山一号楚墓时，发现了战国时期的根雕作品"辟邪"，虎头蛇身，

---

[1] 靳佃三《谈谈根艺的发展和在河南的普及》，《河南根艺》2006年。

四足雕有蛇、雀、蛙、蝉等图案，作行走状，富有动势和神韵，这是我国公元前340～前270年间战国时期的根艺作品。后来汉代在河南街邮、汝阳发现根雕。南北朝时期有用竹根做的"如意"，还有用树根做的笔筒、佛柄、烟斗等。到隋、唐、五代根雕进入兴盛期。到宋、元、明、清时期根雕已深入到人们的生活中，如明代根雕巨作"流云槎"，呈榻形，高86.5厘米，长320厘米，宽257厘米，因其木纹似流云状而得名，后经几百年流传，现藏于北京故宫博物院。随着国家复兴，人们生活水平和审美情趣的提高，生活的需要，从事根艺活动的队伍越来越大，根艺创作组织纷纷成立，评定与展销活动频频举行，根雕已成为一个艺术门类，为人们所喜爱和追求，根雕成为一些家庭和公共场所较常见的摆设，雅俗共赏，呈现出古朴、生动和立体美的艺术氛围。

近几十年来嵩山登封根雕创作蓬勃发展，现在从事根艺创作的有30多人，2004年成立了"河南省嵩山根雕奇石艺术研究中心"。会长是62岁的张金盘先生，他是有30年根雕创作经历的中国根艺大师，作品超过

作者与登封根雕艺术家
（自左至右：毛海根、李根兴、周昆叔、张金盘、赵耐丰、陈建营）

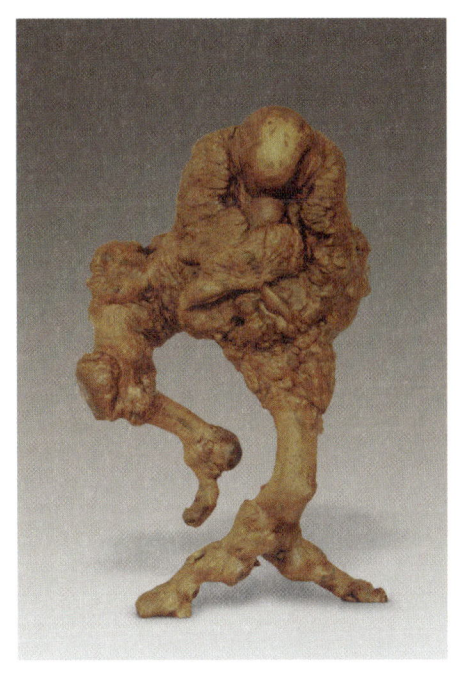

《亲情》（黄荆，高47厘米，张金盘）　　《入世》（黄荆，高43厘米，张金盘）

1000件，许多作品被名人名家收藏，为推动我国与嵩山的根艺事业，培养后起之秀做出了很重要的贡献。已是花甲之年的毛海根先生担任常务副会长，系转业军人，他一谈起根艺创作，笑容满面，沉浸在他那如诗如画的《飞天》、《愚公移山》、《乳气》创作中。李根兴副会长兼秘书长，他那粗中有细的手法体现在嫉恶如仇的《钟馗》的成功创作中，表现出高级工艺美术师的功力。郭顺昌先生是一位受过系统美术专业训练的根艺美术家，酷爱根艺，克服了常人难以忍受的重重困难，几十年如一日地坚守根艺创作阵地，以献身于祖国根艺事业为己任，创作了《展》、《警》等300多件根艺佳作，多件作品获奖，在他的根艺展室中，品种繁多的根艺作品让人目不暇接。郑德钦先生是一位退休老人，退休后全力投入根艺创作中安度晚年，他那根艺展室中展出的《寿比南山》吸引着人们的眼球，让他享受着根雕艺术的无穷快乐。性格沉静却十分内秀的陈建营先生，创作出形神兼备的《声震天下》、《戏》等许多颇具美感的根雕作品。赵耐丰是从事根雕一枝独秀的女青年，虽然年龄才30出头，却以其成就获得河南省第一位女根雕艺术大师的殊荣，她

《古韵》（黄荆，高113厘米，古朴之风，受穴位按摩之益，张金盘）

《仕女》（黄荆，高65厘米，张金盘）

《羞》（黄荆，高63厘米，张金盘）

嵩山行 ◎ 叁 嵩山文化

《菜》（油松，高30厘米，毛海根） 　　《龙》（榆，长180厘米，张金盘）

《龙》（柏，长200厘米，毛海根） 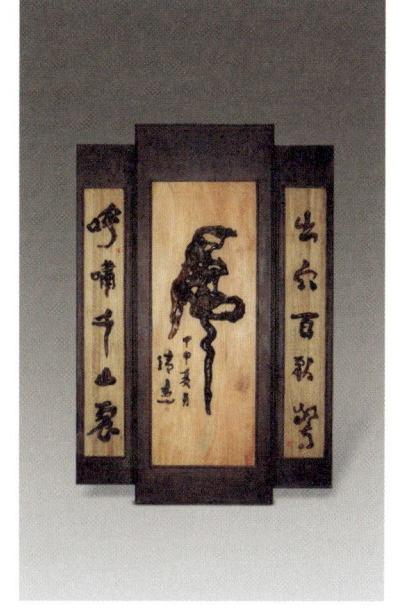　　《虎》（杜鹃，高150厘米，毛海根）

嵩山行 ◎ 闸

《飞天》（檀，高230厘米，重200公斤，毛海根）

《乳气》（杂木，高60厘米，毛海根）

《藏美》（枣，高80厘米，毛海根）

嵩山行◎ 叁 嵩山文化

《钟馗》（檀，高114厘米，李根兴）　　《多寿》（酸枣，高150厘米，李根兴）

《展》（黄荆，高183厘米，郭顺昌）

嵩山行 ◎ 阐

《警》（枣，高43厘米，郭顺昌）

《蚧》（酸枣，高77厘米，郭顺昌）

嵩山行◎ 叁 嵩山文化

《火炬》（柳，高100厘米，郭顺昌）

《荷叶》（楸木，高42厘米，郭顺昌）

《麒麟》（国槐，高128厘米，郭顺昌）

《寿比南山》（梨，高50厘米，郑德欣）

嵩山行 ◎ 叁 嵩山文化

《亲昵》（黄荆，高60厘米，郭顺昌）

嵩山行 ◎ 阐

嵩山行 ◎ 叁 嵩山文化

《声震天下》（黄荆，高72厘米，赵建营）

《旺旺》（酸枣木，高19厘米，赵建营）

《寿》（黄荆，高156厘米，赵建营）

《戏》（山枣，高12厘米，赵建营）

《照》（黄荆，高154厘米，赵耐丰）

嵩山行 ◎ 闫

嵩山行 ◎ 叁 嵩山文化

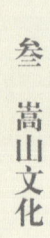

《绅士》（榔榆，高57厘米，赵耐丰）

《无敌》（黄荆，高32厘米，赵耐丰）

《福》（紫薇，字高、宽150厘米，冯建省）

以女性的特有细腻手法制作出典雅的《照》和神奇十足的《绅士》等佳作。冯建省先生创作出福气迎门的《福》字等许多赏心悦目作品。嵩山登封根雕，呈现出老、中、青人才辈出的可喜局面。

我们对登封三个根雕展览室中用嵩山材料制作的根雕展品进行了统计，统计结果列在下表中。表中凸显两个特点，其一是以嵩山材料制作的根雕，可以叫出植物名称的涉及22个科、属与种，这对嵩山产的超千种植物来说，登封根雕作品利用材料类型还很少，大有潜力可挖。其二是从根雕利用植物的种类所占比例来看，以黄荆占多数，可占到37.5%～50.6%，这与其他植物所占比例不过百分之几到十几来说独占鳌头，而且由于展出时要考虑到品种多样和实用与艺术性兼顾，还有许多黄荆根雕作品未能展出，据说黄荆根雕作品要占到嵩山登封根雕作品70%～80%。为何嵩山登封根雕用黄荆制作的根艺品能占到如此高的比例呢？这是一个引人深思的问题。

登封市三个根艺展览室根雕统计表

植物名		城隍庙		郑德欣		郭顺昌	
中文	拉丁文	数	%	数	%	数	%
柏	Cupressaceae	5	1.4	3	1.5		
杨	Populus			4	2.0	2	1.6
构树	Broussonetia papyrifera			15	7.4	3	2.3
棠梨	Pyrus betulaefolia					3	2.3
国槐	Sophora japonica	6	1.7	4	2.0	10	7.8
槐	Robinia pseudoacacia	6	1.7	17	8.4	24	18.6
梨	Purus					1	0.8
黄荆	Cercis chinensis	183	50.4	82	40.4	48	37.2
榆	Ulmus	33	9.1	7	3.4	1	0.8
榔榆	Ulmus parvifolia	28	7.7			4	3.1

青檀	Pteroceltis tatarinowii	5	1.4	3	1.5		
臭椿	Ailanthus altissima			4	2.0		
山葡萄	Vitis amurensis	12	3.3				
柿	Diospyros kaki			3	1.5	5	3.9
楸树	Catalpa bungei					8	6.2
黄栌	Cotinus coggygiascop			6	3.0		
楝树	Melia azedarach			3	1.5		
杜鹃	Rhododendrn simsii			5	2.5		
枣	Ziziphus jujuba					5	3.9
酸枣	Ziziphus jujube var spinosa	65	17.9	21	10.3	9	7.0
柳	Salix			1	0.5	5	3.9
石榴	Punica granatum			20	9.9		
杂木		20	5.5	5	2.5	1	0.8
合计		363	100	203	100	129	100

　　黄荆，又名紫荆，俗名黄荆条，它是一种除西北干旱地区外，可以在华北、华中、华东、华南和西南广大地区生长的常见灌木，它为什么在其他地区根艺中应用较少，而在我们登封根艺中却一枝独秀呢？说来话长，总的来说与登封水土关系甚密。

　　登封水土的最大特点是北有高耸的嵩山，南有低丘。所谓低丘，是指那些起伏不平的岗丘，它与河面间的高差不超过50米。在这些低丘

嵩山腹地低丘地貌素描

间，有由嵩山发源的少林河、书院河、石淙河、五渡河等7条河由北向南汇入颍河，这些河流与许多沟谷相连，它们组成一个稠密的水网。构成这些低丘的基底是岩石，地质学上叫基岩，这里的基岩多半是一种易受风化的片麻岩，在水流等作用下受破坏而成低丘地貌，而嵩山多半是石英岩、岩浆岩（火成岩），它们都很坚硬，不易被风化而成1000米以上高耸的中低山。仔细一瞧低丘，丘顶一般有大小不同、磨圆状况一般较好的砾石分布，这些砾石多为石英岩，显然来自嵩山，其搬运动力还不大清楚，形成的时代大约在几十万年前，也可能达百万年。在低丘坡上堆积有薄层的红土与厚层的黄土，土层厚度可达7～8米或更厚。除几百万年前堆积在底部少量的分散的红土外，多半是几十万年前堆积在较下部厚2～3米的深褐色黄土，地质学上叫离石黄土；上部连续堆积的小于8万年厚4～5米的灰黄色黄土，地质学上称马兰黄土，这一土层中常含有从丘顶带来的砾石。11000年以来还形成了厚约1米的黄土，这层黄土地质学称为周原黄土，此层黄土多被人们开垦耕地时破坏了。人们开垦耕地的过程中，要平整土地，把含在黄土中妨碍耕种的砾石捡起来丢在地头，日积月累，这些地头的砾石堆成砾石垒，厚达1～2米或更厚，这里成为适宜黄荆生长的场所。黄荆这种适应性大生命力强的植物根拼命地伸向砾石层中，去吸收有限的营养供自己生长发育。于是在砾石间的大小空隙成为黄荆根的生长空间。细缝处黄荆根系细小，而到了砾石空隙宽大处就扩大生长，以增大根的体积，利于吸收营养，这样造成有粗细不同、曲直有别的奇形怪状和盘根错节的形态，那黄荆根的清晰木

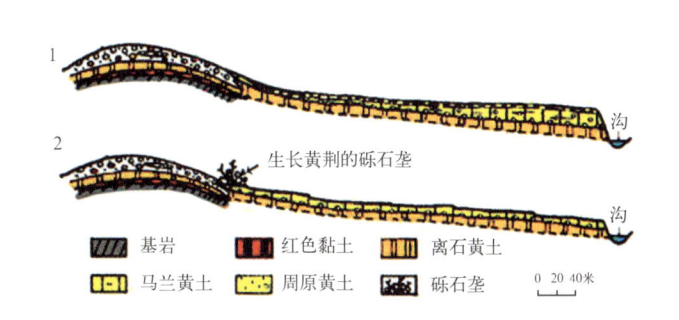

砾石垒中的黄荆根

嵩山低丘生长黄荆的砾石垒形成图
1.砾石垒形成前　2.砾石垒形成后

基岩　红色黏土　离石黄土
马兰黄土　周原黄土　砾石垒

嵩山行◎阐

纹显示出线条美和力感。黄荆根量多，相对好采、造型特殊和美而被根艺专家与爱好者青睐。可见嵩山登封根雕的材料以黄荆为主并非偶然，而是这里嵩山南边低丘上堆积有砾石的地质环境和人开垦耕地中捡拾砾石的活动所造成的。所以嵩山登封的根雕以拥有许多黄荆根雕艺术品而著称，嵩山根雕已成为嵩山文化中的一支新奇葩。

根雕艺术之所以在中国有生命力，一是我国有丰富的植物资源，二是有能开发利用植物资源的聪慧人民。

就植物资源来说，种类不同，形状有别，尤其纤维发达的根，显出不同的线条，而线条是体现美的基本元素，人们充分利用和彰显植物的线条美，达到尽善尽美的程度，这既是评定根雕者技能高低和吸引人们爱好与否的依据，也是决定着根雕以崇尚自然美为最重要宗旨的原因，甚至决定着这门艺术前景与从事者的前程。

另外就人力来说，我国有5000年文明史熏陶下成长的聪明勤劳人民，就嵩山登封来说，这里更是中国5000年文明的主要发源地，这里不论是受过专业或未受过专业训练的人，都有超乎一般的爱美、审美、作美的能力与毅力。因此，中国嵩山登封的根艺才得以兴旺发达。

做出一件好的根雕作品，要经历一个十分艰辛的过程。首先是寻找与采取。根雕材料，尤其是稀罕作品的材料往往是踏破铁鞋无觅

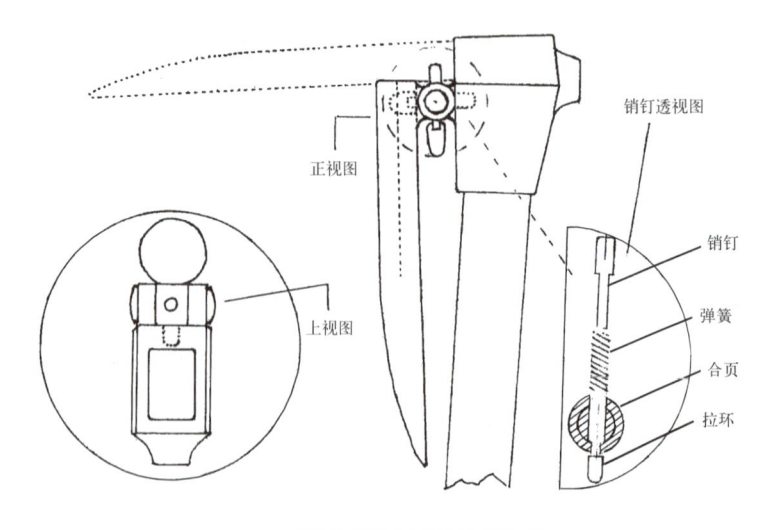

郭顺昌采根用的镢头制作图

从砾石垄即将采出的黄荆根　　　　　树旁的砾石垄

处，找根是个含辛茹苦的历程。找到根后接着就是挖根。10月29日我跟随郭顺昌先生到东十里铺采砾石垄中生长的黄荆根，首先是清理现场，用剪枝剪去除杂草和乱枝，突显黄荆，然后挖去埋没黄荆根的砾石。顺昌先生是用自制的可折叠轻便镢头挖掘。经过两个半小时全神贯注地挖掘，累得他满头冒汗，手指碰破了皮，鲜血渗流，最后取出黄荆根，郭顺昌先生露出了笑容。随后要经过蒸煮去皮，打磨造型，直至命名的复杂过程。

　　可见根雕创作要求从事者要具备良好的素质，要有追求美不达目的不罢休的坚强事业心，有能吃千般苦的忍耐力，有慧眼识珠的鉴赏和塑造智慧。因此，嵩山登封根雕是嵩山自然与人文相结合的"天人合一"产物，是嵩山文化的艺术新体现与发扬。

　　嵩山根雕要本着出自自然、爱护自然和服务社会为宗旨，努力学习，精益求精，走市场化的道路，力求成为登封文化产业的一部分，使之更上一层楼。

嵩山奇石艺术

> 嵩山奇石艺术之花盛开，也是嵩山"天人合一"的另一艺术新创造。

人类与石交往由来已久。人之初，以石砸野生坚果吃就与石发生了关系。从200多万年前到1万多年前所谓旧石器文化时代，该期旧石器文化的重要特点是打制石器，基本上未采用磨制技术。从1万年前到4000年前所谓新石器时代，该期新石器文化的重要特点是石器基本上采用了磨制技术。7000年前裴李岗文化的石铲、石镰、石斧等的新石器为农业文明的萌发做出了重大贡献。这些可以从登封市告成镇阳城博物馆和许多陈列中国史的博物馆中看得很清楚。人类早期依石洞而居这是常识了。至于人类把石制品当作纪念品和艺术品至少有上万年的历史了。我国仰韶文化前就有赏玉石的风俗，至于到5000年后的龙山文化时代玉文化已成为时尚，影响到人们的意识、礼仪等方面。长江中下游的良渚文化，玉成为其标志。农业打场中用的石磙，在粮食加工中用的石碾、石磨和石臼还刚刚退出历史舞台。

至于我国与石有关的岩画文化更是丰富多彩。在等待了30年后的2008年，在嵩山的东支具茨山发现了大量岩画，不久前又在箕山上发现了日月星辰岩画，2009又在具茨山上发现许多巨石文化，这是令人震惊的石文化发现。

我国与石有关的传说文化更是层出不穷。就嵩山来说，与石有关的传说文化具有史诗意义。在太室山万岁峰南麓两块巨石组成1000立方米的启母石，就是4000年前大禹治水由石而生子启传说而命名的。后人为纪念启母支持大禹治水之功在启母石南修了"启母庙"，庙已毁，碎

启母石（采自《文明》杂志，2006年）

瓦尚存，庙前有东汉修建的启母阙，此为启母庙前的象征性大门，由多块雕刻精细的条石堆垒而成。此外，在中岳庙南有太室阙、在少室山前有少室阙，这二阙与启母阙统称汉三阙，由于此三阙为我国仅存的庙前三阙，其历史、建筑、文化、艺术价值甚大，为我国第一批国家重点文物保护单位，这些都是我国名声显赫的石文化。据《嵩山志》[1]名石篇载，嵩山名石除上述启母石外，尚有太室山南麓玉柱峰下三公石，宋人曾在石上对酒作歌，亦称三醉石。少室晴雪石，在少室山南山坡上有一大石板，因雨后初晴，阳光反射，恰似白雪而名。石僧迎宾石，在少室山阴，从少林水库西南望，有一似僧的石柱，如僧迎宾。石笋闹林石，在太室山积翠峰下，会善寺后柏林中有形态各异的石笋。仙人采药石，在太室山玉柱峰西，有一似采药老翁的巨石。石池耸崖石，在太室山子晋峰下，在高耸的山崖上有似"龙头"的巨石，其下巨石上有一石池，故名。玉女捣帛石，在太室山山顶悬崖处有一平如砥的石头，夜深时有捶击声出，如捣帛，故名。卧牛石，登封城南旷野有似卧牛石，传说牛

---

[1] 河南省嵩山风景名胜区管理委员会编著《嵩山志》，河南人民出版社，2006年。

嵩山行 ◎ 叁 嵩山文化

在耕作中过累而化作石,是可贵的登封农耕文化传说。云峰虎啸石,在少室山望洛峰南端有一似虎啸之石。石猴观天石,在少室山西望洛峰有一似翘首远望的石猴。炎黄化石石,在少室山西当阳山南麓有似炎黄二帝石像,据说是炎黄二帝战罢蚩尤,依石小憩所化。苍鹰欲飞石,在少室山北麓有巨石如鹰。达摩渡江石,在太室山观香峰西坡有一沟白碎石堆积,在青草绿树映照下,十分醒目,如达摩渡于滚滚江中。磙磨成亲石,在嵩山东麓磨沟南边,传远古两石相叠成婚而得以繁育后代。在告成镇原北寨门的外面有地胆石一块,该石极像一颗巨型的胆囊,当地群众传说:"天有心,地有胆,天心、地胆在告县(即告成)。"此外还有定心石、日月石、鸡鸭石、寿星石、量天石、称天石等。

在登封市城的西南,靠近旧飞机场的称天石,地理方位为东经113°00.528′、北纬34°27.105′,称天石的秤砣位置在北边,圆柱形,高3米,直径3.2米,周长12.1米。秤盘位南,近圆形,直径约40米,高几十厘米,大部分较平整,局部凸起成馒头状。秤砣与秤盘相距约百米,有一小路相连,谓之秤杆。此处为元古代的钾长花岗岩体,易于风化,长期受风、水、气候侵蚀作用下,成球状风化,似蒜瓣状剥离,残余钾长花岗岩体或晚期花岗岩浆喷发,它们凸出于地表,酷似秤,令人称奇,人们赋予它称天的功能、风趣、传奇。

嵩山石多而坚,受长年地质构造变动影响,加上水、风等外力作用,被塑造成不同形态,多以形似而名,并转化为文化。嵩山多名石是自然与人文相结合的"天人合一"文化,当石人格化、物化后,通过有趣味的感人宣扬,而成名石文化,丰富的嵩山名石文化反映出嵩山古老的、丰富的自然资源与社会文化内涵,孕育出浪漫的想象力。

地胆石照片(原物被毁)

残存花岗岩体"称天石"全貌

称天石"秤砣"

　　自改革开放后，人们生活逐渐富裕起来，在衣食无忧后，人们开始追求生活的情趣。当在用石、观石中，有趣味的石不断深入人们的观念时，人们自然而然地逐渐亲近、追求石的形态美。当发现自然形态美尚不足时，就琢磨着去影响它。当有成就感时，就沉醉于收集质地不同与形态奇异的石头并美化它而成石艺，成文苑的新奇葩——奇石文化。

　　如前所述，嵩山奇石文化历史源远流长，但作为收藏却较晚。首先是眼科医生李长贤、电力工程师刘有立、退休干部田莘先生和他的夫人

退休干部李卫华女士和退休教师杨鹤群先生等为首从事奇石收藏，现在奇石收藏已达二三十人。2004年成立了"河南嵩山根艺、奇石艺术研究中心"，田莘先生任副会长。

　　田莘先生已年七十有五了，中等个头，身体硬朗，性情平和，憨厚和善，听他那堆满笑容的脸上发出的浑厚、浓重登封口音谈话时，一下把你融化在他的奇石文化欢乐中。田老先生的夫人李卫华女士，1.5米多的个子，身体结实，性情豁达，做事麻利，讲起话来，音调高而明朗，隔几间房子都听得清楚，也是个奇石迷，是田莘先生的好搭档。两个老人兴趣相投，乐在奇石中。他们共收藏奇石6000多块，房间、院里、屋顶、墙隙、梯旁、阶缘都堆有石。石头一多，精选上千块，自焊铁架，在登封市第一个办起了家庭"奇石苑"奇石展，前来观赏的人络绎不绝。他们收藏的奇石种类繁多，如人物、动物、山水和文字等。人物有猿人头、达摩坐禅、李白神游、恋人和美人等石，动物有象群游弋、雄鹰展翅、河马、猫头鹰和龙虎斗等石，石质多石英岩、砂岩。文字石有"元旦"、"三八"、"五一"、"六一"、"七一"、"八一"、"十一"，可以说一年中与数字有关的重要节日都一应俱全，尤其是"八一"石从字的造型到笔力的刚劲都十分传神，田副会长拿着该石参加2006年9月30日"河南省根艺奇石精品展"获得金奖。文字石的石质多砂岩，少砾石。砂岩砾石在水动力搬运摩擦和冲刷下，石上的石英岩和铁质等物质残留而呈现出似文字的痕迹。田副会长的"奇石苑"中最多和最引人注目的是山水国画石，此种石占到他的陈列品中一半以上。在城隍庙展出的奇石也是以嵩山山水国画石最显眼。嵩山山水国画石可分为两类，一类为工笔淡彩国画石，一类为泼墨国画石，均为含磁铁矿的石英岩，是30亿～20亿年前的滨海石英砂经海水不同流向作用使白色的石英砂和黑色的磁铁矿分别聚集而形成不同方向的层理，地质学上叫交错层理。其层理厚薄、方向不同以及不同切

奇石艺术家田莘先生

面的不同表现而成国画状，有似山、似水、似瀑、似草、似木、似人、似动物的图画。石英砂经高温、高压作用变质而成石英岩，这种岩石十分坚硬，硬度达7，不容易被破坏，故得以保存。工笔山水国画石线条之精准和神韵之丰富，画家之作也难媲美。泼墨山水国画石具朦胧的抽象美，更富想象力。山巍巍，水滔滔，嵩山国画石是"天人合一"的国宝。还有如"彩球"是砾岩形成的奇石，乃不同岩石含在褐红色的泥岩中经变质、崩解、滑落和水蚀而成。还有如"贵妃出浴"奇石是沉积岩不同矿物形成的层理经变质而成变质岩，在变质过程中受力使层理发生扭动而形成似水波和似人的奇石。"猿人头"、"象群"等奇石属于纹理类奇石，是细砂岩中黑色矿物聚集的结果。又如"美人"、"恋人"奇石是石英岩上铁质矿物残留的结果。

　　杨鹤群先生是一位多次获省、市、县表彰的小学模范退休教师，

"三八"字石（砾岩，左高8厘米，右高14厘米，田莘）

"五一"字石（石英岩，左高17厘米，右高11厘米，田莘）

"六一"字石（石英岩，左高16厘米，右高13厘米，田莘）

"八一"字石（石英岩，左高17厘米，右高12厘米，田莘）

"十一"字石（石英岩，左高14厘米，右高14厘米，田莘）

嵩山行 ◎ 闸

河马（石英岩，高21厘米，田莘）

猪（石英岩，高16厘米，田莘）

嵩山行 ◎ 叁 嵩山文化

鹰（石英岩，高35厘米，田莘）

象群（石英岩，高20厘米，田莘）

嵩山行◎闽

猫头鹰（石英岩，高38厘米，田莘）

猿人头（石英岩，高30厘米，田莘）

嵩山行 ◎ 叁 嵩山文化

美人（石英岩，高15厘米，田莘）

恋人（石英岩，高15厘米，田莘）

嵩山行 ◎ 阐

119

贵妃出浴（超变质混合岩，高34厘米，田莘）

泼墨山水（细粒石英岩，高70厘米，田莘）

嵩山行 ◎ 叁 嵩山文化

泼墨山水画（细粒石英岩，高60厘米，田莘）

工笔淡彩山水画（石英岩，高76厘米，田莘）

嵩山行 ◎ 阐

121

嵩山行 ◎ 叁 嵩山文化

工笔淡彩山水画（石英岩，高32厘米，田莘）

工笔淡彩（石英岩，高60厘米，田莘）

工笔淡彩山水画（石英岩，高48厘米，田莘）

彩球（砾岩，高28厘米，田莘）

嵩山行 ◎ 闫

喜鹊石（石英岩，高21厘米，杨鹤群） 　　彩石（构造角砾岩，高20厘米，杨鹤群）

工笔淡彩山水画（石英岩，高210厘米，马玉林）

60开外，言语不多，文字功底厚，桃李满天下。退休后，以山为邻，以石为友，怡然自得。在家里陈设各种奇石，除山水国画石为大宗外，还有一些稀见的奇石。如生动逼真的喜鹊石，是由石英岩中黑色矿物聚集而成，那长长的羽尾，鸟身羽毛黑白颜色变化，以及挺胸、抬头姿势，酷似活灵活现的喜鹊登枝。又如构造角砾岩中红、蓝、黑、白各种颜色的矿物聚集而成彩色奇石，呈现出灿烂夺目和斑斓多姿的美，也很引人注意。

田莘先生认为收藏奇石不但能丰富生活，而且是健身良途。他原来体质不佳，患有高血压、肩周炎、胃炎，自跨入收藏奇石艺术门槛后，成天泡在奇石收藏中，不是到野外山沟寻石，就是在室内琢磨、打磨。不畏石重，搬来搬去，又在空气新鲜的山沟中爬上爬下，乐此不疲，锻炼了体魄。田老先生说：走在高低不同的石头上，石头刺激脚的穴位，收按摩之效。田先生在收藏奇石中，得追求之志，获成功之乐，心情舒畅，体力得以增强，诸病消除，精神焕发。

2009年恰值新中国建国60周年大庆，登封市退休办委托田莘先生办迎国庆60周年奇石展。田先生感到能为迎接国庆尽一份力是无尚光荣的事，他与夫人重选奇石、重布展览、裱挂字画，使出各种招数，让奇石在迎国庆中大放异彩。功夫不负有心人，展览获得一致好评。为助兴，我除为田先生写了"国宝"二字外，还写了如下的贺信：

贺嵩山奇石展

欣悉"喜迎国庆六十周年嵩山奇石展"隆重开幕，谨此祝贺。奇石集天地人之精华，呈万象而奇，故谓之奇石。我国有丰富的石文化，由用石而赏石，而梦石，而醉石，而品石，而藏石，倍受石文化熏陶。奇石艺术为中华文化奇葩。嵩山盛产奇石，其中国画石为一绝。其缘于嵩山古陆海滨，白砂、黑砂、千淘万漉，经高温高压，变质结晶，物造天成。嵩山伟力造就嵩山奇石。以田莘先生为代表的登封人发扬奇石文化，丰富嵩山文化，增添国庆风采，乃登封人之荣耀也，可钦可贺。

己丑于嵩山寄楼　周昆叔

嵩山行

叁 嵩山文化

大塔寺沟中的石英岩巨砾是嵩山国画石产地之一

工笔淡彩山水画（石英岩，高100厘米，冯建省）

工笔淡彩山水画（石英岩，高100厘米，冯建省）

杨鹤群先生在收藏奇石中不时写些体会文字，以表心态。他写到："爱石，觅石，可享天年之乐。头顶六月烈日，寻觅于峡谷荒野；身披腊月寒风，浏览于河滩道旁。爱石之精诚，觅石之艰辛，获石之快乐，无以言状"。"爱石吧！石会使你受益终生；使你在灯红酒绿中保持一份清醒；使你在车马喧嚣的都市中保持一份冷静；使你从石中保持一份纯真"。这些肺腑之言，是杨老师收藏奇石的深切体会，让我们理解和分享一个奇石收藏者的乐趣。

由登封快抵少林寺的马路西侧，摆着大小不等的奇石，既有4～5米高的花岗岩，也有1～2米高的石灰岩、石英岩和砾岩等，这就是马玉林经理经营的奇石产业园。进入奇石园不远处就到了少林水库东岸，马经理在这里设了一个奇石加工场和展卖室。马经理是一个很干练的年轻人，承他热情接待我参观了他的奇石展览室，展出的多是嵩山国画石，大小不等，多为几十厘米者，我似乎到了一座立体国画的艺术殿堂里。令我惊讶的是竖立在室外的一块巨型嵩山国画石，作近圆形，直径超2米，奇石画中峰峦叠嶂，奇峰秀拔，山川纵横，壁立千仞，远影依稀，近影清晰，有的山峰上被铁质渲染，画面更加多彩，也更富有立体感，这是一件嵩山国画石中的上品。

冯建省先生是一位爽朗和热诚的嵩山林业管理员，成天在嵩山九龙潭一带上上下下，见到山溪中的块块岩石似山似水，引起他的兴趣，从2005年开始从事奇石艺术事业，并兼根雕制作。在他的家唐庄乡王河村设了奇石加工作坊，只见几个工人忙着加工打磨岩石，一片繁忙。砂轮打磨奇石发出刺耳声，讲话都难听清楚。做奇石座的工人，在用钻机精心制作奇石雕花木座。奇石中以嵩山国画石为主。在冯先生家还设了奇石与根雕两个展室。奇石展室展出的奇石摆在地上与架上，琳琅满目。根雕展室有"长城"、"雄鹰展翅"和"福"字等作品。"雄鹰展翅"占地2～3平方米，气势磅礴。墙上挂的大"福"字，由整块紫荆根做成，浅黄色的紫荆根在深色绒布衬托下，十分显眼，传递着安详与平和的氛围。冯先生精心经营奇石，成就不菲。他在登封城崇福路北段还设了奇石展售门市部，生意兴隆。我提议他应做出品牌来，帮助他取名为

"嵩山趣文奇石",并为他书写了这一店名。

8月26日,承田莘副会长引领到嵩阳书院西的大塔寺河(嵩阳寺河)考察,这里是一条山石堆积的山沟,沟宽10~20米,沟西侧有三级阶地,高度分别为2米、3米和超过5米,宽度分别为约25米、约30米、超过50米。大塔寺河主河道沿东侧的三级阶地基部流淌,该阶地高约8米。一、二级阶地与河沟里都为石英岩巨砾构成,三级阶地中除多为石英岩砾石外,还含马兰黄土。除三级阶地为万年前形成外,余为万年后形成。沟中的石英巨砾大小不等,大者达2~3米,小者几十厘米,花纹也有好有次。这里是奇石收藏者的天堂,这些石英岩虽非玉非璞,却蕴含了超玉超璞的山水美,只有慧眼识珠者,才能在不起眼的乱石堆中寻珍识宝。这种能力要靠多年经验的积累,也要有识美的资质与悟性,所以选奇石、创奇石的过程,具有挑战性与吸引力。登封人在丰富的传统文化陶冶下形成的审美情操,仅仅用了短短十年左右的功夫,就把嵩山奇石文化搞得有声有色。2007年中央电视台曾在《走遍中国》节目中着重介绍了嵩山奇石文化国画石,称其为一绝。

纹石(变质岩,高39厘米,冯建省)

大塔寺沟剖面

绝者,罕见也。创造这种绝美的第一功臣就是形成嵩山主体的远古石英岩等,第二功臣就是热爱生活、积极创造生活美和富有执著精神的登封人民。所以,嵩山奇石文化是"天人合一"的文化奇葩,是对嵩山文化的弘扬,是嵩山人为祖国艺术事业所作的新的重要贡献。

纹石(变质岩,高42厘米,冯建省)

千年古树复开花　登封窑火再辉煌

登封窑复仿制成功，是我国瓷器研究的重要收获，是我国复兴的新动力，是我国崛起艰辛历程的缩影，是登封人不畏艰辛奋进的标志与赞歌。人见人爱的登封珍珠瓷将大放异彩。

一　千年登封窑

登封窑是隋、唐、宋、金、元时期登封瓷窑的总称，其中以登封告成镇曲河窑区、宣化镇前庄窑区和白坪乡程窑区为主，此外还有大冶、东金店、徐庄、君召等古窑。

"在中国历史文献中，最早言及登封窑的，不是本地文献，而是清代景德镇人蓝浦编著的《景德镇陶录》，初刻于清嘉庆二十年（1815年）。该书尽管是一部关于景德镇地方陶瓷史的专著，但其中却第一次明确提出"登封窑"这一概念："登封窑：亦自明始，即河南府登封县，今尚陶。"[1]

登封窑还有神前窑的称呼，源于在禹州市与登封市间白沙水库的南岸曾有一古庙，名为天爷庙，此庙庙门朝北，古时以此庙为界，庙北的窑称神前窑，庙南的窑称神⊠窑。神⊠窑为名闻遐迩的钧瓷胜产地，至今仍沿用此名。神前窑到底指何窑，依地理位置与天爷庙邻近的当首推前庄窑。

登封窑，神前窑，收异曲同工之效，从古至今争相传颂的登封窑与神前窑透出尘封已久的登封窑业盛况。登封窑自元代以后湮没，是不幸，也是幸运，因为久无人问津得以保存，我们才可以观察和研究。

8月14日，在"嵩山古陶瓷研究学会"会长、登封窑瓷苑科技有限

---

[1] 刘扬正《登封窑不老的珍珠传奇》，《中国国土资源报》2008年8月5日。

作者与李景洲先生（左）

公司董事长李景洲先生[1]与登封市文物局张德卿科长和宋嵩瑞同志的陪同下，冒小雪经卢店镇，抵宣化镇（原王村乡）到前庄古瓷窑遗址考察。此前有许昌师专美术教师安廷瑞[2]、赵会军、李景洲先生等前来考察[3]。2008年被河南省人民政府公布为河南省文物保护单位，时代为唐至元。据李景洲先生介绍，所谓前庄遗址实际是一包括河道附近两侧以前庄为中心的遗址群，计有前庄、朱垌、磨脐、玉翠、窑湾和钟楼等遗址，总面积达20多平方公里。由于近年修建许（许昌）少（少林寺）高速公路，前庄遗址的古陶瓷碎片裸露，再次引起李先生等人的关注。我们的考察车停在许少高速路高架的水泥柱旁，随李先生等步入干涸的河道，走了不过几十米，就登上北来与东北来的两河道间形成的阶地，先踏上高2～3米、长几十米、宽100米的一级阶地，续登高3～5米、长几十米、宽超过100米的二级阶地。李先生指向北来的河流河畔陡岸二级阶地含北宋窑黄白色匣钵（放置瓷坯入窑烧制的器具）碎片说，匣钵作圆形盆状，口径约20多厘米，盆高约10多厘米，从断口看，匣钵质地比较粗糙。这种匣钵指示该处曾有宋代瓷窑址。继续考察，不远处见到残留的窑炉遗址，清楚显现残破的匣钵堆垒的窑壁，窑壁断口十分坚硬，

---

[1]《李景洲：让登封窑重现风采》，《魅力中国》2009年11月，63～67页。
[2] 安廷瑞《登封市王村乡大型唐宋古瓷窑群"神前窑"址的发现与研究》，《嵩山文化》2009年1期。
[3] 赵会军、张俊儒、李景洲《登封宣化唐宋时期瓷窑遗址调查简报》，《中原文物》2008年2期。

前庄宋窑遗址

炉壁外的围土被烘烤成鲜红色。

越二级阶地，登上2米高的黄土台，这是不久前修许少高速公路取土垫路基的取土场，形成一南北长、东西宽100米的土台，土台北侧形成一高约8米的巨大黄土陡壁。在黄土壁顶部有显现的灰坑和东部覆盖在黄土上几十厘米至近2米的文化堆积层。我们从黄土台西部入前庄村，从村后攀登到黄土台上，北望看到宽阔的台地上，越冬的麦地一块接着一块推展开来，在麦地远处遥见前庄村的村舍点点。南望由前述二条河在前庄村南合流后，并入颍河，现入白沙水库。张科长等从前述的灰坑中拾得篮纹、绳纹和附加堆纹的碎陶片几块，说明系二里头文化的遗物。考察完毕黄土台地，暮色已降，我们沿来路返回至黄土台前的西边向二河合流处考察，见二级阶地河畔陡坡上有古瓷窑一座，李先生从拾得的饼状窑具和圆台形支柱判断，该窑应是唐代瓷窑。继续前行，见一级阶地河畔陡坎中时含碎瓷片，这是人们倒弃在这里的。李先生谈到，前庄古瓷窑残破陶瓷堆积如山，时代跨隋、唐、五代、宋、金、元，延续烧窑约800年，有碗、盘、罐、盆、枕、执壶、盏等；白、黄、黑、褐、青、花瓷与白地黑花、白瓷加绿彩、白地划花、珍珠地划花，乃至生肖动物形象都有。说着说着，李先生呀了一声："我发现了个好东西。"原来他拾到了一块4～5厘米大的珍珠地花瓷片，大家纷纷

马兰黄土及顶部的夏代文化层（二里头文化层）

前庄村南一、二级阶地和马兰黄土台地

前来欣赏。李先生说前庄窑以产白地细线划花瓷为特色，那流畅如水的线条，一气呵成。

快近考察完毕，我思考了前庄遗址地貌形成可分作四个阶段：

第一阶段：11500年前的末次冰期在低丘间堆积有10米左右的马兰黄土。

第二阶段：11500年后，河流发育，流水聚集，马兰黄土被冲刷，形成北来与东北来的两条河流，在前庄村南合流为马峪河汇入颍河（现

前庄古窑的彩绘瓷瓷片　　　　　　　前庄古窑白地细线划花瓷瓷片

前庄古窑珍珠地瓷瓷片

嵩山行 ◎ 叁　嵩山文化

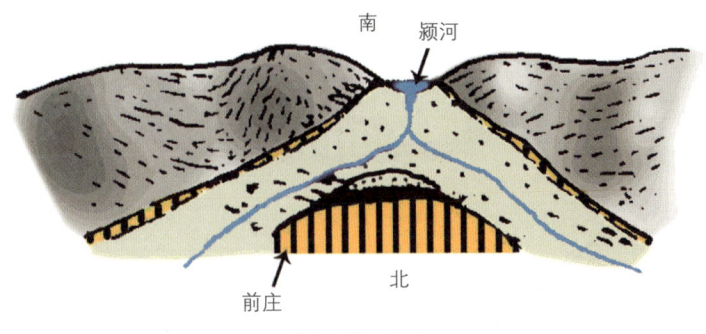

前庄丘间之地貌

前庄丘间地貌剖面

白沙水库）。在两条河流间形成马兰台地（系20世纪初瑞典地质学家安特生在对北京西山调查中命名的）。

第三阶段：3000年前，由于此前为温暖潮湿期，人口增加，文明因素聚集，夏代晚期二里头文化时期的先辈们来到马兰台地聚居，因为这里地势高无洪水之患，近水而利生活。此后由于气候转凉干，河水减少，形成二级阶地，人们逐水而居，下到二级阶地上生活，并在隋、唐、五代、宋、金、元时期在此烧制瓷器。

第四阶段：1500年后，由于气候进一步旱化，河水更加减少，形成一级阶地。人们将烧瓷中形成的废品倾倒到一级阶地。

12月15日下午，李景洲先生陪同我到告成镇东南颍河北岸曲河遗址考察，该遗址曾先后有河南文物考古研究所安金槐、李京华[1]、故宫博物院冯先铭、耿宝昌、叶喆民[2]、张德卿等先生和李景洲先生为首的嵩山古陶瓷研究学会的先生们前来考察。李先生带领我们考察了曲河村

---

[1] 河南省文物工作队《河南省密县、登封唐宋窑址调查简报》，《文物》1964年2期。
[2] 故宫博物院编《中国古代窑址标本·卷一·河南卷上》，紫禁城出版社，2005年。

4　　西　窑址　　　　窑址 窑址 东
　　　　河　　　　　河

1500年后一级阶地形成

3　　西　　夏代晚期遗址形成　　东
　　　　河　　　　　河

3000年后二级阶地形成

2　　西　　马兰黄土台地　　东
　　　　河　　　　　河

11500年后马兰黄土被侵蚀

米
0
　　　西　　马兰黄土　　　东
20
1

0　50米

11500年前马兰黄土堆积

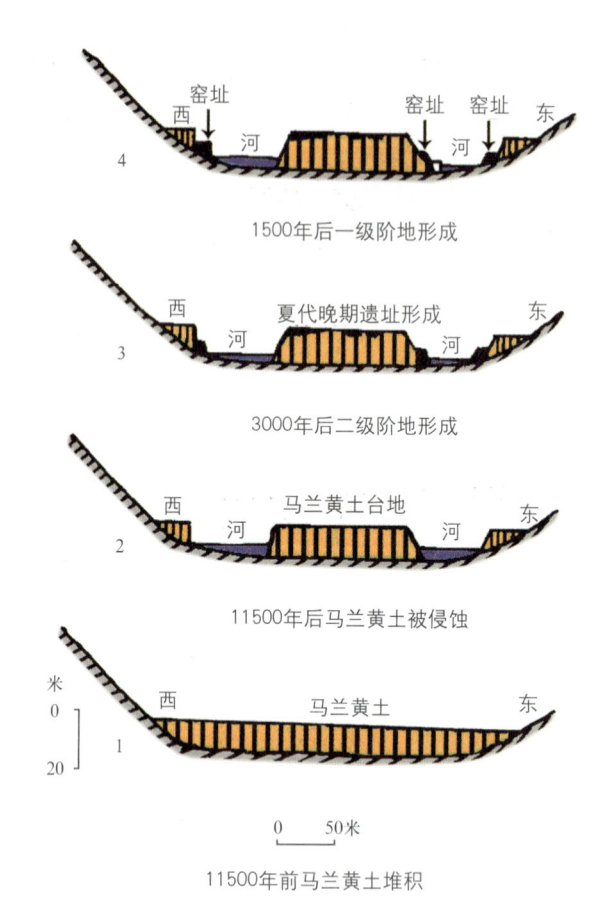

嵩山行 ◎ 叁　嵩山文化

后临丘陵的一处匣钵废品堆积处，见堆积的匣钵残器厚2米多，均为口径十多厘米的灰色小匣钵。李先生从废旧瓷堆中取出匣钵谈到，此种匣钵小而精，质细腻，塑造成口缘整齐、分层精细的漏斗状匣钵，它工艺讲究，匣钵下壁施白色化妆土。此种匣钵用以套装碟、碗、盘瓷器的煅烧，以图获得精细瓷器。另有圆桶形匣钵。返途见路旁山岩上瓷土出露，层理清楚的灰色黏土岩多数在构造作用下成破碎块状。入村中，见空旷处立了河南省文物保护单位曲河窑遗址碑一座。碑背面刻有碑记："曲河窑位于登封城东南22公里，始于晚唐，盛于宋，东西长约750米，南北宽约600米，文化层达3米，有白釉、绿釉、青釉、三彩、白

曲河窑遗址废弃的匣钵堆积

釉褐彩、刻花，种类有壶、罐、碗、盘、碟、盆、盂、杯、枕、玩具，出宋钧瓷，古有神前之称，与禹州神❏相对而言。"碑中未列"瓶"，看来是落掉了。李先生说：曲河窑历史久远，是古时重要窑口，盛况空前，与颍阳、费庄为宋时登封的三重镇之一。曲河窑附近有一古庙菩萨堂，庙内有清嘉庆二十一年《重修观音文殊普贤三菩萨堂碑记》，碑文为："地名曲河，面水势也，其中风景物色，宋以前渺无可稽。尝就里人偶拾遗物，质诸文献通考而知，当有宋时窑场环设，商贾云集，号邑巨镇。金元两代亦归淹没……堂创于何时，蚕无可考。"可见曲河窑位于颍河旁，三面环水，一面靠凤凰山，故名曲河，为宋时瓷窑重镇。

曲河窑盛产白釉珍珠地瓷而著称于世，制作技艺影响四邻。故宫博物院古陶瓷专家蔡毅先生对曲河窑调查后著文说："而珍珠地划花作品之多，更是多年调查北方窑址所仅见。统计1962年在窑址所得瓷片473件标本内，此种瓷片竟有110件，约占1/4。器形包括瓶、洗、碗、罐等，而且质量均较一般精细。"[1]所谓珍珠地是指根据花卉、飞禽走兽、人物和几何主题图案大小的不同，借鉴唐代金银器錾花工艺，用

---

[1] 蔡毅《简论河南登封曲河窑》，《嵩山文化》2009年1期。

曲河窑古瓷壶（左）与复仿制壶（右）

曲河窑的古瓷瓶（左）与复仿制瓶（右）

嵩山行 ◎ 叁 嵩山文化

复仿制瓶 　　　　　　　　　　　　　复仿制瓶

3、4、6毫米竹筒作工具，在主题图案空白处戳上均匀的小圆圈，经高温作用瓷釉，形成晶莹剔透、如珠似宝、酷似珍珠梅穗状花布满在主题图案间，反光折射，使线条流畅的人物、动物、花草备富动感，活灵活现，生气盎然，美不胜收，无与伦比，引人入胜。因此，以曲河窑独特工艺生产的珍珠地瓷器成为嵩山文化瓷艺代表，备受人们喜欢，国内外争相收藏，如北京故宫博物院收藏的"双虎纹瓶"最受人们赏识。"该瓶高31.9厘米、口径7.17厘米、足径9.5厘米，瓶侈口圆唇、颈短细，整个瓶略如橄榄，平底，俗称'橄榄瓶'。据故宫博物院蔡毅、刘伟研究员讲，宋代登封曲河窑的'双虎橄榄瓶'制作规整、线条匀称优美，瓶胎体为灰褐色，胎上施白色化妆土，瓶身刻画双虎搏斗为主题纹饰，划刻两只凶猛的老虎在草丛中搏斗，一虎站立张牙舞爪，一虎作欲扑姿态，前肢相攀，张嘴翘尾，两虎神态修长刻划有力，威武雄健，极为生动，并以柱石和丛草作陪衬，近底处刻十六莲瓣纹一周，纹饰以空白处填以宛如珍珠状的小圆圈作地，均匀细密，外罩透明釉，整个纹饰呈黄褐色，是我国中原民间瓷窑中的一种特殊产品，传世品极为稀少。"[1]

---

[1] 贾尊叔《登封"曲河窑"初探》，《嵩山文化》2009年1期。

复仿制瓶　　　　　　　　　复仿制瓶

　　此外曲河窑的珍品不少流传至国外，如日本出光美术馆的执壶和美国波士顿美术馆的人物瓶。

　　曲河遗址产的白釉剔花柳条钵也独具一格，体积不大，口径约10厘米，却十分夺目。那白色与深色作同心圆状的曲线，具韵律节奏的动感，好似建筑工人戴过的安全帽，在古朴中蕴含时代气息，是不可多得的瓷艺珍品。

　　考察完曲河窑跨干涸的颍河抵水峪的一座丘陵顶，李先生指向一岩坑，我们踏着化雪后的泥泞路下到坑底，迎面岩石断面显现着厚层黄黑相间的黏土岩层。手感相当细腻，属重黏土，为湖沼沉积物。李先生用力摔打黏土岩块，从破裂的层面中显现出古植物的茎、叶印痕，承蒙中国科学院植物研究所古植物学家李承森先生鉴定，计有栉羊齿属（Pecoptreis）、瓣轮叶属（Lobatannularia）等，这说明黏土岩属二叠纪沉积。依嵩山世界地质博物馆资料，该层沉积属石炭纪，年龄为3.54亿～2.95亿年。因此，该处和颍河流域瓷土矿时代为古生代晚期。该期气候暖湿，植物繁茂，湖沼发育，湖沼沉积的黏土中有机质含量高，是上好的瓷土。李先生说这就是瓷器制胎用的瓷土，以含有机质多的黑色

宋代柳条钵

曲河西南水峪的瓷土矿

嵩山行 ◎ 阐

栉羊齿属（*Pecoptreis*）古植物化石

瓣轮叶属（*Lobatannularia*）古植物化石

嵩山行 ◎ 叁 嵩山文化

黏土最适合做瓷坯用，可塑性强，且不易开裂。考察完山顶瓷土，沿来路下山，至山坡处下车向路边一深达约20米的深坑观察，见两台巨型挖土机正在轰鸣往返在坑中，在10多米的黄土层下有厚层的灰绿色瓷土岩出露。这些上等瓷土，经磨碾、浸泡、沉淀、分选就能在瓷工巧手塑造下成为瓷坯。沿颍河分布的黏土岩成为登封窑首要的物质基础。前庄、曲河、白坪瓷窑分布的地方都是石炭纪瓷土分布多的地方，尤其曲河窑遗址处瓷土储藏多，故曲河窑规模大、瓷器质地好和特点突出。

2006年11月18日应邀参加"登封古陶瓷遗址和标本论证会"期间，会议组织前往登封市白坪乡颍河支流白江河考察古窑址。白坪古窑是李景洲先生在此任党委书记5年间发现的。李先生说白坪古瓷窑的发现还应归功于许昌师专（今许昌学院）的教师安廷瑞先生。由于安先生写了一封公函，说他带领学生在密腊山写生期间发现了钧瓷标本，"这是祖先的遗产，希望加强对这份遗产的保护"。此后李先生特意关注，白坪瓷窑遗址才得以发现。白坪古窑是以程窑为中心，含程窑、栗子沟、赵家门、牛园、碗窑岭、东白坪、南拐、砂锅窑、北魏窑、南魏窑、卧羊坪、牛元、三元等十余处遗址，总面积达十多平方公里。在马兰黄土和河流二级阶地中含座座古窑。古窑时代为宋早期至金、元400多年间，炉火熊熊，烧制出碗、盘、碟、罐、钵、炉、洗、盆、瓶及生肖瓷。由于与汝官瓷和钧官瓷仅一山之隔，呈鼎足之势，彼此交流，使白坪乡古窑兼有钧、汝之美，既有钧瓷浑然天成的特点，又有汝瓷温润含蓄的韵味。按叶喆民先生的说法是"钧汝不分"[1]。

登封窑尘封的每一块瓷片都是华夏长歌的音符，而重现登封窑的辉煌将构成一首时代的强音。

二 登封窑的名分问题

登封窑，或神前窑，在湮废了600年后，现在重现其光彩，大家拍手称快，随之问题来了，登封窑的名分如何，这关系到我国瓷器史的书写，而瓷器居中国瓷、茶、丝三大特征文化之首，若瓷器史不清楚，那

---

[1] 李景洲《登封白坪钧瓷窑遗址调查简报》，《嵩山文化》2009年1期。

么我们的文化史也就说不清了，因此，瓷史是非同小可的事。

过去一说起曲河窑，或谈及前庄窑，多说属北方磁州窑系，真是这样吗？

2008年11月北京故宫博物院古瓷研究员李辉炳先生在李景洲先生处见到前庄窑遗址出土的一个四系罐，从其造型腹宽大、上下收缩、上半部施薄层釉而下半部不施釉和考虑罐的质地，断定其为隋代瓷器。该罐高23.5、腹阔19、口外径10.5、底径8.4厘米。2009年10月，中国古陶研究学会会长耿宝昌先生见到该罐也断定为隋代瓷器。若考虑前庄窑产的瓷器繁多，达11类，又细线划花瓷特点十分突出，这种内容丰富、风格特殊、规模达20平方公里之巨的重要古窑，在未经考古学详查之前谁能轻易把它归入哪一瓷系呢？曲河窑曾因盛产瓷器而名曲河镇，为登封

隋代四系罐（前庄窑出土）

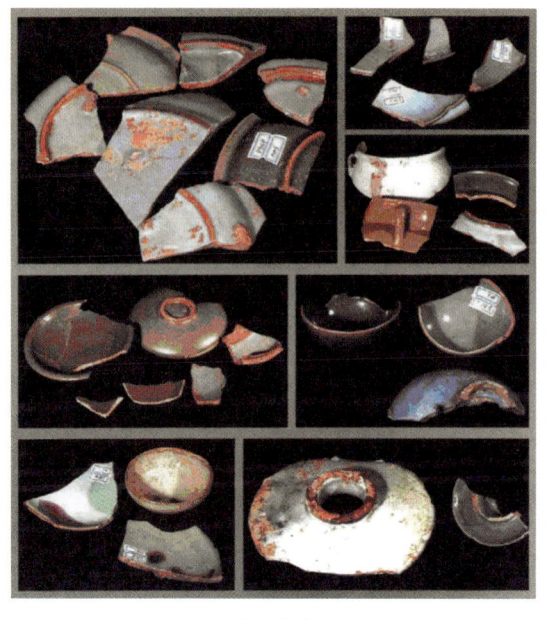

嵩山钧瓷

境内宋代古镇之一，那不是像今日景德镇因盛产瓷器而得名一样吗？曲河窑尽管因战乱而湮没，但从研究中国陶瓷史来说，却不能因湮废而忽视其历史。何况曲河窑规模大、工艺精和内涵丰富，且产珍珠地瓷之多之好也不是其他各地可望其项背的。看来对前庄、曲河、白坪这些登封窑史做详细研究是十分必要的。

谈到白坪古窑，也有一些问题引人深思。宋代《元丰九域志》载，"西京河南府河南郡土贡蜜蜡各一百斤，磁器二百事"。土贡指土产进贡皇室，进贡皇室既是满足皇室之需，也是显示权威和服从权威的表现，所贡者，按现在的话来说是顶尖产品，具代表性与特殊性。白坪除盛产钧瓷外，附近还有蜜蜡山，以盛产蜜蜡（蜂蜜的副产品）而名。蜜蜡不溶于水，可作蜡炬，或蜡染，更重要是皇室以之制作蜜玉玺，即蜜印、蜜章，作为皇室追赐去世臣下的官印，以区别于生前官印，这是皇室不可或缺的大事，故唐朝著名诗人刘禹锡《为人谢追赠表》云："紫书忽降于九重，蜜印加荣于后夜。"白坪既有良好的蜜蜡，又何不纳白坪钧瓷呢？虽《元丰九域志》所记"磁器二百事"未明载系出自白坪，由于河南郡十三县中，既产蜜蜡又产瓷器者，只有白坪一处，看来白坪窑产瓷器在官窑出现前曾一度作为贡品是可能的。李辉炳先生认为："在北宋'官窑'建立之前，历史上还经历了一段有'民窑'烧制'贡瓷'的阶段"、"登封很有可能贡瓷"[1]。那么我们的推测就不是空穴来风了。

至于说到白坪窑所产瓷有"钧汝之美"，这是我们发现白坪古窑之后对其质地的观感，因原有禹州钧瓷和汝州汝瓷，自然彼此联系起来，至于白坪古钧瓷与禹州钧瓷和汝州汝瓷的关系是一个尚待研究的问题。

总之，由于登封窑的发现是迈向弄清中国瓷史路途中必经过的一道关卡，是一个推进中国瓷史研究的良好契机，故对登封窑遗址的保护与研究的必要性是显然易见的。

三 登封窑的特点与珍珠瓷

我考察登封窑后，那些尘封久远特点突出的片片瓷器不时浮现脑际，我觉得登封窑所产瓷器有以下四大特点：

第一，历史悠久。

由于对登封窑遗址还缺乏考古学发掘，地层关系还有待理清，故登封窑的历史尚待详查。但多位专家多次对登封窑调查所采集的大量古瓷标本进行分析而得出的登封窑始烧于隋唐、盛于北宋、延于金元的结论是基本可信的。登封窑属唐宋名窑。汝瓷形成于北宋哲宗、徽宗时期[2]。钧瓷始于北宋时期[3]。这样，历史晚的必然要借鉴历史早的，故登封窑应是钧瓷、汝瓷的先导。著名收藏家汪黎明先生认为，磁州窑尚处在萌芽期，登封窑各种工艺已臻于成熟[4]。

第二，类型齐全。

瓷器中的青、白、彩三种瓷登封窑都有。既生产贡瓷、高档用瓷，又生产民间日用瓷。器形丰富，瓶、壶、盆、罐、碗、碟、鼎、钵、

---

[1] 李辉炳《中国瓷器鉴定基础》，紫禁城出版社，2005年；冯先铭《河南密县、登封唐宋古窑址调查》，《中国古代窑址标本》卷一河南卷（下），紫禁城出版社，2005年。

[2] 河南省文物考古研究所《汝窑与张公巷窑出土瓷器》，科学出版社，2009年。

[3] 阎夫立、阎飞、王双华《中国钧瓷》，河南科学技术出版社，2005年。

[4]《登封窑的前世今生》，《魅力中国》59页，2009年11月。

枕、笔洗、香炉等齐全。

第三，工艺精湛。

登封窑产品口足规整，制作考究，甚至匣钵也用细泥制作过刀，造型规整干净，并在匣钵外侧施化妆土。

第四，装饰独特。

宋代陶瓷装饰工艺点彩、刻花、划花、剔花、印花、绘花、贴花、镶嵌、錾金工艺在登封窑中均有，或同一产品运用多种装饰工艺。

登封窑最具特征的是珍珠地划花、白釉刻线和白釉剔花瓷器。北京故宫博物院的著名古陶瓷专家冯先铭、叶喆民两位先生著文说："能够代表登封窑的特征，要算北宋时期的珍珠地划花及白釉刻线两类装饰方法在同时期其他瓷窑采用较少，而在登封窑所占比重则相当大，具有明显的代表性。"[1]登封窑中常见珍珠地剔刻花瓷，它如颗颗珍珠填充在人物、花草与动物主题图案中，使其在流畅中又显活泼和富有生气，人见人爱。征得李景洲先生的同意，建议登封窑以"珍珠瓷"名之，以利赏识。登封窑珍珠瓷的"珍珠"是大胆借用金银器錾花工艺戳成，富于创新精神，表现出兼收并蓄的文化内涵和精益求精的工作态度。我们在欣赏登封窑珍珠瓷中自然会激发出创新、包容和敬业的美德。

总之，登封窑有历史久远、种类齐全、工艺独特、形态优美的突出特点。

四　600年后登封窑的复兴

2006年11月18日应邀参加"登封古陶瓷遗址和标本论证会"。会上肯定了登封窑发现的重要性，并期盼恢复生产。当时李景洲先生的古窑仿制基地还处在初创阶段，不能生产，又所采标本也缺乏秩序，因此，我为李景洲先生捏了一把汗，要知道珍珠地花这种高档瓷品已失传上千年了，要恢复谈何容易。

事隔仅两年，2008年9月27日举行的"中国登封窑古陶瓷复仿制品鉴定会"上，李景洲先生及其同事们拿出的众多过硬复仿制登封窑产品

---

[1] 冯先铭、叶喆民《登封古窑址调查》，《嵩山文化》2009年1期，17页。

登封复仿登封窑的展品

征服了所有与会专家，众口一词称赞复仿制成功。认为在传统工艺的基础上，复仿制产品从造型、胎色、釉质、釉色到装饰效果基本达到了宋代标本的水平，造型流畅，饱满浑厚，釉色纯正，釉质温润，体现了宋瓷淡雅、沉静的时代特征。钧窑产品体现了登封窑钧瓷器物钧汝兼具的特点，对宋之钧窑瓷器物复仿制也基本到位。复仿制的登封窑珍珠地划花、白釉剔刻划花等产品，属目前国内该类型复仿制品的最高水平。李景洲先生及同事们两年来拼搏的显著成就获得了河南省文物局投的信任票，授予他们"河南省文物局复仿制品研究开发基地"的殊荣。也被郑州大学历史学院定为教学实习基地。

12月16日，在李景洲先生的热诚引导下，我到登封城西南4公里处的登封窑瓷苑科技有限公司参观学习。首先见到他复仿宋代制瓷工艺，从仿古搅拌、沉淀、分选到加工瓷土的设施，让参观者知道他们是严格尊重传统的。我们接着看到了他们在室外堆的制釉用的多种矿石，计有钾长石、钠长石、钛铁矿、铁矿石和麦饭石等，室内分别搁置有石英粉等和分选出的瓷土。再看到的是制坯间与晾坯间，续前行入刻、剔花和画室，最后看到了气和煤烧车间，李先生顺手拿出烧残的废品说，每一炉都有废品，有时整窑都成废品。李先生把我们带到他的实验室说，我们对每一批次烧瓷实验都要做生产过程的记录，对瓷土要委托郑州大学做Na、Mg、Al、Si、K、Ca、Ti、Fe与C元素的测试，以作改进原料匹配的参考。

我们来到有60平方米的古瓷标本展览室。这些标本都是李先生历年寻觅的，按遗址放置在不同的标本柜中，有地点、编号和时代等的标出，墙上还张贴了遗址分布图等。标本有专人管理。在标本柜中我们分

登封复仿登封窑梅瓶

登封窑复仿的壶

别看到了白坪的钧瓷、前庄的细线刻花瓷和曲河的珍珠地剔、刻花瓷等。在标本柜中引人注目的有前庄隋代的四系罐、黄釉水注和曲河的珍珠地残破瓶和修复的柳条钵，这些宝贝组成了登封窑1000多年的瓷史书，是仿制登封窑瓷器的宝贵档案和依据，这些超万件的标本要做到不误是何等不易。最后让我们进入他们复仿制瓷的展示厅，见到约100平方米的展厅中展览架上摆满了各式各样的高仿真古瓷样品，如有稳重、纯润的祭色梅瓶和各种盆、碗等钧瓷，看得出他们不追求新奇花样，重在体现钧瓷的庄重又不失灵巧的传统风格。迎面摆着八个瓷缸是分别表现嵩山风情的作品，给人焕然一新的感觉，尤其那一个个巧夺天工的珍珠地剔刻花瓶，晶莹剔透，闪闪发光，十分夺目。真是琳琅满目，美不胜收。我老伴说：太丰富了，一次看不够，转日再来吧！仅仅两年的工夫，就把失传几百年上千年的国宝展陈出来，真是了不起。费了他们的眼，磨了他们的手，烤了他们的身，累了他们的心，这一切都是为了与时间赛跑，功夫不负有心人，他们终于在2008年8月复仿成功登封窑珍珠地、白釉剔刻花和嵩山钧瓷三大系列20多个品种瓷器作为迎接北京奥运会的献礼。这让我想起河南省文物局副局长孙英民同志2008年9月在中国登封窑古陶瓷复仿制品鉴定会上的发言："历史从来都是向两个方向发展，人类的历史一方面要向前走，另一方面是要向后看，向前走是发展，向后看，是对历史资源的发掘也是一种发展。"[1]孙副局长说的多么好啊！我们祖国5000年文明史是先祖的伟大创造，这些伟大创造是智慧的结晶，是他们艰苦卓绝功勋的记录。但由于种种原因某些片段被湮没了，后来者发掘它、恢复它、弘扬它，既是对先辈与历史的尊重，也是继续发展的源泉与动力，也是义务，无尚光荣。李景洲先生的团队让在隋、唐、五代、宋和金、元辉煌的登封窑瓷器活灵活现地再次呈现出来，使我们得以欣赏千百年前丰润华丽、沉静淡雅、古朴现代的登封窑国宝，我们当然应该深深感谢李景洲先生团队的重要贡献。他们这种高度的责任感和不屈不挠的精神是何等的可贵，这是什么，这是登封、中国复兴的奋斗精神。人是要有一点精神的，李景洲先生的团队就是有这种对历史负责、不达目的不罢休的拼搏精神才获得复仿登封窑的成功，倘若我们都如此，我们的事会办得更兴旺啊！

五　思绪萦绕

参观完毕，我们到了会客室，已是晚上8时，我的心情仍很激动，见到一张大办公桌上铺着羊毛毡，我主动向李先生提出来要为他们写几个字，我觉得只有如此，才能抒发我的感受。在李先生安排下，迅速展开了一大张宣纸，在纸的前半张疾书了"复兴"两个斗大的字，另半张写了如下的话："国之兴，文为本，经为力，政为纲。文兴，经发，政通。登封窑之复兴，代表中国三大特征文化之首的复兴，故殊属重要。"

回登封的路上，我仍在遐想。

1000年前登封窑兴盛，得益于登封有适合发展陶瓷的资源，有上好和丰富的瓷土和釉料，有丰富的水满足生产与生活需要，有厚层的黄土与黄土状土可挖窑，有柴与煤作燃料，在颍河沿岸的这些条件最完备，

---

[1]　《"中国登封窑古陶瓷复仿制品鉴定会"专家发言摘录》，《嵩山文化》2009年1期。

故登封窑集中分布在颍河两岸。相反太室山、少室山麓这些条件不具备或不全具备,故太室山、少室山一带没有登封窑分布。这是为什么?这可归结为自然条件,或曰天地因素,没有这些自然因素,即物质条件,要想搞起登封窑那是空想。但是这些物质得以发挥,还要靠具有深厚文化传统和智慧的人去运用,否则物质资源只是物质资源,不能尽其所用。我们办事没有物质作基础那是空想,但是如果没有积极和恰当利用物质的精神与聪慧,物质仍然不能起作用。所以,登封窑的兴起是"天人合一"的结果。

登封窑的兴衰维系社会,登封窑的复兴更维系社会。

登封窑的复兴是顺势而动的结果,登封窑的发展更要顺势而动,使其纳入文化产业,服务社会,服务旅游业。期盼登封窑恢复中国北方瓷窑中心窑口的地位。

登封窑的复仿制成功,还是初步的,还要提高质量与丰富内涵,但当今更多的是要推介,而这要投入,只靠原班人马苦苦支撑,难以为继,需要社会和政府的引导和大力支持,否则好的局面能否更好,甚至能否继续都是面临的问题。

不怕有问题,就怕不重视问题。问题是动力,让我们大家都来为发展登封窑而努力,让登封窑珍珠瓷能真正成为体现嵩山文化的一张响亮名片。

作者参观登封窑复仿瓷后的题词

具茨山巨石文化一瞥

文明形成早期人类创巨石文化。

巨石文化（Megalithic culture）是指从新石器时代至铜器时代分布于欧、亚、非、美与大洋洲的以巨大石结构建筑为标志的古代文化类型，包括有墓石（Dolmen）、独石（Mentihir）、列石（Alignment）、石圈（Cromlechs）、石座（Ston Seats）、石台（Stone Terraces）和金字塔型的建筑（Pyramidal Structures）等。

禹州市市委宣传部刘俊杰先生前些年在具茨山上发现巨石文化。2009年北京大学宋豫秦教授在完成新郑市委托做具茨山森林公园规划中与刘俊杰先生一同考察了具茨山巨石文化。我陪同宋豫秦教授就在具茨山发现巨石文化一事向王文超书记作了汇报，王书记指示召开新闻发布会。7月6日，在郑州市旧市府大楼四层东会议厅举行"具茨山新发现巨石文化新闻发布会"，会议由市文化局副局长任伟主持。由宋豫秦教授发布具茨山巨石文化新闻。副市长刘东出席会议并发表了讲话。我参加了会议。有多家新闻单位出席。

承刘俊杰先生邀请，先后两次前往具茨山考察了巨石文化，今将考察记述于下：

具茨山是嵩山向东南延伸的一支，海拔约500~700米，为低山丘陵，重峦叠嶂，地跨登封、新密、新郑与禹州四市。地理坐标为北纬34°26.35′、东经113°39.42′。

9月11日，在刘俊杰先生引导下到禹州市浅井乡崆峒山逍遥观南面山上考察巨石文化。在北纬34°20.251′、东经113°24.427′发现由红色砂岩构成海拔约500米的丘陵顶的北坡有巨石堆积，其中有一岩块约

底面观　　　　　　　　　　　　　侧面观

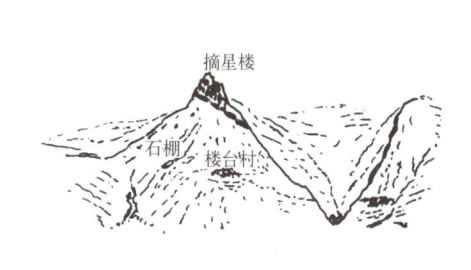

崆峒山对面山顶红色砂岩巨石文化

禹州市浅井乡大鸿寨摘星楼

10人吃饭的饭桌大，约1/3悬空，有两点立于下面巨石上，另一点塞上一小岩块，形成三点平稳落地中架空的状态。另外遥看北面逍遥观所在的山上，有石圈，也有石墙伸展到林中。

11月22日，在刘俊杰先生等陪同下再次到禹州市西北约20公里的浅井乡大鸿寨考查巨石文化。这里属具茨山中部，海拔500～600米，相对高度150～200米。我们从北纬34°19.567′、东经113°27.533′、海拔489米处的沟谷，沿山坡向摘星楼山峰的南侧攀登。因雪刚化，山路上残雪尚存，融雪水在山路上渗流，湿漉漉地，人们互相提示小心滑倒。阴坡还保存较多的雪，落了叶的树与灌木好像插在山上的一幅幅版画，宁静明朗。到半山腰，抵楼台村，这里是只有8口人的小村，石垒的房屋完整的只有几间，多已损毁、破败。入村前见路旁高约4米的黄土陡岩旁就势用石搭建一窝棚，从窝棚内壁剖面尚新鲜看，此棚搭建时间不久，又从棚一角挂了一件衣可见村民常利用这一窝棚。新鲜黄土剖面可辨认出上部2米多的黄土为几万年前的灰黄色马兰黄土，该土层下伏厚几十厘米的褐红色古土壤，该古土壤为黄土高原常见的距今12万～8万年间形成的第一层埋藏土壤。上述二土层间接触面不平，应为黄土不连续堆积造成的，地质学上称此种现象为沉积间断。这种现象在嵩山地区是普遍存在的，标志古环境突变，在这一层位可发现人类遗留的旧石器。

楼台村村前晒场上有废弃的石碾、石磨、石碌和石臼，石臼挖在一块长不到1米、宽几十厘米的砂岩块上，臼口径约30、深约20厘米，被融雪水填充。

从村南林间小道西行约200～300米，来到山的缓坡上，见到石棚一座。该棚位于北纬34°19.567′、东经113°27.535′，海拔535米。棚口朝西，棚口宽约1.3、棚内侧宽约1米、高近1米。棚顶为长2.7米、宽1.8米、厚几十厘米的灰色砂页岩块，北边顺势搭在山岩上，南边用石英脉岩和寒武纪灰色砂页岩各两块垫起来，石英脉岩与棚顶间塞有小石块，从垫的石块空隙中可以窥视棚穴。棚顶砂页岩上刻挖有大小、疏密不等的27个圆穴（或者名凹穴、杯穴），圆穴与具茨山其他处所见无多

楼台村

楼台村石棚
1. 正面观 2. 内观 3. 南侧观 4. 地貌（石棚位于考察队员站立处）

大差异。圆穴靠山坡处密集，远离山坡者分散。圆穴大者径6～8厘米、深3～4厘米，小者径4～6厘米、深2～3厘米。从石棚到沟底高差约有50米，从岩棚距山顶摘星楼约100米。以此岩棚来试探讨下述三方面的问题。

一是该石棚从结构上看应是人搭建的，为墓葬。这种墓葬在中原出现，显示其古老和特殊。棚顶砂页岩块重量上吨，搬运和搭建需要智慧、力量和协同。巨块砂页岩棚顶安放也是经过精心考虑的，石棚北侧顺势搭在山岩上，既牢固又省工省力，棚顶南侧支垫岩块，除砂页岩能就地找到，还选择了两块硬度大（硬度为7）的石英岩脉块作为支撑材料，石英岩脉块却需要寻找和搬运，但运用石英岩块作为石棚支撑材料大大增强了石棚的支撑力，保证石棚至今仍基本完整。故石棚搭建方式和用材选择显示搭建者有相当的智慧。

二是石棚顶盖表面刻的27个圆穴，似乎提示我们可能是死者后代祭祀的次数记录。果如此，该石棚圆穴为具茨山圆穴的用途做了些注释。

三是从石棚与周边关系提示其古老性和体现了上古社会状况。石棚坐落的摘星楼山峰和山坡上垒有3～4米高的石墙，而且在此山峰北的山上也垒有相同的石墙，显然是部落筑的防御工程。此处地名大鸿寨，大鸿相传为黄帝著名部将。因此石棚与周边危岩上垒石墙与传说故事一并考察，似乎透示石棚的古老性，也说明上古时代大鸿寨一带有过激烈的社会矛盾与冲突，又石棚所在位置与现代楼台村处在同一地貌面，说明此处历为人类在深山活动的场所。楼台村村内村前状况也提示此村是一古老的村舍。

一谈到巨石文化，人们立即想起英格兰巨石阵，还有爱尔兰的纽格莱奇陵墓、埃及的金字塔、复活节岛上的石碓、马丘比丘的砖石建筑等。这些新石器时代至青铜时代远古人类的石文化奇迹，是如何创造的，为何创造，一直是人们百思不解的谜团，但不可讳言，巨石文化是人类文明形成时期的一种重要文化现象，应加以注视。巨石文化从欧洲到西亚、东亚都有分布，与北纬30°附近的埃及、巴比伦、印度、黄河

楼台村石棚顶

从楼台村遥望摘星楼及其石墙

摘星楼东坡及沟西山坡上的石墙

嵩山行 ◎ 叁 嵩山文化

等古文明分布相一致，这种文明形成带与灾害频发带的重叠，说明繁荣与灾害似乎如影相随，其缘由是世界科学家探索的重要问题。

我国巨石文化与石棚相对集中分布在从东北到西南高原山地的"边地半月形文化传播带"。从辽宁东部到四川西南安宁河、金沙江流域的高山多石地区都有这种遗存，与西亚、中亚地区大石文化靠近，是否说明彼此间有某种关系尚待研究。至于黄河流域的中原石棚罕见，其他列石、石圈与独石等亦不见报道，故嵩山东支具茨山上的巨石文化发现，与该处岩画、岩刻文化发现同为应引起关注的古文化现象。

嵩山东支具茨山岩画文化、巨石文化、箕山上日月星辰岩画、传说文化、典籍文化和中原考古学文化都丰富，这些说明嵩山、中原文化在华夏文化中的根脉性、核心性和主源地位。相信这种古老文化的深入研究，将非常有助于推动我国上古史的研究。

楼台村石文化
1. 棚屋　2. 石臼　3. 石磙　4. 石磨、石磙

箕山日月星辰岩画的发现

远古星象概念的形成，是我国"天人合一"
哲学思想和天文学的源泉。

  箕山在嵩山之南、隔低丘相望，属嵩山。箕山跨登封市、汝州市和禹州市，东西向展布，海拔可达1000米，一般海拔为600～800米，山北麓为颍水发源处。因山似箕而得名。该山主要为二叠纪地层组成，箕山西出露的三叠纪地层为嵩山结束海洋环境后内陆断陷盆地的沉积物[1]。

  箕山为上古时期许由、巢父辞尧禅让隐居之所而著称。

  箕山岩画是当地农民发现报告后获知的，登封市文物局张德卿科长和登封市文化馆原馆长、画家耿炳伦先生曾前往调查。5月19日下午，在上述二位先生引导下，驱车从登封市西南出城，经大金店、石道，过颍源，入箕山北麓，抵范窑村（北纬34°21.059′，东经112°52.940′，海拔424米），穿村东南入沟，到沟里下车（海拔480米），沿山道攀登到海拔约600米的将军山。传说该山名来自明朝皇帝朱元璋命一将军寻觅出走的娘娘，因限期已到，无法交差而自刎，将军部属从山下取土把将军掩埋于山上而得名。我们在探察中确发现山脊有黄土一堆，并发现盗墓者

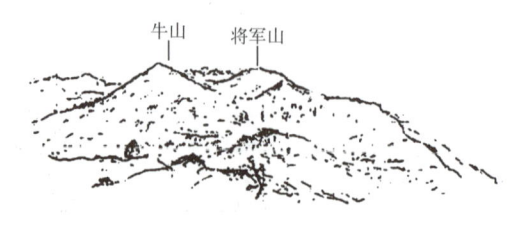

范村西遥望将军山素描图

---

[1] 程胜利等《嵩山地质博览》，地质出版社，2003年。

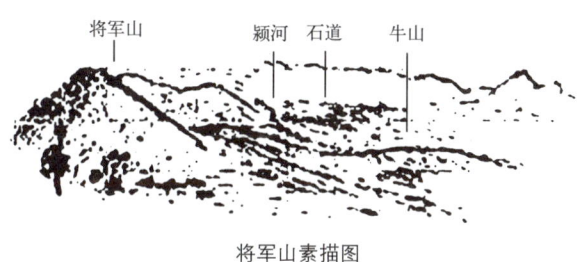

将军山素描图

用洛阳铲钻探的痕迹。据说此山道为旧时从洛阳至汝州的官道。

我们在将军山的山脊看到砂岩块上刻有三幅岩画，可分为两类，一为刻线岩画，一为日月星辰岩画，前者有两幅，后者有一幅。

一　刻线岩画

一为刻三线岩画。刻线平直，一侧深，另一侧浅，坡沟状。线长7、宽1厘米，间距3.5厘米。

二为刻四线岩画。刻线略呈上弧状，线长20、宽0.5厘米，间距1.5~3厘米。

三线刻岩画 　　　　　　四线刻岩画

二 日月星辰岩画

在一长60厘米、宽41厘米的砂岩平面上刻有形象逼真的日月星辰图。于11月3日在张德卿科长的陪同下，请禹州文化局刘俊杰先生和他的父亲刘水成先生一同重做考察，请水成先生做了拓片四幅。

日月星辰岩画

在图的正中有早上升起的大太阳，直径约9厘米，边部有可能是午间的小太阳，直径4.8厘米。正中还有大下弦月，长14厘米、宽7厘米，另有小上弦月，长7厘米、宽3.5厘米。在小上弦月与大下弦月间有弯曲连线，应为一星座图。与星图对比，拟似飞马座[1]，在上下弦月间刻有一线，起端小，终端粗，疑为示流星。还有岩画下端有一弯曲线，似地形线。岩画上方有利用砂岩缝隙加刻的天际线。因此该岩

---

[1] 胡中为、萧耐园《天文学教程》上册463页，高等教育出版社。

日月星辰岩画拓片

画为一完整的日月星辰图。

两个刻线岩画是何时的作品,是何意,有待考察。

日月星辰图岩画,首先给我们的印象是创作者已对日月星有一个深入的观察,甚至还能分出初升太阳与正午太阳之别,能分出上弦月与下弦月,且有星座之观察和流星之记载,还有天地之划分,这显然与嵩山东支具茨山上所见圆穴、方

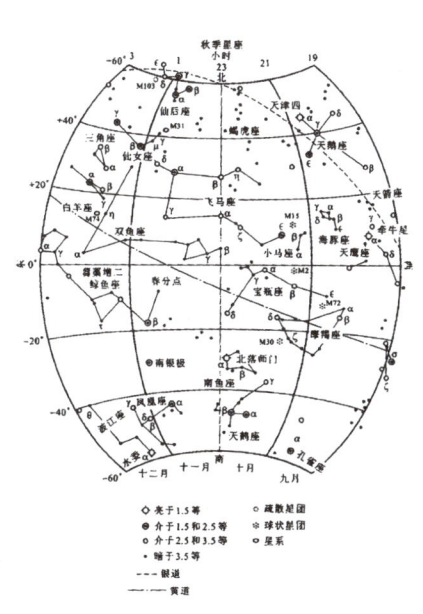

9～10月星座图

河姆渡文化象牙雕"双凤朝阳纹"

穴、网格、线条岩画是不同的[1]。具茨山岩画有数的概念，人们的逻辑思维已萌芽，应多属新石器时代的创作。新石器时代中期太阳崇拜已出现在河姆渡文化、大汶口文化和大河村遗址中[2]。有报道福建省华安县高安镇三洋村的浮山岩石上有刻线相连的圆穴，谓之星宿图[3]。具茨山上也有类似的岩画。这些岩画是否为星宿以及创作时代都要商讨。日、月、星同出在一幅图画上，在新石器时代天文考古通史研究中尚未提及[4]。考古学研究认为，天文图到汉代才出现[5]。从箕山日月星辰岩画来看，日、月、星全备，创作者对天文有较深入的观察与思维，其表现力已胜于新石器时代的人们。因此，箕山的日月星辰岩画，应晚于新石器时代。箕山日、月、星辰岩画属于信手刻画的，没有方位，又从箕山日、月、星辰岩画上长了许多地衣来看，也不会是很晚的创作，应是创作于新石器时代后至汉前后的时期。

箕山日月星辰岩画创作在洛阳通往汝州的古道旁，交通较便利，利于人们创作。它又是创作在将军山山脊上，创作者可能认为这里地势高耸，与天接近，适合对天的崇拜。还有从星座可能为天马座来看，天马座是出现在10至11月间，这个时候秋高气爽，天空可见度高，也许此时适合创作者观察和表达。

如果考虑到在距箕山日月星辰图不远的东边告成镇有春秋时期周公

---

[1] 周昆叔《具茨山岩画》，《文明》2009年3月。

[2] 牟永抗、吴汝祚《水稻、蚕丝和玉器——中华文明起源的若干问题》，《考古》1963年6期；陆思贤、李迪《天文考古通论》，紫禁城出版社，2008年。

[3] 林寿《华安县高安地区岩刻——星宿图、圆穴》，《岩画》2，知识出版社，2000年。

[4] 陆思贤、李迪《天文考古通论》，紫禁城出版社，2008年。

[5] 陆思贤、李迪《天文考古通论》，紫禁城出版社，2008年；殷涤非《西汉汝阴侯墓出土的占盘和天文仪器》，《考古》1978年5期；河南省文物局文物队《洛阳西汉壁画墓发掘报告》，《考古学报》1964年4期；夏鼐《洛阳西汉壁画墓中的星象图》，《考古》1965年2期。

大汶口文化陵阳河遗址图像字拓片

大河村遗址彩陶片上太阳纹及曦光纹

测景台和元代观星台的古代天文观测场所，那么箕山日月星辰岩画与告成镇古代天文观察设施一同构成我国天文科学的重要源头。因此，箕山日月星辰岩画的发现具有重要的天文科学价值。

评语：

由周昆叔先生动议并应登封市之邀，我于2010年5月17日前往登封考察日月星辰岩画。因故未见原件，但喜见周先生新裱装的该岩画拓片。从拓片上看，中间的圆圈形和半圆形无疑为太阳和月亮的图象。右边一较小的圆形或为太阳或为一星点。该岩画是一幅罕见的天文岩画。在拥有闻名遐迩的登封观星台的登封地区发现这样一幅岩画，说明天文观测在这里有悠久的传统。

中国科学院自然科学史研究所古天文史研究员

徐凤先

2010年5月18日

许由史迹考察纪要

研究史前圣贤许由，能促进我国文明起源研究。

许由系尧、舜时代的重要政治人物，其事迹虽散见于古典文献，但都语焉不详。好在这些年登封市成立了"许由与许氏文化研究会"，在王道生会长等的大力推动下，对许由的研究取得显著进展，达成许由为历史人物，系许姓始祖，生葬于登封箕山，以及他与许国有渊源关系等认识[1]。

许由生活的年代为国家形成时期，社会为"协和万邦"的时代，故对该期有重要影响的许由研究，能促进我国文明起源的研究，通过对4000年前许由人物个例分析，会使我国这段上古依稀历史变得清楚起来，有利于推动对我国上古史的研究。

今年4月，在登封市接待办公室邓全保同志引导下，前往箕山拜谒许由墓。下山参观了许由庙。

10月16日，风和日丽，在王道生会长的带领下，与登封市史志办公室主任吕宏军先生等一行从登封市西行，考察了与许由有关的遗迹，有君召乡黄城村黄城、石道乡西爻村隐士沟和大金店乡海河湾村负黍城。

今将考察所见记叙如下：

据马世之先生研究，黄城有如下记载：《杂道书》：尧聘许由坛禅也，谓之黄城。《路史》：黄城，许由隐此。按《说嵩》以黄城，即今县治西南五十里之黄城沟，城址依稀尚存，在马鞍山南[2]。

后王道生先生有相似的论述[3]。

---

[1] 《根在箕山，祖乃许由——许由、许国与许氏文化国际学术研讨会纪要》，王道生、李立新主编《根在箕山》，中国文联出版社，2000年。

[2] 马世之《许由史迹觅踪》，王道生、李立新主编《根在箕山》，中国文联出版社，2000年。

[3] 王道生《许由文物遗迹介绍》，王道生、李立新编著《许氏源流》，大众文艺出版社，2004年。

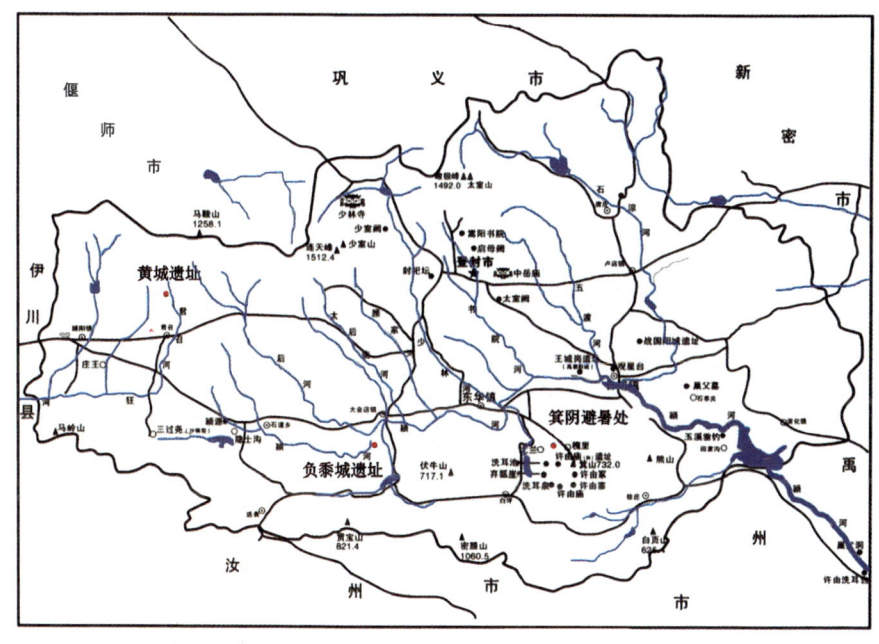

登封市（禹州市部分）许由、巢父文物遗迹（址）分布示意图（据王道生）

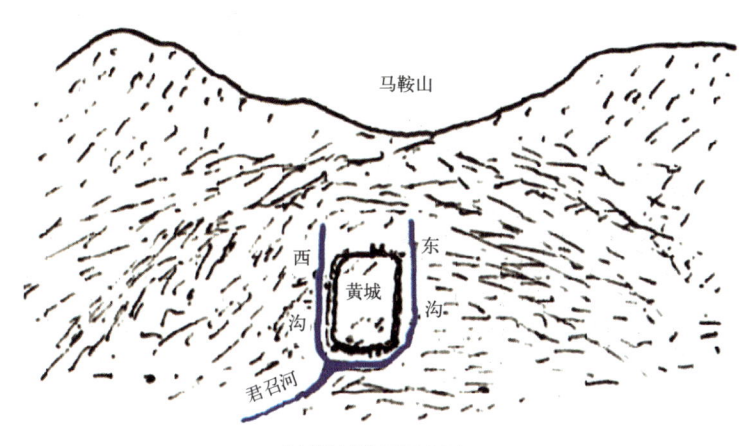

黄城故城位置示意图

　　从上所述，可见黄城与许由有重要关系。

　　我们到达黄城后，君召乡同志相继来到，后来在赵如一先生等陪同下考察了黄城遗址。

　　黄城遗址位于嵩山的少室山向西展布的马鞍山（又名阳乾山）南麓

马鞍山山南的黄城

黄城的西北角

东西两高岗间的低岗上，有源于马鞍山南麓的东、西两沟环流，面积约10万平方米。东、西两沟在黄城南汇流后，南流入狂河，转西流再入伊河，为黄河水系。我们从城北入，有2007年河南省第三批文物保护单位"黄城故城"的醒目标碑一座。这提示我们黄城是一座重要的古城址。标碑南几十米，黄城故城的古城墙赫然耸立，长度约200～300米，高约5～10米，基本完整。我们怀着敬仰和觅古的迫切心情从城北门进入。

城门东墙断面上10～20厘米厚的夯土层清晰可辨。入城后见到城墙分别从东、西两侧向南伸展，虽高低不同，保存状况有别，但城墙的形态与走势仍能看得清楚。城中为耕地，多种有待收获的烟叶，烟叶肥大，足见土沃。

我们从城中部穿西城墙考察，在城墙南断面的中上部见有含碎瓦片的遗物。然后沿羊肠小路下坡，下抵约10米深的西沟，沟中有少量流水，沟宽约4米，踏土垅抵达西沟西岸，回望城墙，见城墙立于黄土层之上。城墙北部薄层黄土之下为古老的基岩，至城墙南部，基岩伏在约8米厚的黄土之下，略记剖面如下：

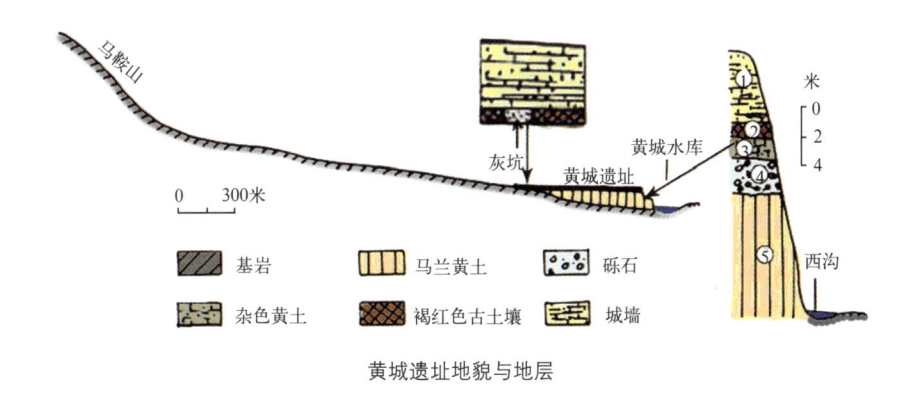

黄城遗址地貌与地层

1．城墙。厚约3米。

2．褐红色古土壤。厚不到1米。

3．杂色黄土。厚约1米。此层下可能为1万年前全新世底界。

4．砾石层。厚约1.5米。此层可能相当于板桥期侵蚀（即指晚更新世末至全新世初间一次气候变动引起地层受流水侵蚀活动）。

5．马兰黄土。厚约5米，未见底。灰黄色粉砂土，可见厚层层理，偶含角砾。此层为距今1万年前末次冰期的产物。

西沟西侧有宽约20～30、高约2～3米的一级阶地，该阶地贴在西边岗地东坡上。

考察完西沟及地层后，沿原下坡羊肠小道攀登至前出城墙处，然后沿西城墙外侧北行。在北纬34°26.862′、东经112°49.192′、海拔594米处，见到约4.5米的城墙立于约0.6米的褐红色古壤之上，褐红色古土

黄城西城墙下伏的褐红色古土壤与灰坑

壤中有一灰坑，灰坑开口与褐红色古土壤表面齐平，灰坑上宽，向下稍窄，上宽约1米多，下宽约1米，灰坑出露深约0.6米。由于灰坑中的堆积为浅灰色，与周边的褐红色古土壤色差大，所以灰坑十分显眼。据介绍灰坑中曾出土两个小孩的骨架，现保存不全，尚残存脊椎骨的片段。这说明为上古殉人习俗。

　　笔者曾研究黄土高原东南缘的全新世黄土地层，划分为5层，各层与文化层有打破、叠置和可比关系[1]，其中含两层古土壤，下层古土壤为褐红色古土壤，厚度一般为0.7～0.8米，年代约为距今8000～3000年。上层古土壤为褐色古土壤，厚度约0.5米，年代约为距今3000～2000年。我们在黄城故城西城墙上见到的上述剖面提示我们，黄城故城的城墙基底是建在距今8000～3000年的褐红色古土壤层之上，

---

[1]　周昆叔《周原黄土及其文化层的关系》，《第四纪研究》1995年2期。

黄城北城外

黄城西城墙下伏的马兰期黄土

嵩山行 ◎ 阚

而该处城墙下的褐红色古土壤比该层通常厚度约少0.1~0.2米，而且不见褐红色古土壤之上的褐色古土壤层，这说明黄城古城最早建造年代要早于3000年，可能在4000年前。这与传说中许由受尧帝禅让的时代大体相当。

隐士沟处在箕山西麓，颍河南岸，系箕山西麓的一冲沟，沟长约1公里、宽约0.5公里，沟头有基岩出露，沟中有7~8米的黄土堆积，主要为马兰黄土。在用紫红色砂岩块堆垒的去村庄道路基部有清泉涌流，据在潺潺流泉中洗衣农妇讲，该泉常年流淌，冬暖夏凉。泉水系在基岩与黄土层接触处渗流而成。沟中幽静，适于隐居。

负黍城位于颍河南岸，位于北纬34°21′、东经112°57′，海拔395米。处在西边段村河与东边王堂河之间，该二河系嵩山南麓之冲沟，南流汇入颍河。负黍城地头有不同时代的瓦和陶器残片。

从对许由遗迹、遗址考察后的印象是，许由早、晚期主要活动于淮河的支流颍河源头和黄河支流伊河支流狂河源头，因此登封市西淮河与黄河水系分水区是许由重要活动区域，许由文化是黄河文化[1]与颍河文明[2]的重要组成部分，属淮河与黄河的两河文化。许由文化是嵩山文化圈[3]核心区文化重要内容之一，再一次说明嵩山是中国上古时代人才辈出的地方，嵩山确是中原文化的发动机和孵化器[4]。

---

[1] 侯仁之《黄河文化》，北京文艺出版社，1994年。
[2] 河南省文物研究所主编《颍河文明》，大象出版社，2008年。
[3] 周昆叔等《论嵩山文化圈》，《中原文物》2005年1期。
[4] 周昆叔等《论嵩山文化圈》，《中原文物》2005年1期。

嵩山掠影

嵩山无处不生花。

一 速写嵩山

4月份到嵩山考察，承登封市接待办先后派邓全保、袁一峰同志陪同我考察了登封的地貌与人文景观。

1. 中岳庙

站在迎仙阁眺望中岳庙一览无余。中岳庙是我国有2000年悠久历史的皇家宫殿式庞大古建筑群，后来成为宣传道教的重要场所之一。耸立在嵩山群峰南坡上的中岳庙，背靠黄盖峰，面临开阔谷地，依山而稳固，临谷而开阔。从玉案山以北进入中岳庙景区，过太室阙步行近一里进入中岳庙。中岳庙是一组被围墙环绕起来的南北长、东西窄的占地10公顷的庞大古建筑群。在古柏掩映的亭台楼阁殿堂中，以峻极殿为主体建筑，该殿堂为仿皇室建筑、面积达1200平方米的巨大殿堂。在这些古建筑中间有许多重要文物，如碑文、东汉"翁仲"（石人）和宋代铁人等，每一件文物都有一个趣味横生的故事和重要的文化寓意。参观完中岳庙后继续攀登黄盖峰，拾级而上，道旁古柏点点，这些古柏斜长或卧长，树冠都作旗状偏向东南，令人称奇，有趣，此乃西北山风的创造。抵达黄盖峰顶八角亭回望，中岳庙尽收眼底，这山青水秀之间，构成黄盖峰与中岳庙浩荡的古文化长廊。中岳庙是自然与人文景观相得益彰的典范之作。

迎仙阁远眺中岳庙景观带素描图

> 黄盖峰南中岳庙，史载古寺岁两千。
> 华盖太阙拱古寺，层层叠叠成大观。

2. 玉镜峰

  嵩山由黄盖峰向西依次为玉镜峰和万岁峰，高低错落，东西分布，犹如卧着的嵩山大佛的佛身。

迎仙阁远眺玉镜峰素描图

> 黄盖玉镜万岁峰，东西横贯气势宏。
> 一山如卧控九州，阅视八千奥无穷。

3. 迎仙阁

  高耸的玉镜峰向南次第下降，经迎仙阁至迎仙头终止，再向南为与蝎子山低丘间形成的谷地，这谷地就是自东部平原入嵩山山地的必由之路。

黄盖峰山坡远眺迎仙阁素描图

迎仙阁倚玉镜峰，神姿仙态自玲珑。
嵩山文化甲天下，每识华夏自登封。

4．嵩山第三古柏

在嵩岳寺塔西高坡上有一株郁郁葱葱的千年古柏，寺毁古柏仍存。古柏胸径约1.5米，树高近10米，树冠约10米。古柏是古建筑文化的重要组成部分，古寺古柏互生辉。

嵩山第三号古柏

柏绿古寺一翠开，凌空阅世动琼怀。
千年见证沧桑史，寿永星河照佛台。

5. 中国第一古都——王城岗阳城古城

嵩山奇，奇之一是在嵩山主峰太室山与少室山南的箕山间有海拔300~400米的开阔低丘区，低丘相对高度一般不超过50米，这些低丘多半由易风化的片麻岩组成，由于不耐风化而低下，又在新生代河湖沉积作用下和风尘沉积黄土的堆积中，形成嵩山与箕山间低丘丛生和水网密布的川丘环境。这一嵩山山腹面积超过百平方公里的低平地方，成为我国古文化精髓的聚集地，其中王城岗遗址是我国最早国都禹都阳城所在地。王城岗遗址面向箕山，背靠嵩山，位于高出颍河与五渡河之间5~10米的黄土台地上。我们的先辈在王城岗台地上生活奋斗4000年后始建成第一国都，她是华夏文化的主源。

从王岭尖丘顶遥看王城岗阳城遗址素描图

五渡河和颍河间的王城岗阳城遗址

> 悠悠四千岁，夏都立阳城。
> 中华长流远，王城有先声。

6. 嵩山主峰

2009年12月18日，到登封市西南园艺场登封窑瓷苑科技有限公司收集资料。由于这里正处在嵩山南面一低丘顶，视野开阔，晴空万里，见嵩山卧在北面的蓝天下，一尘不染，异常清晰，遂素描之。

人称嵩山如卧，从嵩山素描图看，其说十分贴切。要问何能如此，则要颇费些笔墨。总的说来，嵩山如卧的主要塑造者是地质构造伟力，受地壳形成中岩浆喷发和后来的地质与构造力作用所造成。嵩山似乎是坚不可摧的，但一直受着不同大小与方向地质力的作用，正是这种时剧烈时缓和的持久地质力量作用，把它塑造成现今如卧的山形。太室山属背斜地质构造，即高起的正向地貌。少室山属向斜地质构造，即低凹负向地貌，后经紧密褶皱，再加风、水、气候侵蚀雕凿而成大小、高低、形状不同的丛林状山体。在太室山和少室山间，由于地层平移断裂而成少林河谷及连接登封城与少林寺间的通道，成为嵩山如卧的低凹部分。简言之，嵩山如卧，是物造天成的结果。

嵩山如卧

> 雪霁阳开美不争，蓝天嵩卧动峥嵘。
> 鸟鸣峻极春送暖，少室莲花峰有情。
> 玉案山前联袂舞，行宫峰下颂长声。
> 人间难尽少林好，三教千年享盛名。

二 哥兰叶

2009年12月4日下午4时，到王子沟下游北侧散步，至林间深处，踏着落叶前行，走着走着，落叶林中闪现一片绿色，引我诧异，近观之，为一株常绿阔叶藤本植物，它最显著的特征是细长花柱及平展三裂柱头，包裹着1~2粒着红色假种皮的种子，据查为卫矛科（Celastraceae）南蛇藤属（Celastrus）的哥兰叶（*Celastrus gemmatus*）。该种植物应分布于长江流域及其以南各地，它能生长在嵩山，足见嵩山生态环境适应性广。在哥兰叶藤的基部有的长有气根，这是亚热带与热带植物的典型特征。

嵩山何有南来的哥兰叶？嵩山植物区系以温带为主，占植物总数

丛林中的哥兰叶

残墙头上的哥兰叶

哥兰叶藤条基部气根　　　　　　哥兰叶带红色假种皮的果实

的70%。由于嵩山适中的地理位置，东、西、南、北植物并存，其中热带、亚热带分布到嵩山的有41科，热带属有140属，占本区总属数的25%，所以嵩山植被具有明显的过渡特点[1]。嵩山环境适宜，资源丰富，生物适生性佳。

> 嵩岳迎冬雪，风吹百木折。
> 山林一片绿，原是哥兰叶。
> 本乃南国种，何生嵩岳岭。
> 只因胸开阔，冰封更有节。

三　扶芳藤

在少林寺的方丈室、立雪亭东侧各生长有一株藤抱柏，为少林寺一奇景。藤属卫矛科的植物，名扶芳藤（*Euonymus fortunei*）。该植物分布

---
[1] 叶永忠、吴顺卿主编《嵩山植物志》，中国科学技术出版社，1993年。

嵩山行 ◎ 叁 嵩山文化

少林寺方丈室东藤抱柏

于少林寺山间，为华南湿热环境生长的常绿藤本植物，它生长在嵩山，足见嵩山环境的适生性佳。由于扶芳藤为常绿阔叶植物，而被它缠绕的侧柏为鳞片状叶，二者差异性大，故令人称奇。与人为友，与物为邻，和谐共处，世界繁荣。

少林寺立雪亭东藤抱柏

四　嵩山地层

天地育生人，人识天地生，人爱天地生，人和天地生。

中国嵩山世界地质公园

要了解中国社会史，就要读《史记》。要了解地球史，就要看嵩山"五代同堂"地质全书。

元老地层太古宙，海底喷出热岩浆。
遇冷变质成片岩，登封群名由此来。
二代地层元古宙，两套地层上下分。
五佛山群位上层，下部名叫嵩山群。
三代地层古生代，下套寒武奥陶系。
上套石炭二叠系，铝土煤层作奉献。
四代地层中生代，唯一出露三叠纪。
砂岩泥岩满地红，身世来自内陆湖。

太古宙地层（采自《嵩山地质博物馆》）

元古宙地层（采自《嵩山地质博物馆》）

嵩山行 ◎ 闸

古生代地层（采自《嵩山地质博物馆》）

中生代地层

嵩山行 ◎ 叁 嵩山文化

新生代地层（采自《嵩山地质博物馆》）

五代地层新生代，年龄小于一亿岁。
二百万年猿成人，陆相地层荣生灵。

五　圣贤许由

名山育名人，名人葬名山，山巍、水长、名留。

许由墓地立箕巅，林录风清伴圣贤。
谦恭隐居颍水畔，让贤守则万古铭。

185

六 嵩岳寺塔

在嵩山峻极峰南麓，耸立着一座赫赫有名的北魏时期古塔，这是我国古塔中唯一最早的砖塔。37.6米高的白塔，高耸于红墙、绿树之上，十分显眼。那抛物线的塔身，稳重美观，让人过眼难忘。这筒形建筑，屹立近1500年完整如初，成为近代高层建筑的原型，令人称奇。

嵩岳寺全景

嵩岳寺塔春色

> 嵩岳寺塔，砖土结构。千年不倒，神采依旧。
> 筒形佛塔，中华之首。巍巍壮观，天长地久。

七 古稀力作

2009年12月19日，承国家高级美术师、登封市文化馆前馆长耿炳伦先生赠送锦印《少林寺全图》新作。从少林寺山门到二祖庵，分作15个场景，把少林寺栩栩如生地表现在长230厘米、宽21厘米的锦缎上。工笔重彩，构图严谨，生动逼真，美观华丽，融人物、故事与景物为一炉。少林寺掩映在苍松、翠柏、古树之间，山巍巍，云水绕，既庄严肃穆，又生动活泼，爱不释手。耿炳伦先生年近古稀，仍孜孜以求，首绘世界名寺《少林寺全图》，弘扬少林文化，其情之切，其功之伟，令人称颂与敬佩。

《少林寺全图》局部

> 水抱山环锁少林，千年古刹奥无垠。
> 宏图巨制展神笔，画外画中禅意新。

《登邑古城图》赞

　　中岳嵩山，天地之中。腹地登封，人杰地灵。温故知新，弘图之根。耿公炳伦，籍贯登封。年近耄耋，画坛著称。鸿浩之志，复画登城。呕心沥血，遍访查询。三年辛勤，巨卷达成。山清水秀，云雾濛濛。生气盎然，百业纷呈。十里长街，城墙高耸。寺庙点点，牌坊立林。故居名门，书院声声。楼阁掩映，衣食住行。市井买卖，车拉布晒。吹拉谈唱，骡马羊群。三教九流，士商工农。婚丧民俗，登封古风。西郊祭祀，女皇坛登。男女老幼，和睦共荣。历历在目，上品扬嵩。情景交融，千秋之功。

庚寅年仲夏于登封嵩山寄楼

清末民初《登邑古城图》局部

嵩山行 ◎ 叁 嵩山文化

清末民初《登邑古城图》局部

八　摸摸会

从耿炳伦先生处获知嵩山九龙潭每年农历五月十四日晚有"摸摸会"。晚上在高山深谷中聚会，令人称奇。遂于农历五月十四日傍晚邀请袁一峰先生前往探胜。我们的车在登封市唐庄乡嵩山东麓的山村公路上绕来绕去，在夜幕下到达了人来人往的道袍沟，车流人涌。我们本想上山，但人生地不熟，就只得在山沟中灯火点点的集市上吃了点东西，顺便向店主和食客探询"摸摸会"。

男婚女嫁是人本性之求，是传宗接代之需，故中国古时有"不孝有三，无后为大"之说，古时求神佑良缘就是很自然的了。据传九龙潭九龙圣母庙求子甚灵，每每农历五月十五日九龙圣母生日前的晚上自夜幕降临到次日黎明前，方圆百里，男男女女聚集于此谢神、传情、定情、拍手摸摸交情，由于人多就有商贾聚集，还有文艺表演，可说盛况

嵩山行 ◎ 叁 嵩山文化

九龙王庙庙会会址

一夜。此显示了中国古老生殖文化的丰富内涵，既坚持传统，又不失灵活，显示了中原文化的古老和嵩山文化的根脉性。为此，郑州大学高天星教授为"摸摸会"申请河南非物质文化遗产刊出《嵩山民俗摸摸会》一书[1]，本书所附"摸会"照片均选自该书。

　　2010年6月25日，一年一度的"摸摸会"又来到了。应登封市唐庄乡之邀前往考察。考虑到去年未能深入"摸摸会"会场，今年再次前往体验很有必要。于是在18时多，驱车随秦晓丰副乡长和冯建省先生抵达九龙沟山下的三岔口，这里由于地跨登封市王河村、郭庄村和巩义市间而得名，此地属市行政区的边缘地带，比较封闭。

　　当我们从三岔口抵达道袍沟时，先行者已不少，存放汽车的场地已满，人们只好将汽车顺公路一侧摆放，绵延达半公里多，摩托车也成片摆着。

　　我们沿道袍沟北侧羊肠小道随人群向九龙圣母庙前行，开始路段还比较平坦，见道袍沟两侧山峦重叠，村舍点点。当跨道袍沟时，见人

---

[1] 高天星《嵩山民俗摸摸会》，中原农民出版社，2009年。

们在沟中戏水，享受凉意，不时传出阵阵欢快的笑声。跨道袍沟后，我们沿沟南侧前行，路越来越陡峻，然而游人上上下下，擦肩而过，鱼贯而行，秩序井然。我们时而被树木和灌木丛掩盖，时而在开阔山道上前行。山道左侧为峭壁，右侧为悬岩，人们既享受着傍晚攀登的乐趣，又要小心警防滑落。我们走在当地叫龙爪路的路上，这是远古流水的波纹痕迹，是罕见的自然遗产，既有防滑的功能，又有学习和欣赏古自然现象的作用，引起游人的思考和游兴倍增。又见山谷中溪水潺潺，潭水碧绿；山崖耸立，层峦叠嶂。在黑夜到来前，我们终于眺望到悬崖上的九龙圣母庙了，美景临近，地势更为险峻，人们喘着气、弓着腰攀登。

当我们到达庙近旁已是黑夜，借助手电筒的亮光，见出售香和纸金元宝的地摊，一个挨着一个。我们穿过一道半圆形拱门进入约100平方米的九龙圣母庙。人群熙攘，摩肩接踵，曲艺唱奏声、烧香的噼啪声和祈福的唱念声激荡在狭窄的庙宇间，盛况空前。

五月十四日"摸摸会"的夜路上

"摸摸会"会场深夜灯火

我向一领唱求神保佑的中年男士请教他的颂词,兹记录如下:

九龙圣母庙五子祈福拜唱词

一子划船慢悠悠,悠到灵山洞里头,夜里盼的明月路,人德年青慢慢修。

二子划船两头翘,当间种地辣椒变胡椒,胡椒没有辣椒辣,吃斋吃喝顾本家。

三子划船就地为,老母等你这几回,老母在家你不问,老母回山你问谁。

四子划船圆又圆,炕头洗脸换衣衫,手捧黄香到佛前。

五子划船到河心,老母渡了一船人,男供女,女供男,高高兴兴一社人。

"摸摸会"已与原旨有很大的不同,除祈福、还愿的意境外,更多的是体现出人们对夏夜度暑的憧憬,成为人们既传统又时尚的度假生活方式。利用九龙山峡谷奇观、山水相连、凉爽舒适的环境与传统崇拜文化相结合，形成九龙沟度暑圣地。"摸摸会"有利人生，有助发展。将这超万人的"摸摸会"盛会，因势利导，增加其娱乐、趣味与文化的内涵，提供舒适的服务，打造成九龙沟避暑盛地，是指日可待的。

"摸摸会"的余兴萦绕脑际，遂作诗一首为念：

> 嵩山幽谷度酷暑，摸摸夜会游兴浓。
> 传统时尚莲并蒂，道袍沟中盛空前。

九 观少林武术节感言

2010年10月24日，第八届中国郑州国际少林武术节，在登封嵩山南麓摆开16公里长两万人少林武术表演强大阵势，刀枪剑戟，吼声震天，禅拳飞舞，其武之功，力之美，志之坚，体之强，表现得淋漓尽致，震撼人心。

> 嵩山南麓气势宏，万人表演显神功。
> 刀枪剑戟拳飞舞，吼声震天谁争雄。

第八届中国郑州国际少林武术节剪影

肆　人生絮语

"双节"思国兴

　　强国之路在于
　　按传统文化行事的全中国人民。

　　2009年10月1日是新中国成立60周年大庆，10月3日是中国传统节日中秋节，前者是新中国成立一甲子的喜庆日子，后者是中国团圆的时节，两节重过，互为增色，十分难得。

　　余自19岁求学北国，几十年来，未在家乡湖南过中秋，也未离开首都北京过国庆节，而今年老思乡，加之毅芳姐与昆季弟身体不适，于是决计9月25日从北京启程乘火车，于次日上午抵达我中学求学的长沙市。在老家株洲市转了一趟后，于29日抵达湘潭市，与在此客住的胞弟昆季和弟媳陈舜华团聚，住在该市人民路87号华星大酒店。湘潭是家父周连和于20世纪30年代末至40年代初经商之所，母亲周淑纯曾带着幼年的我、季弟与父相聚，曾分别在湘潭市湘江东岸板塘铺和湘潭市内居住一段时间。70多年后，兄弟能重聚于幼年一度生活过的湘潭市，且在此

国庆60周年庆典湖南彩车

过60周年国家大庆和中秋两个节日，又是何等难得啊！心潮澎湃，激动不已。

时光流逝，幼年成翁，旧城变新城，弱国成强国，时事变迁，令人回首。

首先想到的是国家大变。常说要富先修路。因为只有交通顺，才有物流快，人流频，文流发，政流畅。所以，公路、铁路、机场、港口设施完备程度是衡量一个国家发达与否的要素。记得20世纪40年代，日寇侵湘前，时有敌寇飞机犯湘潭，我们曾以湘江东岸未修成的铁路路基涵洞作为避难处，那时湘潭湘江上无桥，只能依赖渡船，公路不通，汽车罕见，而今湘潭湘黔铁路早已建成，公路网密布，近年更建成有南北向京（北京）珠（珠海）高速公路和东西向上（上海）瑞（瑞利）高速公路，湘潭湘江上虹桥飞跨，呈现出车流如织，人流接踵，商贸发达的繁荣局面。至于交通的状况，新旧对比，判为两样。记得1947年，暑假从长沙返回株洲，无火车可乘，无奈之下只得坐在货车顶上，人们互相攀抱，以防跌落。长沙到株洲只有50公里路程，居然到达株洲之前的白马垅站，车头需脱离车箱补充水、煤。等车头重新与车箱连接时，詹天佑挂钩失灵，车厢受车头碰撞的冲力，像脱缰之马滑行，如不是遇到上行的坡道，车滑行减速，人们纷纷跳下车拿石头阻挡车轮滑行，就会车毁人亡，真是后怕。解放前的1949年，我国仅有铁路2.18万公里，实际能运行的只有1万公里。现在有铁路7.66万公里，是解放前1949年的3.5倍，且正在大力发展每小时运行380公里的高速火车。我国高速公路网业已建成，成为除美国外拥有最长高速公路的国家。想如今乘设施齐备、快捷舒适的火车、汽车出行已成平常事，新旧对比，真是天壤之别。我国经60年的建设，已建成为世界第三大经济体。我国如国庆60年大庆阅兵方阵一样，昂首阔步前进。人民的面貌如同国庆晚会，欢腾起舞，朝气蓬勃，涣然一新。"中国人民从此站起来了"变成了现实。我们摘掉了"东亚病夫"的帽子，世界大事不能不听我们国家的声音。中国结束了近代屈辱史，重新堂堂正正地站立在世界民族之林。60年在我国五千年文明史中只是一瞬间，而这一瞬间换了人间，创造了中外史上的奇迹。有幸的是，在祖国发生大变革中，弟弟作为一个矿山先进高级工程师，我作为中国科学院的研究员，为发展我国工业和科学事业尽了绵薄之力。

　　其次思考的是我们国家何以能大变？中国发生大进步中的大变化，原因很多，不过最重要的还是文化原因。毛泽东同志学习马列主义提出"农村包围城市"的策略，找到了一条解放中国之路；邓小平同志借鉴资本主义国家的经验，提出在中国建立"社会主义市场经济"的构想，找到了现代化之路。之所以能如此，是由于中国文化是兼收并蓄的文化，就能借他山之石攻玉。因此，中国之所以能在短短60年内发生举世公认的大变化，归根结底是靠中国传统文化的作用。吸取我国成功经验，注重取开放态度，虚心学习，取长补短，对个人、单位、国家都是必不可少的。

　　第三设想国家怎么才能更好地变？我们国家要真正植于世界民族之林，对人类有更大的贡献，还有许多艰难险阻有待克服。如何能把我们国家在第一个甲子中的发展势头延续到第二个甲子年，以至更远，仍然要靠弘扬中国传统文化。我们国家文化的真谛是"有核心的多元一统文

国庆60周年彩车

化",这样就要坚持在中国共产党领导下的多党合作治理国家,以保持有序、高效、善变行政管理能力。由于我们是以农业为基础的国家,所以,我们是具有勤劳、节俭、尊祖和团结优秀品质的民族。因此,我国改革开放之初引进的外资有近一半来自华侨的投资,这是龙的文化传统作用下形成的叶落归根思想在起作用。我们有量入为出的节俭思想,就不容易出现无节制消费的次贷危机。我们坚持社会主义市场经济,即我们的经济是要受国家监控的,消除了资本主义国家自由化的弊端,这样即使在全球金融危机影响下,我国受影响有限,甚至能成为全球经济复苏的依靠力量。人类是互相依存的,人类文明是互相借鉴的,独善其身是不可能的。作为世界四大文明古国的我国,不但关注自身,也要关注世界。我们的目标是要将我国建成小康社会,强大国家,并服务人类。因此,我们会百尺竿头,继续努力奋进!我国汉代张骞通西域,元代郑和下西洋,我们都是送去文化与友谊,我们不像西方去掠夺别的民族。原因是我国为农业民族,而西方是游牧民族,其生活方式不同,对人的态度就不同。孔子深刻理解了我国民族的特性,提出"以和为贵","己所不欲,勿施于人"。我们过去和将来都会按孔子教导行事。

  综上,历史告诉我们,我们国家过去、现在和将来的发展,都要靠我们的传统文化。我们要像湘潭齐白石艺术陈列馆陈列的齐白石大师的不朽画作那样,寓巨大于细微,每一个人都踏踏实实做好每一件事,并不断创新。这就是华夏文化之伟力。祝愿我们祖国越来越强大,越来越文明。

至圣先师孔子像

祖国中兴期间的科学生涯*

半世纪的自我回首。

一　引言

　　泱泱中华，文明五千年，"火"了4800年，只有近100多年沦为被列强鱼肉的屈辱时代。中国先进分子，曾有感于国家技术落后，才不敌外寇入侵，于是纷纷提出"科学救国"，岂知我国落后挨打的惨局是源于社会制度落后，若痼疾不除，则病体难愈。于是孙中山、毛泽东等革命先锋，奋起"金箍棒"，砸烂了旧社会，革新政治，迎来了1949年新中国的诞生，随着毛泽东主席在天安门上向世人郑重宣告"从此中国人民站起来了！"迎来了"解放区的天是明亮的天"，我怀着对祖国无限憧憬的心情投入到建设新中国的大潮。应国家之急需，我未读完中学就考进西北大学攻读生物学。作为国家第一批高等植物专业"三好"毕业学生，被优先选拔到中国科学院地质研究所工作。我在这培育地质学家

刘东生先生（右）与作者

---

* 值新中国成立60周年大庆前，应中国科学院民革支部之召从河南登封返回北京向民革支部全体成员做汇报，最后以汇报整理成这篇短文向祖国汇报。

的摇篮里，在著名地质学家刘东生先生等的指导下，成长为一名第四纪地质学、孢粉学和环境考古学的科学工作者。

二 不辱使命，建立第四纪花粉分析实验室

建国之初，百废待兴。1956年，我进入了似乎与我学植物专业关系难沾上边的地质科学研究部门工作。入研究所后才知道是让我从事一项填补国家科学空白的工作，任务是建立我国第一个第四纪花粉分析实验室。

花粉分析（孢粉分析，孢粉学）诞生于19世纪初的西北欧，盛行于19世纪中叶至现今。我国创立于20世纪50年代。它以植物花粉与孢子为研究对象。花粉与孢子是植物的生殖器官。花粉产生于种子植物（如松、柏、杨柳等）的花药。孢子产生于颈卵器植物（如蕨）的孢子囊。

孢粉的特点是：
  坚如磐石——坚固
  轻如鸿毛——易飞翔
  细如尘埃——微小
  多如牛毛——量多
  美如珠宝——可鉴别

古孢粉的功能特点是：
  孢子花粉藏地宫——含于岩石中
  待我唤醒尽余能——古生态
  嘘寒问暖何所询——古环境
  南来北往说分明——植物演变

从花粉何所指，到建立实验室，到地层中找花粉，到认识花粉，到运用分析结果，是一个充满艰辛的过程。例如，当时由于无处查找沼泽学的文献，只得通过我院图书馆向苏联列宁格勒图书馆借阅，而且限期

花粉举例（承张健平博士提供）

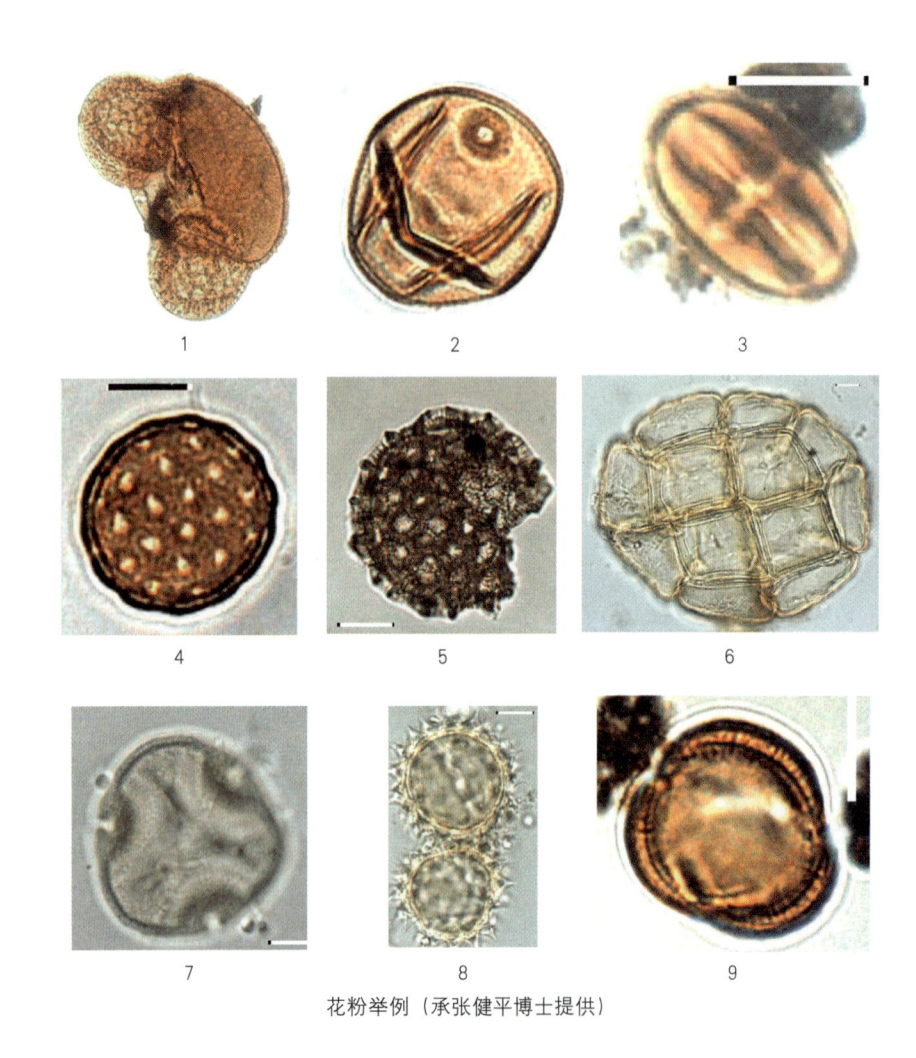

1. 松属 2. 禾本科 3. 栲属 4. 藜科 5. 蓼科 6. 合欢 7. 椴属 8. 紫菀 9. 蒿属

一个月，当时并无复印等手段，只得日夜攻读。功夫不负有心人，两年时间实验室基本建成，有了分析实验仪器、药品与孢粉对比标本。1959年，刘东生先生代表我国参加在波兰举行的国际第四纪地质学大会的论文《中国的黄土》，是我提供的花粉分析研究结果，该论文显示了新中国的地质学新面貌，赢得了国际赞誉，也打下了我国黄土学的基础。1961年后我发表了几十篇第四纪地质与花粉分析论文，出版了《第四纪孢粉分析与古环境》一书。1994年在刘东生先生主笔的《黄土与环境》一书中，我写了《孢粉化石与古植被》部分，该书成为研究全球第四纪环境的三大书之一，成为刘东生先生获得"泰勒"国际环境金奖和国家科学技术大奖的重要依据。

> **老翁抒怀**
> （2009年为中国古生物学会孢粉学分会成立30周年而作）
>
> 六十年前百废兴，花粉分析列前名。
> 千淘万漉虽辛苦，泥沙尽去始得金。
> 镜下凝神忘日月，肩酸背痛不转睛。
> 继往开来泉流涌，前贤后秀筑乾坤。

三 开拓新局，倡导环境考古

我从事第四纪地质和花粉分析研究工作30年后的20世纪80年代中期，通过对我国海洋、海岸、河湖、沼泽、平原、高原、黄土、冰川、考古遗址和文化地层等进行了较广泛的调查与研究，对我国第四纪地层尤其对我国北方晚更新世至全新世地层划分，对我国第四纪尤其是北方第四纪的古植被、古环境演变以及黄土等的沉积规律，有了一些了解和提出了自己的见解，具有解决涉及我国第四纪古环境、古文化等问题的能力。1986年联合国科教文组织鉴于世界环境问题的出现，提出了"全球环境问题"研究课题，这是我们作为第四纪地质工作者必须面对的问题。如何为此努力，我认为还是要"跳好民族舞蹈"，就是要对我国人类生活环境的演变，特别是距今1万年以来的环境演变对人类生活、文化的影响及其互动关系进行研究。于是，我于1987年应北京大学教授、著名历史地理学家侯仁之先生邀请，在从事北京市平谷上宅新石器遗址调查研究中，提出了以"环境考古"的科学理念来进行研究。环境考古主要是对人类遗址古环境与古人和古文化关系进行研究的新学科。该学科的任务是要通观古今，达到探求人类创造文化的环境动力机制，即研究人类在特定环境下，选择、适应环境所形成的经济形态和生活方式中所体现的文化，从而总结出人类的生存轨迹，达到古今联系、类比和借

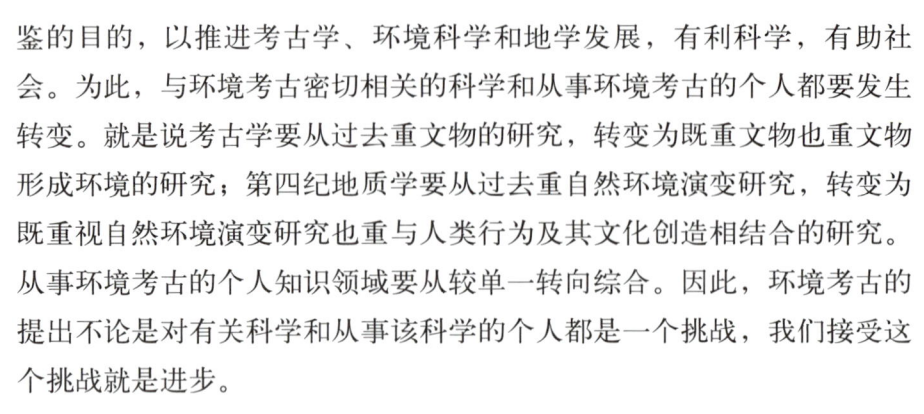

鉴的目的，以推进考古学、环境科学和地学发展，有利科学，有助社会。为此，与环境考古密切相关的科学和从事环境考古的个人都要发生转变。就是说考古学要从过去重文物的研究，转变为既重文物也重文物形成环境的研究；第四纪地质学要从过去重自然环境演变研究，转变为既重视自然环境演变研究也重与人类行为及其文化创造相结合的研究。从事环境考古的个人知识领域要从较单一转向综合。因此，环境考古的提出不论是对有关科学和从事该科学的个人都是一个挑战，我们接受这个挑战就是进步。

1989年，我在《第四纪研究》上发表了《北京环境考古》论文，这是我国发表的环境考古初期论文。该论文主要说明了两个问题，一是证明上宅新石器中期文化形成于温和气候环境下，在第五层中发现了栽培禾本科植物花粉，证明有农垦活动。二是说明北京平原人类活动规律，在战国以前是在山区和二级台地上生活。后来由于气候旱化，秦汉时期人类才迁入河谷一级阶地和泛滥平原上。农业从高台地向低谷推展，农业起源于高台地，发达于低谷地带。

1989年后，我们的环境考古推展到中原地区。发现这里全新世地层可以分成五层，在最下的第五层，即杂色黄土与下伏的晚更新世马兰

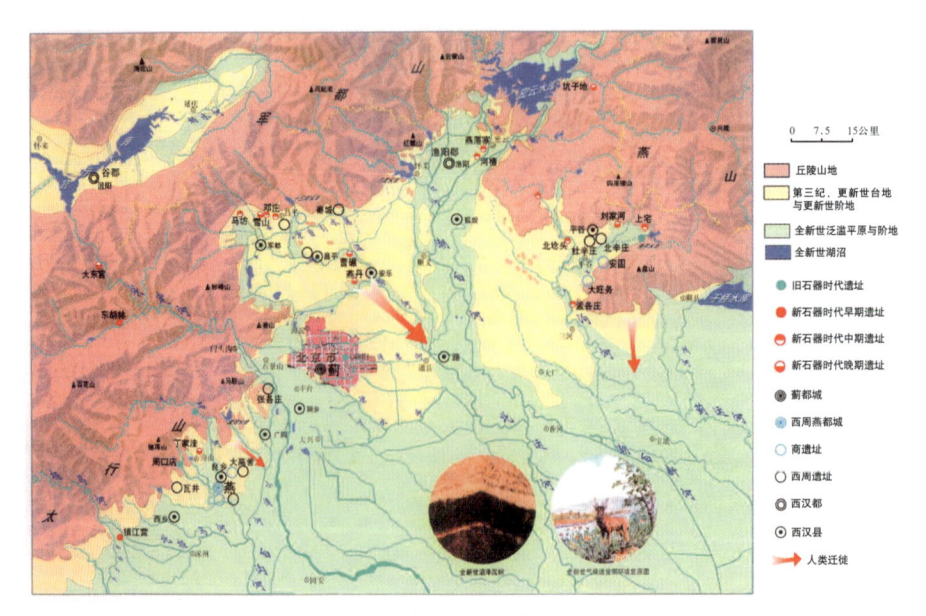

北京市环境考古图

黄土间有局部不整合接触关系。其中含两层古土壤，在全新世中期温和气候下形成了褐红色古土壤，正值文明形成期。这些全新世地层与相应的考古学文化层有打破与叠置的可比关系。这说明中原环境考古学是可行的，也完善了全新世地层概念，把全新世黄土地层与考古学文化层对比研究，并提出黄土高原东南沿全新世黄土的地层单元名称，叫周原黄土。1990年我们在西安召开了首次全国环境考古学术会议，并于1991年由我主编了《环境考古研究》第一辑。

四 老骥伏枥，自奋扬鞭

1994年，我退休了。当时，环境考古虽取得了一定的成就，但人们觉得自然科学与社会科学还是两张皮，原因是工作不深入。如果此时我终止工作，势必造成让人对环境考古望而生畏的局面，影响环境考古在我国推展。由于深知责任重大，我决意继续从事环境考古工作。为深入工作，选择了洛阳市皂角树和渑池县班村两个考古学遗址进行解剖麻雀式的典型研究，为此进行了近10年的研究，参与主编了考古报告《洛阳皂角树》，有考古学家认为这是我国环境考古的范例，是自然科学与社会科学从接触到融合了。此期间还成立了"中国第四纪研究委员会环境考古专业委员会"，由我担任主任，与大家努力推进环境考古研究。我们先后召开了第二届、第三届全国环境考古学术会议，并由我主编了《环境考古研究》第二辑与第三辑。我还出版了《花粉分析与环境考古》一书。

在20世纪末，在初步解决了地层和环境演变与文化发展有紧密关系两个问题后，我将视角转到关注

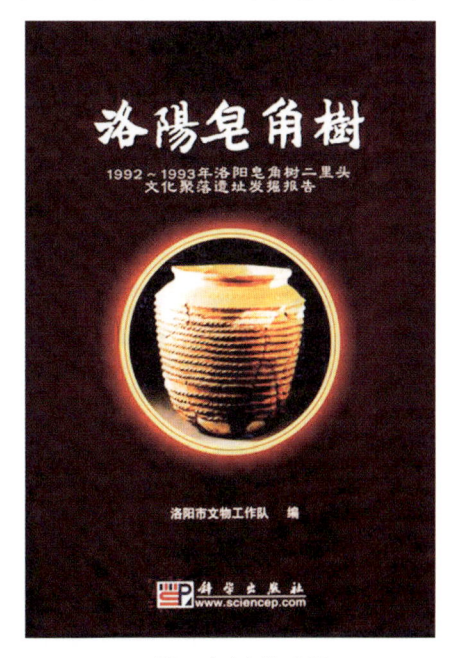

《洛阳皂角树》书影

庆祝《洛阳皂角树》出版暨迎新春座谈会合影

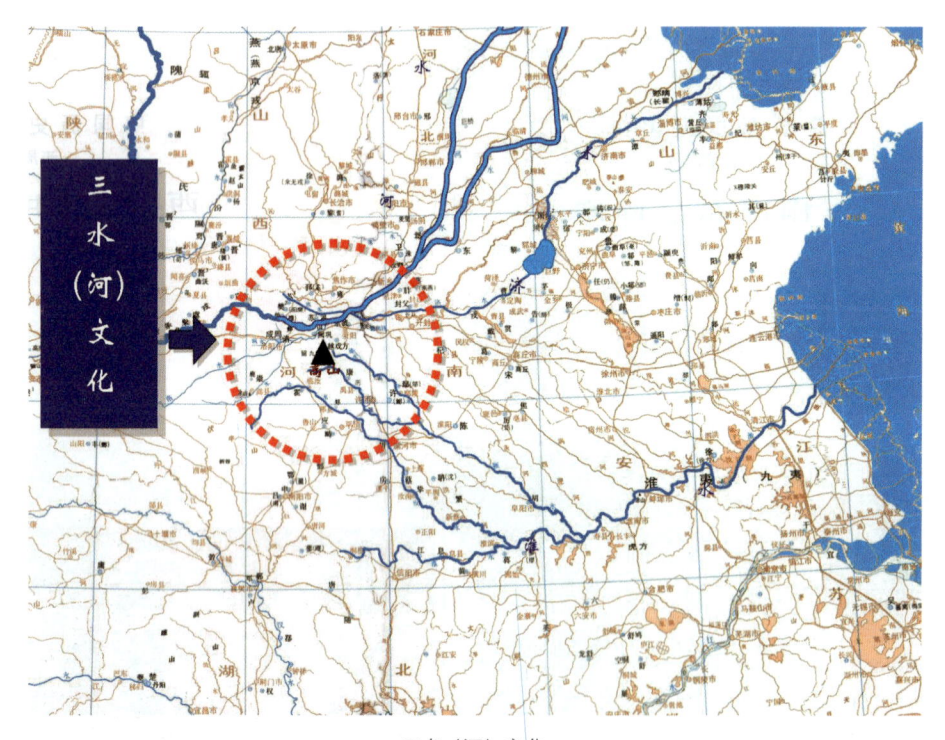

三水（河）文化

中原古文化核心区的环境考古研究，带着中原文化为何发达和中原文化在华夏文化中的地位两个问题来进行研究。经过近10年的工作，研究结果可概述为三个字，即"圈"、"源"与"流"。一是"圈"，即提出了嵩山文化圈的概念。二是"源"，即指出嵩山文化圈的核心区是我国古文化的主源和核心区，我国文化是以中原为核心的多元一统（或有核心的多元一体）文化。三是"流"，即中原古文化核心区是由河（古黄河）、济、淮三水织成的水网，滋润万邦，而成中原专属和世界独有的"三水文化"，或称"三河文化"。这些观点，体现在我写的《环境考古》和新近由我等主编出版的《中华文明与嵩山文明研究》第一辑中。

《花粉分析与环境考古》书影

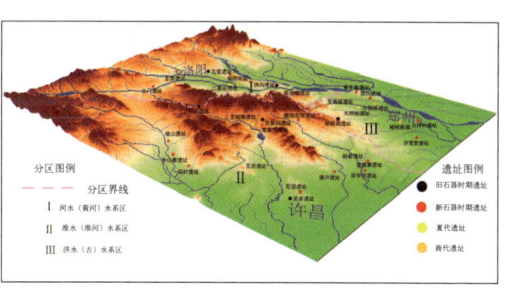

《环境考古》书影

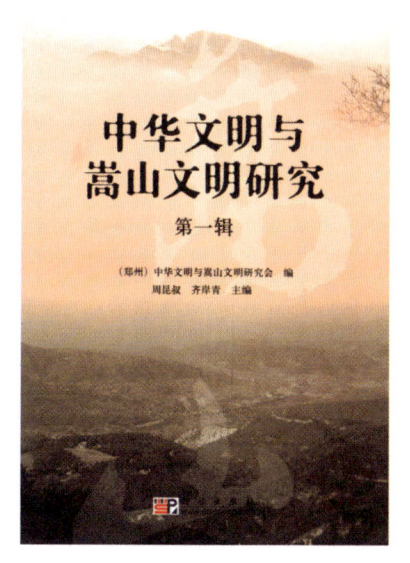

《中华文明与嵩山文明研究》
（第一辑）书影

五　温故知新，尽吾所能

我从事50多年的科学研究工作，是在干中学，学中干度过的。变是绝对的，不变是相对的，但万变不离其宗。

为表达从事环境考古的心境，尝试作"沁园春"。

> **沁园春·环境考古**
> （初作于2002年在济南举行的全国环境考古
> 第三次学术大会期间，2010年修改于登封市）
>
> 伏案沉思，环境考古，十五春秋。阅万山千水，人文也罢，自然也罢，必有缘由。从干中来，从书中学，实践才能胜一筹。会泉城，看群贤云集，各尽风流。
>
> 当年共事原丘，忆往昔，不言风雨愁。更考究文化，多元一体，主源何在，尽在中州。识得关山，何言文脉？对应形成非巧求。须全力，为未来考古，再执牛头。

量力而行，却要活到老，学到老，干到老。现在我把工作重点放在中原文化核心区的嵩山地区，为深化对嵩山文化的认识，为促进我国古文化源流地区建设尽其所能。

我们为什么要搞环境考古，当然是为释古，而释古是为识今。今天是过去的延续，今天即将成为历史。古今之辨，万事之昌。

边缘科学，最佳视点。居高思远，领先在望。

科学建国，国家强大。国家昌盛，科学发达。

无溪无流，无土无丘，无丘无山，珍视小我，集腋成裘。

> **铭记**
> 复国生涯适逢春，湘牛愿为千家耕。
> 白驹过隙鬓丝白，求索人生自扬鞭。

边缘科学　最佳视点

多角度看问题，易于由表及里。

人们为了认识事物，按其研究的对象分成自然与社会两部分，故有自然科学与社会科学之分，而各自依其研究对象不同又有学科之划分，这就是我们通常从事的某一学问。当深入研究某事物时，往往需要从不同的侧面去观察，这样仅运用某一学科的学问难能奏效，只好运用多种学科去研究，于是产生出传统学科之间的学科，即边缘科学。

因历史的机遇，笔者有幸从事孢粉分析、环境考古边缘科学工作，从中受到锻炼。

一　孢粉分析——破古环境谜之利器

1. 结识孢子花粉

1956年盛夏8月份，西北大学生物系毕业生都在等待国家分配工作，一天，我与陈硕民同学被告知分配到中国科学院工作。我们以为一定是分配到南京中国科学院古生物研究所，临行前才知道是去北京，并且是到中国科学院地质研究所工作。这大出所料，怎么会要我们去搞地质学研究工作呢？真是丈二和尚摸不着头脑，但在祖国的需要就是我们的志愿的念头支配下，愉快地踏上了去工作岗位的旅途。一到北京火车站，就是现在前门楼东南侧铁路工人俱乐部所在地，我们叫了两部人力三轮车，拉着各自的行李到沙滩中国科学院地质研究所报到。办完报到手续后，第四纪地质研究室副主任刘东生先生跟我们谈话，原来是叫我们来搞第四纪孢粉分析的。

孢粉分析属于孢粉学的研究范畴，诞生于20世纪初的西北欧国家。

20世纪中叶世界先进国家都已展开此项研究。20世纪50年代，中国百废待兴，孢粉分析属填补空白学科。它是植物学与地质学间的边缘科学。过去我们连孢粉分析这名词也未曾听到过，只知道孢粉是植物的产物，到底是啥样，为何要搞，怎样搞，心中真是七上八下，完全无底。

好在刘东生先生早有安排，手书一封，让我们带上到北京动物园一隅中国科学院植物研究所形态研究室，拜该室主任王伏雄先生门下学习孢粉形态。从此，我们就在这儿呆了近一年时间，在王老师和钱南芬老师等的指导和帮助下，天天跟显微镜打交道，认、画与记每一种植物的孢子与花粉的形态，只有眼到、手到与心到，反复琢磨平常不可见的这些微植物体，才能心领神会。我们返所向刘东生先生汇报，刘先生询问了我们学习孢粉形态的收获，当我们用中文谈到一些科属的花粉形态时，他叮嘱我们今后一定要说拉丁文植物名称。

经过一番学习，知道孢子是孢子植物、花粉是有花植物与生殖有关的器官，孢子产生于孢子植物的孢子囊，花粉产生于有花植物的花药，它们是微观世界的一员，其特点可归纳为如下五个方面：

（1）体小如尘埃。大小一般只有20～50微米，即20/1000至50/1000毫米，这样只能借助显微镜才能看到它的容颜。

（2）貌姿如珍宝。它虽小却如同其产生的母体植物一样，各有其特殊形态，形状有超长球形、长球形、近球形、扁球形等，其上长有刺、棒、颗粒、网、瘤、条纹、穴、负网等纹饰，还有不同形状与数量的萌发孔与沟（花粉萌发时萌发管流出的通道），包裹孢粉坚硬的壁有不同结构与分层，我们就是依靠这些特征来鉴定与认识不同植物的孢子、花粉。孢子、花粉真是多姿多彩如珍宝。

（3）身轻如鸿毛。孢子花粉由于小而轻，易被风传播，有如天女散花一样传播开来。

（4）量多如牛毛。它的产量之多，数量之众，实在惊人，一般是以千、万和亿来计，如像一朵槭树花可以产8000粒花粉，而云杉却可以产60万粒或更多的花粉。盛花季节，植物释放的花粉如雨下落，俗称"花粉雨"。花粉可以呈黄色粉沫状浓积飘浮于水面，以烟云状悬于云杉林上空，或以火焰状出现在山毛榉林上空。当你碰到花朵时，有时黄色粉沫一下喷撒出来，这就是花粉。

（5）质坚如磐石。孢子与花粉是由一种叫做花粉素的复杂有机化合物构成的壁包裹着，这种物质有一定耐酸、碱和压力的能力，尤其在pH5的酸性环境下易于保存，但在碱性环境下就不适于保存。由于它有抵抗外力侵蚀作用的能力，所以能在成千上亿年的沉积地层中保存下来，正因此，又由于量多，有可能被我们找到它，并成为我们研究地质发展史，特别是植被发展史，以及了解古环境的宝贵材料。

总之，孢子与花粉具有体轻小、貌多姿、量众多和质坚固的特征。

> 孢子花粉植物体，微观世界把身藏。
> 扶摇直上重霄舞，天女散花遍地扬。
> 酣睡地宫千万载，待我唤醒抒特长。

在植物演进中，从简单到复杂，从低等到高等，由于植物遗传基因差别与变化，形成的不同种类植物，表现在各种植物体结构与形态特征的差异上，而这种差异甚至在我们肉眼不能见的微小孢子与花粉几何形态上也表现得淋漓尽致，这就使我们得以更好地去洞察已经消亡的植物界与变化了的世界。我们识别地层中的孢子花粉，是为了寻找早已逝去了的植物，而不同植物要求不同的生长环境，这样，我们借助寻到的孢粉来恢复古植被，进而推断过去的环境，如气候冷、暖、干、湿的变化和地质时代的新、老，从而认识不同地质时代不同环境下所形成的不同的地质过程。它还可以帮我们探溯人类生存、演化和文化发展，如气温高低、水丰歉会影响人类对生存场所、作物品种的选择。对某些伴人植物的寻找，如车前草等，都有赖认识孢粉。每认识一种孢粉，就向这门科学靠近一步。我们一年中日复一日地在显微镜下观察、描述与记忆，眼累了，揉揉眼，身躯不舒服，舒展一下筋骨，再坐到显微镜台边，继续目不转睛地注视着显微镜里的孢子、花粉，这就是过孢粉分析的头道关——认识关。

2．沙里淘孢粉

要能借地层中孢子花粉恢复古植被，再恢复古环境，重要的是要找

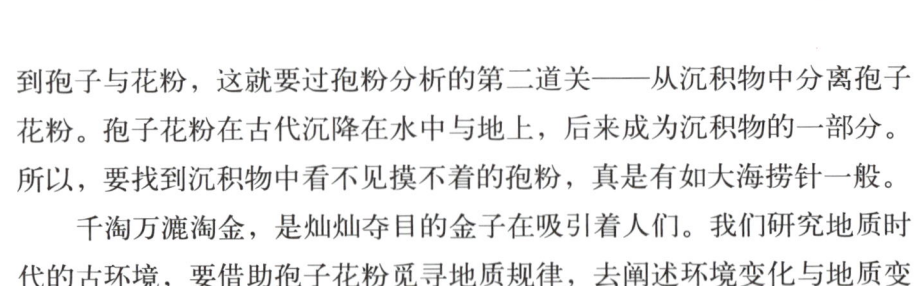

到孢子与花粉，这就要过孢粉分析的第二道关——从沉积物中分离孢子花粉。孢子花粉在古代沉降在水中与地上，后来成为沉积物的一部分。所以，要找到沉积物中看不见摸不着的孢粉，真是有如大海捞针一般。

千淘万漉淘金，是灿灿夺目的金子在吸引着人们。我们研究地质时代的古环境，要借助孢子花粉觅寻地质规律，去阐述环境变化与地质变化以及与人类的关系，这种科学研究需要，像磁铁般的吸引力把我们牢牢地拴在实验室中夜以继日地工作着、企盼着。孢粉分离的过程就好像"十月怀胎，一朝分娩"，若要"分娩"孢粉这个"胎"，就要经过十分经心分离孢粉的"怀胎"过程，真是马虎不得。否则，一着不慎，满盘皆输。科学研究就是这样，容不得半点虚假。究竟是如何实践"淘尽黄沙得孢粉"的呢?这要看孢粉含在何种沉积物中，但是无论何种沉积物，寻找其中的孢粉，总是采取两种方法，一是溶，即分解，二是淘，即分离，二者兼用。物之区别，乃属性不同使然。区别属性是区别物体的入门之道。若是从有机沉积物泥炭中寻找孢粉，是利用一般的有机物腐殖质和植物残体比孢粉易于破坏的特性，施用一定浓度的硫酸或硝酸或氢氟酸等，溶解腐殖质、植物残体与泥砂，保留孢粉。若是从泥沙沉积物中寻找孢粉，首先是加盐酸去碱，使被沉积物黏着的孢粉松散开来。再利用配制与孢粉比重相同的2.2~2.3比重液，加入样品，充分拌均，倒入离心机专用的玻璃管中，在离心机中离心，去除泥沙，孢粉随比重液浮选出来。再将含孢粉的重液加纯净水稀释，降低比重，孢粉下沉，从而达到寻找孢子花粉的目的。

仿唐代诗人刘禹锡所作"莫道谗言如浪深，莫言迁客似沙沉。千淘万漉虽辛苦，吹尽狂沙始到金"的诗句，作诗一首：

> 莫道孢粉藏地宫，莫言孢粉难觅寻。
> 千淘万漉何所惧，淘尽黄沙始得金。

3．八年磨一剑

在基本通过了"认"和"找"的两关之后，就进入到孢粉分析的第三道关——运用关了。

《中国第四纪研究委员会1957～1959年工作纲要》（见《中国第四纪研究》1卷1期21页，科学出版社，1958年）就特别提到要推动孢子花粉分析在第四纪研究中的应用，所以，1958年我们在中国科学院地质研究所开始应用孢粉分析研究第四纪问题，是执行《中国第四纪研究委员会1957～1959年工作纲要》的行动，也是中国第一个开始建立专门的第四纪孢粉分析实验室，当时是设在北京城中心区沙滩原中国科学院地质研究所内。

如何应用？刘东生先生要我们从研究北京埋藏泥炭开始。刘先生是考虑到国外孢粉分析起始于研究泥炭沼泽，因为泥炭这种有机沉积物含孢粉丰富，分析相对容易，有利于我们起步。

所谓埋藏泥炭，即埋藏了的古沼泽。一提起沼泽，很多人就想到积水地，严格说来积水地与沼泽是不同的。沼泽是指有灰藓、泥炭藓、睡菜、芦苇、莎草等沼泽植物生长、有泥炭堆积的积水地。泥炭是一年一度沼泽植被枯枝落叶及根系未经完全腐烂的有机物与泥沙的混合物，呈纤维状，新鲜时为黄褐色，质轻，含水分，手捏之，有大量水排出，却不怎么污染手。泥炭是一种低级的煤，它干燥后，可燃烧。泥炭含硫少，故是炼钢的好燃料，也是好肥料和提炼多种化合物的重要原料。泥炭呈微酸性，很适合孢子花粉保存。由于泥炭是沼泽植物残体日积月累的结果，泥炭中不仅含有沼泽植物的孢子花粉，还接受沼泽周边飞来的孢子花粉，所以进行泥炭孢粉分析，可以知道沼泽及其周边的古植被及其演变过程，也就可以据此推断气候、环境的变化和进行全新世地层划分。沼泽就成为一所查找古植被、古环境的理想档案馆，是一部有待解读的天书。过去对于薄薄的全新世地层，也包括沼泽沉积物，其地层划分难于下手，直到孢粉分析方法诞生后才成为可能。

古沼泽对我们来说是个未曾接触的新课题。好在我国当时任煤炭部总工程师的地质界前辈王竹泉先生对我国泥炭资源做过调查，并写有《中国泥煤资源分布之规律及其预测》一文刊在1958年科学出版社出版的《中国第四纪研究》第1卷第2期上。我曾登门请教。在今北京饭店正对门的原煤炭部大楼里，约摸1.8米的个头、身魁体阔、和蔼可亲的王老热情地接待了我。

在两千年前北京平原上沼泽还是星罗棋布的,主要是分布在西山山前冲积扇的前缘溢水带上,也就是山水渗入山前地下砂砾层,潜水流动碰到黏土层阻挡后,不能顺畅向前流,汇集的水受压冒出地面潴水而成沼泽。沼泽也分布在各河流边的堤内凹地或废弃的河道中。我们选择了北京市西北郊清河至北安河一带,以及北京平原上三河汭泲淀一带进行调查。

40多年前的北京西北郊的颐和园一带还是水乡泽国的南国风光,溪水环流,淀泊点点,稻谷飘香,荷塘月色。在肖家河村的东南,今五环路肖家河立交桥西南自流井涌出的水还可达30厘米高。我们徒步或租马车反复行进在西山前。渴了喝点井水,饿了啃块馒头夹咸菜。功夫不负有心人,终于在海淀镇的西南巴沟村,在颐和园北的肖家河村东边和温泉村北的辛庄等处均发现有埋藏泥炭。最后,选定西山前的肖家河村和三河县汭泲淀两处埋藏泥炭作为重点研究对象,对其进行了地质地貌调查,请求北京市水文地质大队派了一个钻探队对汭泲淀埋藏泥炭矿进行了钻探,搞清了泥炭矿分布特点。前者是在清河旁的洼地中形成的,而后者是在古河道中形成的。4～5米沉积物自下而上的堆积顺序是砂或砂与黏土,灰黑色淤泥,灰藓—芦苇泥炭,黏土或黏土与砂。对两个剖面系统采样进行孢粉分析。对泥炭植物残体分析,鉴别泥炭类型为灰藓—芦苇泥炭。收集种籽、果实,并进行鉴定,鉴定出有睡菜、莲和菱。在汭泲淀泥炭上覆的灰黑色淤泥中找到文物,经中国社会科学院考古研究所鉴定为矛、镞、镞、镊夹器。这些器物的时代早至汉,晚及辽金及宋代。

孢粉分析的结果,说明两个剖面类似,可以分作三个孢粉带:即下部松树花粉占优势带,松属花粉占80%～92%。中部阔叶树花粉大量出现带,以栎为代表的阔叶树花粉占24%～25%。上部松树花粉占优势带,松属花粉占84%～92%。上述北京孢粉分析反映全新世环境的三段变化与全新地层的三分,这些被后来我们的工作和同仁做的许多工作证实,被誉为"三部曲"。

这一研究有如下的意义:

首先,孢粉分析的结果说明我国全新世的植被与欧亚地区有可比性，这不仅说明全新世气候变化全球的同步性，而且可以据此进行全新世地层对比与划分，这为中国全新世地质规律研究首次提供了地层学的依据。这证明我国和北欧等国一样，可以运用孢粉分析来进行全新世地层研究。

其次，孢粉分析、植物残体、果实与种籽鉴定有重要的古环境意义。松树花粉占优势，说明气候特征为凉干。栎等阔叶树花粉大量出现，说明气候特征为温暖潮湿。阔叶树增多的全新世中期的温暖湿润环境，水热条件好，沼泽植被茂盛，沼泽中聚集的沼泽植物枯枝落叶不能被微生物完全分解而堆积成泥炭。上部松树花粉占优势的地层时代的凉干环境，水热条件变差，沼泽植被生长的条件不具备或消失，沼泽上植物生长不好，枯枝落叶减少，且易于被微生物分解，故泥炭停止堆积，而变成黑色淤泥，这就说明气候与沉积物类型有密切的关系。另外孢粉分析说明全新世期间，北京平原上的植被为草原与森林兼而有之，即森林草原。研究的两个古沼泽均为湖泊形成的沼泽，叫水体沼泽。

再次，我们在泥炭上覆淤泥层中发现的文物其时代为上可溯至汉，下及辽金与宋，这就说明了肖家河与沕沰淀两处沼泽消亡时间在汉及宋之间，而沼泽的形成则在早于此的数千年前，这与孢粉分析结果同国外对比得出的时代概念是相符的。当时国内 ^{14}C 测年方法尚不成熟，这些文物就成了重要的定年根据。又在泥炭层中未发现文物，到其后的淤泥层中才发现，说明当时沼泽盛期，人们怕陷入其中，还不能靠近它，只有当沼泽消亡时人们的活动才伸入到低湿地区。

这一研究给了我许多启迪。

首先是为我从事科学研究奠定了思想和方法的基础。该项工作始于1958年，到写成《对北京市附近两个埋藏泥炭沼的调查及其孢粉分析》论文，在1965年《中国第四纪研究》第4卷第1期上发表，前后用了8年，其间反复调查和实验，数易其稿，时间虽然长了些，但对完全无研究基础、基本上靠自行摸索科学研究入门的我来说是十分必要的。这期间让我知道了如何搞古沼泽调查，怎么搞孢粉分析和如何做泥炭类型、果实、种子鉴定。个中甘苦至今还历历在目，就拿对泥炭类型鉴定来说，要完成这一任务，关键是对泥炭中植物残体的鉴定，也就是对已损坏却未完全破坏的植物体根、茎、叶进行鉴定，这比对完整的植物体鉴定难多了，要有瞎子摸象的功夫。对泥炭植物残体鉴定是属煤岩学的研究范畴，参考资料国内完全找不到，我只好通过中国科学院图书馆向原苏联列宁格勒的列宁图书馆借阅，限定借期为一个月。单以此就可知道这项研究要延续8年时间的原因了。这8年的经历让我养成了勇于探索、踏实工作的作风。从此我步入科学研究之宫有了信心，有了方法。作为一个科研工作者，做好第一项工作是至为重要的。

这项工作为我国全新世地层学的开篇和为全新世古环境研究奠定了基础。它受到一些学界前辈与同仁的关注，如著名美籍华人学者何炳棣教授在他的著名专著《黄土高原与中国农业的起源》（香港中文大学出版社，1969年）中多次引用，承他称鄙人为教授，我实际不过是出校门不久的一个初级科研工作者，正因此，同事中流传着称呼我"教授"的雅号。又如我国著名历史地理学家侯仁之教授在他撰写的论文《历史地理学的理论与实践》（上海人民出版社，1979年）中引用了我对全新世的看法："若干现代的地形、水文网的变化和动植物的分布都与最近地质历史时代——全新世有着密切的联系；更重要的是人类社会也是在这一时期形成的。因此，研究和认识这一地质时代，有着很大的科学和实践意义。"并说："这一看法是值得地理工作者十分重视的。"

另外，从泥炭层上覆淤泥中发现的文物，说明沼泽消亡后人类活动的范围随之扩展，使我体会到人类活动与环境变化间的密切关系，也认识到考古学的研究有助于地质学的研究。这种环境变化与人类活动的互动关系，地质学与考古学间的密切关系的认识，成为我后来从事环境考古的最初动因。

我有幸在刘东生先生指导下，在陈硕民、黎兴国、苏联义等众多同事与朋友的帮助下，花8年时间去闯孢粉分析应用关，去认识古沼泽与全新世，去体验地质科学研究，学会了地质调查、孢粉分析、植物残体分析和鉴定种籽果实的方法，锻炼工作作风，这些受益终生。因此八年磨一剑，还是很值得的，比"十年磨一剑"还少了两年哩！

4．小试牛刀

在20世纪50年代后期，我国考古学界发生了一个重大事件，那就是在西安东郊发现了半坡新石器时代遗址。在20世纪50年代末，中国科学院考古研究所的王世民先生送来由钟学山先生从半坡遗址堆积中采的孢粉分析的样品让我们分析。样品是分别盛在小玻璃试管中的黄土类土，每个样品只有10多克。分析出不多的花粉，以蒿、禾草等草原和耐旱的草本植物花粉为主，但也有零星的榆、柿等乔木花粉，分析结果以《西安半坡新石器时代遗址的孢粉分析》为题发表在《考古》1963年9期上，由于花粉不多，花粉反映的植被与今相似，且剖面上下看不出明显的变化，故得出与今日该处之气候相仿的看法。这是我，也是我国首次做新石器时代遗址的孢粉分析。由于研究之初，采样量比需用样量少了几倍，又缺乏分析经验，因此，只能依获得的有限孢粉分析资料做点推论。就是这样小试牛刀的不成熟分析结果，也被竺可桢先生注意了(见《中国近五千年来气候变迁的初步研究》，《中国科学》1973年2期)。

当今，不论孢粉分析，或包括环境考古的考古学研究，都如同半坡遗址前的台阶一样，在逐级登高，取得了引人瞩目的成就。

5. 续读天书

1963年，刘东生先生要我去调查和研究东北的现代沼泽，而且要以当时全新世研究权威原苏联科学院地理研究所所长聂依什塔特名著《苏联全新世森林历史和古地理》为范本来展开这项研究工作。

这也就是说，刘东生先生要我从研究北京埋藏泥炭沼后，转为研究现代沼泽。即要我从古到今来续读这部沼泽天书，以便完整地认识全新世自然发展史。这无疑是刘东生先生在推进我国第四纪地质研究和培养人才下的又一着妙棋。在平常人看来，沼泽，人难挨近的地方，花那么多气力去研究有何必要。需知沼泽是部记录天气变化的天书，是工农业的宝贵资源，是环境保护的"地球之肾"。四十多年前刘东生先生就已经看出沼泽的重要价值，真是慧眼识珠。

古、今沼泽，虽为一字之差，但研究理念与方法有所不同。说实话，我连沼泽都未曾谋面，如何去调查与研究，感到无从下手，于是前往刘东生先生办公室向他请教。未曾想到的是刘东生先生一言不发，半晌之后，他吐出一句话：你去做一份开题报告吧！我随即答道：一个月后向您提交报告。刘先生点头了。

　　开题设计本来是苏联地质工作规范，但在我们地质科学研究中完整的开题设计报告很少见。我将要从事的沼泽研究在国内尚属初始，无可借鉴，只得自行摸索。此后的一个月，我踱步于图书馆和在灯下埋头读书，在博览群书后，我选定了原苏联李丘根等著《泥炭矿藏及其勘探》和沃里宁等著《泥炭矿藏勘探》两本书为主要读物。读这两本书之初，让我头痛了一番，头痛的是我平生第一次去啃从文字到内容都不熟悉的书。也让我快慰，快慰的是自此后，对这陌生的文字变得越来越熟悉，对不了解的沼泽调查，从概念到方法知道个大概。拦路虎接踵而来，那就是要到湿漉漉的沼泽上去调查，不论对沼泽体的研究，或取各种分析样品，泥炭钻就成了必备的工具，而这种工具我国曾有人试制过，未能成功。我翻阅的各种资料上均只有一个泥炭钻钻体的横剖面示意图，中心意思说这种钻的钻体是由两个套在一起的钢筒部件组合而成，两管子均有一个长长的开口，而且外管管口的一侧有一把可用于切割泥炭的刀。两管相套后，其启闭是靠钻进的把手通过钻杆与钻体连接后，在钻进与拔钻中采用不同旋转方向来控制钻体开闭，这样可使取样的层位不变，即取到原位样品。但是该钻的钻体两管如何互动，钻体多大多长，开口的尺寸，钻头、钻杆与把手是怎样的，彼此间如何连接，均无从了解。真是让我如坠云雾，百思不得其解。这时，我向懂行的专家与师傅请教，终于做到基本心中有数了。在要投入制作之前，必须绘制成部件图和总装图，并要标明尺寸、用钢材的种类等。此时，我又得去学习机械学与机械制图，最后绘制成17张泥炭钻制造图。在制造中，碰到两个难解之题，一是各种部件之间的公差计算，若搞得不好，就算做出了各部件可能会组装不起来，就算勉强组装了，难运转自如，瞎忙了一阵，费力不讨好。再一个是钻头的制造，钻头要锻造成麻花状，为了达到一定硬度，需要在钻头加热到一定的温度后，再浸入冷水，这个工艺叫淬火。淬火过了，钻头太硬会易损坏。淬火不够，钻头太软影响钻进。这些问题，不耻下问，奔走各方，请求支援帮助，反复试制，终获成功。

　　一个月后，写出了20多页的开题设计报告，包括题目、目的、意义、基本理论、工作步骤、方法、进程、装备、报告编写和经费预算，

嵩山行 ◎ 肆　人生絮语

并附上了泥炭钻制造图纸。报告得到刘东生先生肯定。记得我们在吉林省敦化县黄泥河工作一段时间后,写信向刘东生先生汇报工作。他立即复信鼓励,说我们工作顺利是由于做了较充分准备的结果。

东北,这个盛产"人参,貂皮,乌拉草"和"高粱肥,大豆香"的地方,早有所闻,但直到1963年才能亲身体验她。这一年我定为试点年,与叶永英女士等一同考察,把工作地区选在吉林省敦化县敦化盆地牡丹江上游西侧支流黄泥河流域,这是发源于吉林市以东属长白山脉的威虎岭的一条小河,其中上游沼泽发育。有的为沟谷形成,有的为河滩形成,有的沼泽积水少,有的积水多。堆积的泥炭层具弹性,步履其上,如立沙发,一闪一闪地。没膝的沼泽植被,油绿色的草丛中点缀着紫花鸢尾等鲜花,争奇斗艳,煞是好看。芳名远扬的乌拉草($Carex\ meyeriana$),这是一种丛生莎草科植物,叶细长,质地柔韧,它们是沼泽植被的主角。这东北三宝之一的乌拉草,是东北这块温凉潮湿的环境为它搭起了生长的舞台,任它铺盖在沼泽上,而它又为沼泽泥炭形成做出了重要贡献。尽管我们盛夏的7月份到达这里,在富含水的沼泽泥炭层中还夹着冰冻层,这出乎所料,给我们的钻探增加了不少麻烦。为此,只得暂停考察,不得不赶到敦化城求人加工一件捅破冰层的专用钻探工具。在水中干活,本来就够费事的了,但"小咬"不时光顾着我们,这小如小米粒的蚊虫,咬得让人刺痒、心烦,但测量、钻探、采集泥炭试样与沼泽植物标本和记录的繁忙,无暇顾及。

继后的两年,我们在试点的基础上,把沼泽调查工作向整个东北地区展开,北达兴安岭,南抵辽东半岛。三年工作的结果,汇集在三篇论文中,它们是《吉林省敦化地区沼泽的调查及其花粉分析》(《地质科学》1977年2期)、《中国北方全新统花粉分析与古环境》(《第四纪孢粉分析与古环境》,科学出版社,1984年)和《中国北方全新世泥炭形成初步探讨》)(《地质科研成果论文选集》(第一集),文物出版社1982年;Marine Geology & Quaternary Geology, Vo1.5, No.4, 1985)。1985年,我携后一文随中国煤炭部组团到德国参加"世界浴疗机理学术会议"(浴疗是欧洲人利用泥炭治病的一种民间疗法,方法是用粉碎的泥炭制成泥炭浆,人入其中浸泡,泡毕,用清水冲洗。治病机理是利用泥炭含的有机物分子作用皮肤，达到提高身体机能和消炎效应，据说尤适妇女病治疗）。我的论文被德方译成德文刊出（Telma Bamd15, Hannover, 1985）。这三篇论文，论述了中国北方全新世泥炭沼泽分布、地层划分、环境演变和沼泽形成与消亡等问题。

东北泥炭分布按堆积状况可以分为裸露泥炭和埋藏泥炭，前者为现代沼泽，后者为消亡沼泽，二者分界线大致是从辽宁省东南的岫岩以东起，经本溪、抚顺、西丰、伊通、双阳、榆树、巴彦、绥化、海伦、依安、富裕至科尔沁右旗，此线东北为裸露泥炭分布区，即现代沼泽分布区，此线的西南为埋藏泥炭分布区，而分界线附近为裸露泥炭与埋藏泥炭呈互有的过渡状态。

东北泥炭沼泽分布有从寒温带向暖温带减少，山区比平原多的特点。大小兴安岭和长白山区，平均沼泽率可达5%～15%，个别地区可达20%。埋藏泥炭区的泥炭矿点，在吉林省中部和辽宁省中部与南部，星星点点，被1米以上的土、沙覆盖。实际上东北中部与南部分布的埋藏泥炭可以延伸到华北。

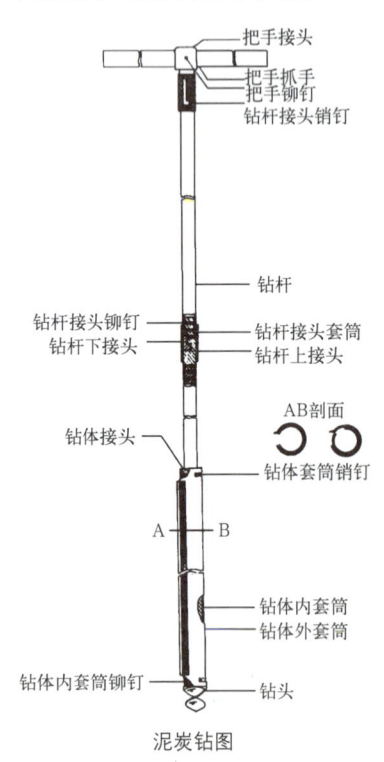

总之，本区泥炭在蕴藏形式上有南埋北露的特点，在形成时代上有南老北新的趋势。为什么东北的东北部还可以保存沼泽，而东北中南部与华北都不能？这要从沼泽的特点来看，沼泽特点是什么，一般沼泽特点主要有三方面，一是有积水，二是有沼泽植被，三是有泥炭堆积。沼泽发育是由于环境能允许上述沼泽特点的形成，沼泽消亡首先是由于曾经具备形成沼泽水的环境不具备，接着就是沼泽植被不能生长，导致泥炭不能形成，后来泥炭被冲积物覆盖，沼泽终至消亡。对东北、北京埋藏泥炭或东北现代沼泽的调查、花粉分析、^{14}C测年说明，埋藏泥炭有的

泥炭钻图

自距今约9000年全新世早期的晚段开始形成，但主要是形成于距今约8000～3000年的全新世中期，而消亡于距今3000年的全新世晚期。何以如此，花粉分析说明全新世中期以栎为代表的喜温暖湿润的阔叶树花粉曲线出现峰值，而到全新世晚期阔叶树花粉明显减少，以喜干旱的蒿、藜、禾草的草本植物花粉显著增加，这说明全新世中期水丰气暖促使了沼泽形成，而全新世晚期由于水少气凉导至沼泽的消亡。东北现代沼泽主要形成于全新世中期直至现今，有的主要形成于全新世晚期，这是由于这些沼泽主要分布在长白山和大小兴安岭的山区，这里虽然中全新世的暖湿期已过，但由于森林植物茂密，降水较多，年降水达400～1200毫米，气温较低，年气温-6～8℃，故这里水来源较丰，加之蒸发量较小，保水条件较好，以至干燥度<1.0，而相对湿度>70。所以，东北的东北部的沼泽得以延续。

沼泽的形成与消亡主要是自然环境演变的结果，但是全新世晚期人类频繁地作用于自然界，对于干旱化的出现起到推波促澜的作用。沼泽蓬勃发展的全新世中期，适宜的气候条件则有利人类文明时期的到来，对该期人类生活有明显的影响，由于多水潮湿，人们选择地势较高近水的台地和丘地居住，而到全新世晚期干旱期到来，由于沼泽的大量消亡，人们活动范围大为扩展。

6.驰骋神州

海纳百川，有容乃大。

20世纪60年代中期到80年代前期，我的工作涉及我国东西南北，南到香港，北抵内蒙古；西及西藏与新疆，东到滨海。研究雪域高原、黄土高原与沙地或研究东部低地河流、湖泊、海岸与岛屿，或察看东北、海南岛的原始森林，或浏览内蒙古的草原。

20世纪70年代后期的一天，接侯仁之先生的通知，获悉北京城中新建北京饭店东厅（即靠近王府井大街的部分）建筑基坑中发现古树，我等遂在侯先生率领下前往考察。见在基坑底11米下的青灰色淤泥层中被工人们清理出一胸径约50厘米的树干，此外还有树杈，后经鉴定为榆树，对其做^{14}C年龄测定为29300±1350年。我们系统采样进行了孢粉分析，其结果包含在《北京平原第四纪晚期花粉分析及其意义》（《地质科学》1987年1期）文中，在含古榆树的青灰色淤泥中发现含多量云杉、冷杉花粉，可占到47%多。这样的花粉组合反映的植被是目前北京海拔1600米山上生长云杉、冷杉林的冷湿环境。这说明3万年至2万多年间北京平原气温比现今要低约7℃，当年年气温约4℃，气候为冷而湿的环境。后来发现我国许多该期地层含的动植物和花粉组合，证实3万年至2万多年间北京饭店云杉、冷杉反映的湿冷环境具普遍性。该期我国东北盛产披毛犀、猛犸象动物群，古人类为追逐这一动物群而活跃在这一区域里。

  1977年，值唐山大地震后，为研究北京附近的地震活动性，我们一行10多人经张家口市，分乘两部吉普车西行去研究河北阳原泥河湾盆地第四纪地质历史。当我带队乘的一辆北京产的吉普车行进到大洋河与桑干河之间的山丘地带，汽车以80公里的速度急驶在下坡路段上，汽车骤然像脱缰的马一样，冲过一座小桥，从公路一侧冲到另一侧，再反冲回来，此时正值公路大拐弯处，汽车失去平衡，终于翻倒了，四轮朝天，帆布车顶着地。所幸的是汽车翻倒在公路护坡上，由于土质较松，翻倒后，未再滚动。我由于紧抓住司机座位后的靠背，安然无恙，与其他二人及时爬出车外，随后受点皮肉伤的同事也随即爬出，唯有一位随队实习的北京师大同学臀部被汽车后角压着。此时围观农民纷纷伸出援助之手，心急之下，你一言，我一语，要抬起汽车救人。我见有近三米高的护坡，若不慎可能造成新的伤害，未予同意。见有的农民拿着铁锹，于是请他们将受压者的身下沙土掏空，人下沉，再将其救出，然后请农民朋友拿出粗绳拴住车，拉推结合下，将车拉出险境，化险为夷。

  泥河湾盆地是桑干河中游的一个大型盆地，在经过几十年的研究后，说明这里是研究第四纪地质历史的理想场所，研究它有助于判断所在区域地质断层的活动性，利于地震科学的发展，也就能为保卫北京的安全出力。我们主要工作在桑干河的支流壶流河的红岩村一带。在红崖村南沟的早第四纪含湖相灰黑色砂质黏土等沉积物的地层中，发现含丰富云杉、冷杉、松花粉与蒿、藜、禾草花粉相交替的孢粉组合，反映是一个较完整的湿冷、干冷、湿冷的环境演变过程，我们遂命名为南沟冷期，其论文《从泥河湾层花粉分析谈南沟冷期等问题》发表在《地质科学》1983年1期上。这是继我们在北京发现更新世晚期云杉、冷杉花粉组合后，在更新世早期地层又发现类似的花粉组合。

　　1979年8～9月间，应北京大学崔之久教授之邀到新疆天山考察。我与一位队友在天山乌鲁木齐河河源海拔约3700米的天山一号冰川冰舌前，脚踏冰水，身贴冰崖，分层采冰样。工作的前半天还无异感，到下午，头上虽戴了棉帽，但还是感到寒气刺骨，但若不坚持，次日再来，不仅时间不允许，而且怕变天，那样将功亏一篑，何况采冰川样做孢粉分析在国内还未曾做过，如是坚持到黄昏时才返回。队友见天色已晚尚不见我们，身处高山深谷，异常寒冷，环境恶劣，担心出事，于是大家在崔之久队长带领下走向我们必经的沟谷，大声呼叫：周昆叔！周昆叔！急切期盼的呼声在深谷中回荡，如雷震天，幽长深远，感人肺腑。直到队友见到我们时，他们才如释重负。至今回想在天山山谷队友们对我呼唤之声仍不绝于耳。又当在乌鲁木齐河中下游考察冰川地貌时，上午从跃进钢厂出发，跨乌鲁木齐河向西岸进发，沿西岸下行，走到河岸边，见一小沟，约两米多宽，将路割断。谷深不可见底，只听得湍急的河水碰撞声在谷中回响，宁静中平添了几分不安，顿时气氛紧张起来，因为如果硬要闯过去，万一不慎，有粉身粹骨之险。时值近黄昏，在行前无路，后退无门，唯有"华山一条路"的情况下，崔队长发话了：我来探路。只见他伸出那因登珠穆朗玛峰冻残的手，沿着岩壁，如猿似燕，奋力支撑着身体前移，大家忐忑不安的情绪变得稳定起来，一个个模仿着他向冲沟对岸挪动。学校练引体向上功夫在关键时刻派上了用场，这时才深切感到学校体育锻炼不只是玩一玩的事，是对劳动者基本素质的塑造，是成为劳动者前的必修课。这就是发表在《冰川冻土》1981年3卷增刊上《天山乌鲁木齐河源冰川冰和第四纪沉积物的孢粉学初步研究》一文野外工作的一段经历。

　　对天山一号冰川冰舌冰层的孢粉分析说明，总的说来冰层中含孢粉少，只在较厚层的冰层中发现较多的花粉，其种类非高山执垫状植物，而是中山上生长的雪岭云杉（*Picea schrenkisna*）花粉，或为低山荒漠植物蒿、藜、禾草花粉，这种混杂的外来花粉，显然应是山地上升气流带来的，这对于内陆干旱山区孢粉学研究有启发意义。

对于天山乌鲁木齐河上游海拔2516米的红五月桥东侧一级阶地沉积物采样做了孢粉分析。在全新世中期暖湿环境下云杉林上移了约200米，到4000年时这里暖湿环境已经结束，出现了以麻黄为主的孢粉组合。这说明全新世气候变化在东亚内陆腹地仍有与其他地方同步特点，不过中全新世暖湿气候结束较东亚东部地区早，而且植被类型也不同，天山是以云杉与麻黄为代表的植被更替，而中国北方东部是以栎与蒿为代表的植被更替。

20世纪80年代，随着我国改革开放的深入，商品经济大潮出现，国人重商意识增强，外资也越来越多地涌入。1985年9月的一天，中国科学院地质研究所科研处的负责同志告诉我，有深圳外商找中国科学院专家合作研究南海油田，需要孢粉学家，询问我是否愿意去。我觉得这是一个把孢粉学用于实践以及与国际接轨的机会，于是我应允了。但是研究所领导对此有歧见，不过最终还是商定派遣我等前往深圳蛇口三源古生物服务公司合作工作，为期一年。该公司董事长兼总经理是英国人罗维达博士，他是研究英国北海油田起家的一位微体古生物专家，到中国是瞄准南海油田来的。油田为第三纪地层，而我是搞第四纪孢粉分析的，由于研究对象与孢粉种类不一样，我必需应变。好在初到公司，还未接到海上钻探岩心分析任务，老板交给我5块广东三水盆地老第三纪的样品分析，果不出所料，所见孢粉都是陌生的面孔，我花了一个月时间，对丰富孢粉一一鉴定，满以为会获得老板认可，谁知她说：周教授，我们不需要鉴定得这样仔细，只需把有地层指示意义的种类鉴定出来就可以了。真是费力不讨好，科学研究单位与生产单位思维不一样，不同单位任务不一样、目的有区别，自然方法与要求有别，老的思维和行事办法必须适应新的需要。这一年不凑巧，石油大跌价，最低降到9美元一桶。因此，海上石油钻探公司多停钻，我们成了无米之炊。怎么办，还是我们经理有办法，从香港民用工程署搞来一些晚第四纪地层样品交我分析。这些样品分属于两个地点的海相沉积地层，一个是九龙半岛与香港之间的中湾，一个为香港大濠岛以北的赤鱲角（Chek Lap Kok）。赤鱲角剖面是为香港建新机场而做的地层研究。在该剖面深14.24～16.79米的地层中发现了30000～20000年间一个相当完整的红树林孢粉组合，计有海莲相似种（Bruguiera cf.B.sexangula）、红树属(Rhizophcra sp.)、白骨壤相似种(Aricennia cf. A.marina)、小花老鼠（Acanthus ebracteatus）、桐花树相似种(Aegiceras cf.A.corniculatum)、海桑属(Sonneratia)、卤蕨(Acrostichum aureum)。其中以海桑属花粉占绝大多数，还发现生长在红树林分布的海滩上与红树林伴生的卤蕨的孢子。红树林是热带、亚热带滨海植物，有阻挡潮水护岸作用，有指示海滨环境的作用。红树林是热带、亚热带海岸生态链的主要成员，对自然环境保护、对防止与减少海啸等灾难对人类影响具重要意义。香港30000～20000年红树林孢粉组合被发现，证明香港确有下海洋沉积的存在，也说明香港在30000～20000年间与世界同步发生过海浸，不过与现今香港海面比要低约10米。这也与中国北方同期冷湿环境遥相呼应。香港地质学会秘书长R.肖博士见到我的研究十分满意，邀我共同写了《Results of a Palaeontoligical Investigation of Chek Lap Kok Borehole (B13/B13A) North Lantau》文章发表在 "Newsletter of Geological Society of Hong Kong"《香港地质学会通讯》1986年2期上，并邀我赴香港做学术报告，可惜由于当时的环境未能成行。后来我写了《香港晚更新世晚期红树林植物孢粉组合的发现》一文，以中、英文分别发表在《科学通报》1988年19期和《Chinese Science Bulletin》1989年16期上。

经过近20年走南闯北，或风尘于原野，或潜心于实验室，由于素材的积累，理念得以升华，先后发表两篇谈我国第四纪孢粉分析阶段小结和讨论我国华北第四纪古植被演替和古环境变化特点的文章，其一是《我国第四纪孢粉分析的主要收获》（合著），刊在《第四纪孢粉分析与古环境》书中（科学出版社，1984年），其二是《华北区第四纪植被演替与气候变化》，刊在《地质科学》1988年2期上。上述二文主要是论述了我国第四纪冷暖气候变化中植被做适应性的演替。暖期：最盛期前，针阔混交林，温和湿润→最盛期，阔叶林，温暖湿润→最盛期后，针阔混交林，温和湿润。冷期：最盛期前，暗针叶林（云杉、冷杉），湿冷→最盛期，草原性植被，干冷→最盛期后，暗针叶林，湿冷。根据华北区第四纪孢粉分析资料说明该区第四纪有5个冷期和5个暖期，这有助于推进华北第四纪古环境演变研究和地层划分。

我国第四纪气候冷暖干湿的变化，引起沉积物类型与分布和动植物种类、分布与数量也随之变化。暖湿时河湖沉积发育，冷干时黄土加速堆积，面积扩大。暖湿时森林茂盛，且阔叶树增多，而冷干时则森林减少，草原扩展。暖时以暖湿为主，冷时冷干与冷湿交替。随着气候冷暖干湿的变化，植物界垂直迁移可以达到1000～2000米，而水平迁移一般不超过一个植被区。运用这些知识我们研究了人类遗址，旧石器时代有丁村、萨拉乌苏、庙后山、许家窑、水洞沟等遗址，还研究了内蒙古察右中旗大义发泉细石器文化遗址。

1975年我们研究了山西襄汾丁村遗址。丁村遗址位于汾河下游，属晚更新世，由于含古人类化石和丰富的旧石器与动物化石而著名于世。

山西省作南北长条状，汾河流淌在西面吕梁山与东面太行山之间的黄土原中，当流到下游的襄汾丁村，汾河拐了一个大湾，形成三级阶地，东岸比较开阔，西岸较陡峻，漫步在丁村汾河岸边，视线被深谷两侧高高抬起的黄土塬阻挡，深谷幽静，杂念俱灭，这就是10万年前丁村古人相中的地方。我们的研究写成《山西丁村剖面考察及其花粉分析》，刊在1984年科学出版社出版的《第四纪孢粉分析与古环境》书中。

丁村遗址最重要的地方是产丁村人牙齿化石的100地点。该地点为二级阶地，剖面厚达20米，上覆8.5米的马兰期黄土，下伏河湖相沉积，丁村人牙化石产于此层的上部。丁村组沉积与三级阶地沉积是叠置关系，因此判断丁村人的时代应为晚更新世早中期。对100地点花粉分析结果说明以禾本科花粉占多数，也含了一些蒿、藜、菊等的草本植物花粉，有的地层含松等乔木花粉，当时的植被为草原或森林草原，其气候与今相仿，但前期较暖，后期较凉。我们的研究为后来西安地质学院孙建中教授等的研究证实。

1980年应辽宁省博物馆张镇洪先生邀请参加了本溪市庙后山遗址的研究。庙后山遗址位于汤河的东岸奥陶纪灰岩洞穴中。汤河穿行在长白山脉西侧丘陵山地中，入太子河，再汇入浑河，于营口市终入辽东湾。

庙后山遗址堆积厚约13米，分为8层，1、2、3层为公主岭组，4、5、6层为庙后山组，7、8层为山城子组，其时代为中更新世中晚期到晚更新世末。由于发现了丰富的旧石器与动物化石，尤其在5层中发现了人的右上犬齿1枚，该遗址显得很重要，在东北发现与周口店北京人相当的遗址令人高兴。

我们在遗址的各层中发现了较多的孢粉，其研究结果刊在1986年文物出版社出版的《庙后山》一书中。花粉式分作5带。Ⅰ带，包括地层1~3层，花粉较少，但在其中发现水生植物香蒲、小二仙草的花粉，说明该期还受河流的影响。Ⅱ带，即第4层，含云杉、冷杉花粉多，云杉达47.2%~48.5%，冷杉占22.8%~25.8%，反映庙后山人出现的前期为云杉、冷杉林的湿冷环境。Ⅲ带，包含5、6层和7层下部，这一带是以松、栎花粉多，松占46.9%~91.9%，栎占26%~38.7%，此外还有桦、桤木、椴、榆、榉、胡桃、漆、柳等，植被为落叶阔叶林，反映庙后山人生活在暖温带气候环境下。Ⅳ带，7层的中段，含孢粉少，植被稀少，反映末次冰期最盛期植被少，极度寒冷环境。由于寒冻风化作用强烈，洞穴易崩塌，故含灰岩角砾多。Ⅴ带，包括7层上部和8层，含孢粉较多，除松花粉可占到12.7%~43.3%，其次就是椴花粉多，可占到12.7%~43.3%。椴有耐寒、喜湿的特点。椴树花粉的增多标志着庙后山遗址终于晚更新世末期。

物之功用，勿以大小论，大有大用场，小有小用处，且小未必比大者用处小，原子可谓小，但它裂变产生的巨大能量令人称奇。植物体之孢粉虽微，但有多而不易腐之性状，且有可识别之可能，利用它种类与数量随时间演变的特点，则可把脉地球年龄之老少，气候冷暖之变故，环境变化之缘由与规律，乃至与人生之关系，凡此都与孢粉分析息息相关。30年孢粉分析生涯，我与陈硕民副博士、陈承惠教授、严富华教授、叶永英、梁秀龙工程师等长期共事，苦中乐也。

二　环境考古——问天地人生之捷径

1. 应运而生

社会在发展，科学在进步，我们的思想、工作要随之而变。顺时运者，则生，则长。

嵩山行

肆 人生絮语

20世纪80年代以来，世界地学研究，尤其是第四纪古环境研究，由于要服务于全球日益严重的生态环境问题，其研究思路发生了一个明显的变化，那就是由过去注重区域的研究向全球联合研究转变，到后来明确提出全球变化研究。这要求从事第四纪古环境的研究人员思路上要更开阔，方法要多样和精确，尤其是要强化以人为本的观念。

如前所述，1985年，我受所派遣到深圳蛇口英人主办的三源古生物服务公司工作一年，主要是做南海油田第三纪地层的孢粉分析，这对于我这个长期从事第四纪孢粉分析的人来说是个挑战。由于时值石油大跌价，后期无工作可做，公司交给我做香港民用工程署的第四纪孢粉分析任务。期间我的最大体会是要适应需要。要根据实际出发，去为适应需要而变。

在深圳英国公司工作后期几次接到北京大学侯仁之先生来函，说在北京市平谷县发现上宅新石器遗址，希望我尽速回京合作研究该遗址。1986年11月由深圳返回北京后，立即拜访侯仁之先生，商讨关于合作研究上宅遗址事，谈妥去现场踏勘后视情况而定。为了及时问个究竟，于1987年1月9日与北京大学地理系历史地理教研室的于希贤副教授、武弘麟讲师一同冒着数九寒天，顶着呼啸北风，踏着咔嚓作响的积雪，在平谷县文管所的同志陪同下对上宅遗址等处进行了初步考察。经踏勘后发现上宅遗址是先民把遗物丢弃在一黄土古冲沟中，既有文物，又有冲积物，层序清楚，适合做古环境研究，但到底如何做仍是个问题。

1987年2月14日向北京市文物事业管理局汇报上宅遗址踏勘结果时，基于前述科学与社会要求变的需要，以及我在外国企业受科学研究要适应需要而变的锻炼，我提出以环境考古的观念来展开上宅遗址古环境与古文化关系的研究。从科学发展来看，我国经过半世纪努力，第四纪研究古环境的手段和人才已具备，考古学已建立中原等区域文化序列，现在不仅有可能，而且急需把二者结合起来，以促进科学的发展。环境考古既可以为弘扬中华传统文化出力，又可以立足中国史前环境变化与社会发展关系研究上更好地推动全球变化研究。总之，社会与科学发展需要提供了我工作变化的契机，我不过是为适应这一需要而对自己工作的方向做了一点调整。因此，我提出在中国展开环境考古研究既有社会原因，也有个人的原因。

此后，我的工作方法与思路发生了较大的变化，那就是要从环境变化与古文化发展关系研究需要出发，全方位地去考察遗址古环境变化与古文化发展关系，也就是说既要研究遗址的地质地貌和环境变化与文化发展关系，也要研究遗址所在区域的地质地貌和环境变化与遗址的关系。这样，方法要求多样、精与准，思路上要求服务于阐释考古学文化发展，既达到弘扬中华文明的目的，又起到推进第四纪科学在环境研究上的作用。总之，环境考古的提出并付诸实践，是适应社会和科学发展需要应运而生的。

2. 北京开花

北京，这座有3000多年建城史的古城，有850年建都史的古都，她是中国文明的重要发祥地，是中国重要的文化、经济、政治中心，她声扬华夏、名传四海，其魅力何以如此之大，令人深思。作为研究北京城起源的著名学者侯仁之先生，尽管为此做出了举世公认的成就，然而他总不满足，关注北京的每一点信息。侯老20世纪80年代中期获悉在平谷县上宅发现新石器时代遗址时，就敏感地认识到它对北京城的研究十分重要。承他邀我参加研究上宅遗址，记得1986年12月为此前往北京大学燕南园侯老的住宅拜访他时，他以铿锵的声调，挥起有力的手向西指着说，西有著名的周口店旧石器文化遗址，然后指向东说，东有平谷新石器遗址，一西一东，遥相呼应，多好啊！侯老对科学执著追求的精神，对祖国首都的热爱之情，像磁铁一样深深地吸引和感染了我。正如前述，从此，我以知天命之年，投入以北京平谷上宅新石器时代遗址研究为起点的环境考古研究工作。

从北京向东，经顺义县城，跨潮白河，行约60公里就到了平谷县境。这地方既有山岭环绕，中有平川，成一240平方公里的中型盆地。立在平谷盆地中央的平谷县城遥望四野，只见北、东、南三方被海拔几百米至千米的燕山山脉的山岭包围，而西部有一些海拔几十米至100米的孤丘构成的十里长山，它恰似立在平谷西边的一座屏风，使平谷与北京平原相隔又相连。平谷盆地东来的洵河和北来的错河（洳河）在盆地南边会合后流出盆地入蓟运河。洵河与错河带来冲积物，把这个山间低地垫成一个十分幽静而平坦的肥沃平原。在潺潺的洵河与错河滋润下，这里成为汉后建县，非常适合人类繁衍生息之所。值得注意的是这里有上宅、北埝头和孟各庄等新石器时代遗址，7000~6000年前先辈就已踏上了这块土地，并在这里开始了垦植活动。

上宅遗址位于平谷盆地东部，洵河北岸二级台地上，海拔100米，高出洵河约10米，台地宽数百米。遗址背依燕山山脉，靠近的矛山海拔800多米，高峰凤簸箕梁海拔1247米。上宅遗址面临将军关沟流入洵河的会水河谷，有宽广的河滩。所以上宅新石器时代的先民在二级（当时为一级）台地上可种植，上山可采集与狩猎，下河可捕捞，是一处生活资源较丰富之所。

上宅文化堆积物堆积在深约3.5米的古冲沟中，冲沟切入中更新世的离石黄土。近3.5米的文化堆积自上而下分8层，1层为耕土层，2层为辽金文化层，3~8层为上宅文化层。6层的上部^{14}C年龄为距今6000±105年，7层中部^{14}C年龄为距今6540±100年。唐辽文化层覆在上宅文化层上，说明其间地层有缺失。由于流水冲刷将黄土中丰富的钙富集在文化层中，所以6层中出现钙柱，到8层中不但钙柱多，且互连成钙板。上宅文化遗物在8层中比较零星，到7层中才出现得较多。8层中出现含量较多的桦花粉，达60粒。桦树是喜凉爽而湿润的树木，目前在北京只能生长在海拔1000米以上的山上，因此，8层含较多桦花粉，说明上宅文化之初气候一度较凉爽。7至5文化层中出现喜暖的栎、榆、栗、桤木、鹅耳枥和椴等乔木树种花粉，而且出现香蒲和莎草等喜湿植物花粉，这些说明上宅文化主要形成在气候温和湿润和草木繁茂环境下，当时雨量较多，河水丰富，故河边有东高地、普贤屯和北埝头泥炭沼泽分布。引人注目的是5层上部发现禾本科农作物花粉，说明上宅文化时代晚期上宅先民已会耕种。2层与1层中乔木花粉减少，而草本花粉增加，尤其是耐旱的藜、蒿花粉和卷柏孢子增加，这说明上宅遗址2层辽金时期堆积时及其后气候较前干旱。

1989年5月28~29日，在平谷县举行了"上宅遗址综合研究汇报会"，我在会上做了《平谷盆地环境考古调查》报告，着重阐述了上宅遗址的地质地貌、时代、先民生活自然环境、6000年前有农耕活动。侯仁之先生认为上宅遗址发掘把恢复古环境与古文化相结合的研究，是北京古文化研究的一个突破。中国历史博物馆馆长俞伟超教授认为，这是我国第一次应用自然科学手段研究农业的起源和文化发展问题，是一个可喜的开端。后来余写成《上宅新石器文化遗址环境考古》论文发表在《中原文物》2007年2期上。

1987年后的两年间，与北京大学地理系历史地理教研室和北京市文物研究所等单位合作，把环境考古从平谷盆地推向北京平原，着重对昌平雪山、房山镇江营新石器时代遗址和琉璃河商代遗址进行了考察。

1989年在我国第四纪研究史上发生了一件重要的事，那就是由刘东生先生主编的《中国第四纪研究》不定期刊物改成《第四纪研究》定期刊物。该刊刊名虽只有两字之差，但反映了我国第四纪研究在全球环境变迁研究的推动下走向世界的决心。刘东生先生以其一贯倡导我国第四纪研究的非凡热情，对国际与国内第四纪研究发展动态十分重视，他对我国从事第四纪研究人员的工作进展和特长了如指掌，尤其对一些有前景的新生研究更是关爱有加。承刘东生先生厚爱，遂有余的《北京环境考古》一文在《第四纪研究》1989年1期（创刊号）上发表。该文由刘东生先生亲自审稿，并签署"这是中国第四纪研究与考古学结合的第一篇论文"的评审意见。

大家知道，北京城坐落在北京平原上，这个平原属华北大平原的北端，它西有太行山，西北有燕山，东南与华北平原连成一体。北京平原虽说是平原，但仔细一瞧，还是有起伏的。北京平原的地貌大致可分为高低两级。高的一级一般离永定河、潮白河与泃河等河流稍远，并且高出河面约10米或更多，这在地貌学上称之为山前台地或河旁二级阶地，它是由黄土等堆积形成，形成在万年前，比较干爽。另外，还有靠近河流的低的地形，一般高出河流5米左右，在地貌学上称之为一级阶地，它是几千年来由河流带来的物质堆成的；较低的一级地貌还有另外一种情况，那就是北京东南的一大片低平地，它是由永定河与潮白河带来的物质聚集而成，这在地貌学上叫作泛滥平原。北京泛滥平原形成时间与一级阶地大致同期。因此，我们把北京平原划分为山前台地和二级阶地与一级阶地和泛滥平原两部分，又把山前台地和二级阶地由永定河

1987年中国科学院第二届地学部委员大会合影（局部）
头排左1钱学森；二排右1刘东生；三排左1周昆叔；三排右4汪集旸；四排右2欧阳自远；左4叶大年

嵩山行 ◎ 肆　人生絮语

与潮白河分割为房山－良乡、昌平－北京与杨各庄－平谷三块台地。新石器时代和商、周遗址坐落在上述三块台地上，而且这三块台地上分布的新石器时代文化，表现出各自与靠近的邻区文化联系密切，如像房山－良乡台地上的镇江营新石器时代遗址含做饭的釜，表现出与中原文化关系密切。又北京－昌平台地上的雪山新石器时代遗址产双耳罐，表现与西北文化关系密切。还有杨各庄－平谷台地上的上宅、北埝头新石器时代遗址产带之字纹的深腹罐等陶器，表现与东北红山文化联系密切。这些文化差异一方面说明潮白河、永定河这些河流对早期人类文化的阻隔作用，另一方面说明北京处在南北交会处，早到新石器时代就已成为文化汇集地，这促成了北京城的形成与发展。战国后至秦汉人类活动场所才逐渐迁到较低的一级阶地和泛滥平原上。这种人类活动场所的选择与变迁，好像只是地势高低之别，殊不知乃气候变化使然。那就是3000年前的全新世中期，气候暖湿，河谷低地还是水乡泽地，商周以前的人类当然只能在河岸的高台地上生活。到3000年后的全新世晚期，气候变干，海面降低，河流下切，河谷低地疏干，故战国后的人类才抵达一级阶地。

观念的更新，引来方法的变革和科学创新。《北京环境考古》一文把环境演变、地貌变化和人类迁移三者关联研究，又把地学与考古学成就熔为一炉，还删繁就简，绘成了中国第一张环境考古图。发现了人类由高台地向低谷迁移；农业起源于高台地，发达于低谷。

20世纪80年代后期在北京环境考古得出的科学新论基础上，勾画出北京城兴起、发展的环境、人文轨迹，给北京历史与发展研究以新的推动力。北京环境考古成为我们自然科学与社会科学结合的一个新起点。相关研究应邀在1987年举行的《中国科学院第二届地学部委员会议》上做《环境变迁研究》（刊载于《中国科学院地学部委员会大会文集》，科学出版社，1988年）学术报告中谈到，受到赞赏，并引起新闻界关注。《中国地质报》1987年12月28日头版以《北京城为什么坐落现在这块地方？》头条新闻报道了我的报告，指出"中科院周昆叔对北京环境变迁研究获重要成果，这一成果对首都长远建设将有指导意义"。当天，北京广播台多次播报了上述《中国地质报》的报道。

首都环境考古科学新花已盛开在华夏大地。

3．中原结果

1988年后，在国家自然科学基金委员会资助下和与中国历史博物馆等单位合作下，我的环境考古工作由北京、河北白洋淀地区逐步转到黄河中下游。

（1）探营之旅

1988年11月10日，在刘本安、顾海滨同志陪同下从北京起程，考察晋南、关中盆地与豫西地区。期间陕西省考古研究所所长巩启明先生一起参加渭河盆地中西部的考察。对我国文化重要发祥地黄河中下游环境与文化关系的考察，是探寻我国文明渊源之旅，是对先辈日作夜息、激扬文字、金戈铁马之所的追思，是对环境考古前景的一次重要探索，这种初始研究的激情使我兴奋不已，而肩负的繁重任务，时时在提示自己要不辱使命。经过20多天和6000公里考察之后，要说初始调查的收获，并不是解决了什么问题，而是使我们思考了许多问题。先辈们留下的业绩在历史长河中如何流动的？它们闪光的文明，怎么会成为蕴藏在地层中的历史呢？这些历史源头，对现今与将来有什么启示？而这些问题的答案，将会出自黄土层及其所含的文化层。一路行程，无论到山西的陶寺、古城镇或到陕西半坡、周原，还有到豫西渑池仰韶村等处，见到不同厚度、不同规模、不同埋藏深度的文化层，这些逝去的人类伟大创造，为我们研究提供了丰富内容，只要我们去亲近它们，其无声的文化宝藏将会成为重要的知识源泉。尽管这种认识还是十分朦胧，但我从不同时期的文化层在黄土层中序列出现，看到了做环境与文化关系研究的很好前景。当一天考察

1988年在关中环境考古时于秦俑馆前合影自左至右为刘本安、周昆叔、顾海滨、巩启明

之后在住宿处与巩启明先生谈到我在北京、白洋淀地区，以及这次考察收获后，我感到有必要召开一次全国环境考古学术讨论会来交流，以促进环境考古在全国的展开，当即得到巩先生的支持，并约定由几个单位发起，由陕西省考古研究所来承办。

(2) 突破S_0

1989年10月17日，在杨庄立、张广如同志陪同下重去黄河中、下游考察，重点在关中地区，期间先后有祝一志、李雪松、魏京武、杨亚长等先生参加。考察于11月23日结束，历时月余，其行程大致与上次相似，即从北京直抵邯郸，考察磁山遗址；穿太行山，抵长治，南行，经晋城，西行，跨黄河禹门口，沿关中北部向西考察，重点考察了白水、漆水河流域与周原；最西抵陇县考察边家庄秦城遗址；在宝鸡市考察了北首岭、福临堡遗址后，沿关中盆地南部向东折还，途中考察了石咀头、石鼓山、半坡、姜寨、兰田、北刘、史家、白家、康家、老官台等遗址。此次考察的主要收获，可用考察中发自内心感慨的一句话来表述：突破了S_0。

为什么这么说呢？因为黄河中游全新世地层的划分是环境考古的基

础，而对该地层的认识，辨别古土壤层是关键。

所谓S_0，是第四纪地质学界对黄土高原全新世黄土中古土壤层的称呼。S是来自英文土壤Soil的第一个字母。S_0，其零(0)，示与往日通称晚更新世马兰黄土地层下伏的第一层埋藏土S_1相区别。那么，为什么全新世地层的古土壤不称为S_1呢？因为这与人们对黄土古土壤的认识过程有关，早期研究黄土地层主要着重于更新世黄土的缘故。晚近虽然已注重研究全新世黄土，但由于S_1的用法沿袭已久，不便更改，故全新世黄土中的古土壤称为S_0。S_0就可以作为称呼全新世黄土古土壤的代号了，但不能没有一个中文称呼，所以，我们称全新世黄土中的古土壤层为顶层埋藏土(Upper paleosoil)。

考察途中所见全新世黄土自上而下灰黄(耕土)、黄、褐、红褐不同颜色和不同质地的黄土层在我们眼前飞过，这些变化由原来以为是偶然出现，到后来看得愈来愈明显，这种稳定的变化似乎应有普遍的地层学的意义，然而它们代表的时间概念如何？它们与文化层有什么关系吗？不搞清楚这些问题，就很难赋予它地层学意义。

当我们从扶风县城往北经法门寺抵达周原周文化的核心地区，随处可见的西周文化层，把我们带到了3000年前熠熠生辉的青铜文化时代，我觉得这样分布广且稳定的文化层应该是我们认识全新世黄土地层与文化层关系很好的地方。在我们穿沟越野寻觅中，终于在岐山县与扶风县交界的刘家沟水库西侧礼村剖面有了重要的发现。在这里灰黄色的马兰黄土上覆盖着一层绝然不同的褐红色古土壤层，与该层的顶部地层界线相平行的分布有含西周文物"豆"的大型灰坑，也就是褐红色顶层埋藏土的晚期应为距今3000年左右。这些褐红色的顶层埋藏土和西周文化层之上被一层褐色顶层埋藏土覆盖，令人惊叹的是我们在这一剖面的南侧，发现战国秦墓的开口与褐色顶层埋藏土相平行，此墓还打破了前述的西周文化灰坑，这也就是说褐色顶层埋藏土成形于距今约3000～2000年间。褐色顶层埋藏土之上依次堆积有黄色的新近黄土与耕土层。我们在探讨这一剖面时，询及随行的探工师傅，他们说只有钻探通过褐土层才会见到西周文化层。这就证实我们所发现的全新世黄土层褐红色顶层埋藏土顶部与西周灰坑平行分布的关系不是偶然的，具有代表性。这里

的发现十分重要，因为它首先说明我们在关中地区看到的全新世古土壤层是复合型古土壤，既有靠下的褐红色古土壤层，代号为S_0^1；还有其上的褐色古土壤层，代号为S_0^2。另外见到的二层古土壤层的顶部分别含西周灰坑与战国秦墓，这表明二层古土壤终结时间分别为约3000年前与2000年前。第三是这二层古土壤形成反映的暖湿与凉干环境的变化与西周、东周和战国秦、汉文化层变化有偶合关系，也就清晰地说明了环境变化与文化发展有内在联系。至此，黄河中下游全新世地层序列及其与文化层有可比性的认识愈来愈明确。后来我们在渭南北刘遗址见到薄薄的全新世褐红色埋藏土壤层下伏有老官台文化层和上覆有庙底沟文化层的剖面，让我们坚定了上述认识。这就使我们对关中全新世黄土中的古土壤的类型、时间、空间、环境及其与人类的关系有了较清楚的认识。对周原全新世黄土与文化层有标准地层意义的发现，使我看到黄土沉积环境变化与不同文化间有耦合关系，就找到了环境考古之路，我们在黄河中游的环境考古前景变得明朗起来。在这些重要发现激励下，杨庄立同志情不自禁地发出肺腑之言：突破S_0。

（3）历史会议

正如前述，自从1988年在关中考察途中与巩启明先生达成召开全国环境考古学术会议共识后，为此，我向前辈苏秉琦、刘东生、侯仁之和贾兰坡先生汇报，并请他们为会议题词，多次往返于北京与西安，经过1年多的筹备，于1990年10月21~24日在临潼514医院休养所召开了"中国环境考古学术讨论会"，与会者70人，25~26日组织了到周原会后考察。这是一次得到陕西省文物局、陕西省考古研究所、中国历史博物馆、中国科学院地质研究所和西安黄土与第四纪地质研究室发起与大力支持的会议，也是我国第一次召开的环境考古专题学术会议。陕西省文物局张廷皓副局长等参加了会议，陕西省考古研究所石兴邦先生在会上做了重要讲演。尽管会议交流的学术成果还显得有些幼嫩，但大家对环境考古充满信心和期盼。后来我与巩启明先生共同将与会者提供的38篇论文编辑成《环境考古研究》（第一辑）（科学出版社，1991年出版），它是中国环境考古学初创时期的一个里程碑。为了向大家汇报近年我们在黄河中游进行的环境考古调查，与张广如同志合写了《关中环境考古调查简报》一文，在该文中我们提出了周原黄土这一概念。周原黄土是指分布于黄土高原东南边缘的全新世黄土。周原黄土最具特征的是在约8000~3000年间形成了一层厚约0.7~1米的褐红色(或红褐色)顶层埋藏土。该层黄土是在全新世中期的气候适宜期，受东南季风作用，处于亚热带北缘环境下形成的一层棕褐土或棕壤。黄河中、下游的先辈就是依靠这一层褐红色顶层埋藏土，创造性地发展以粟为主的农业，形成了在华夏文明中起主干作用的新石器文化和在国家形成中起了重要作用的夏商周青铜文化。所以研究褐红色顶层埋藏土的结构、类型、成分、环境及其与文化的关系，将是揭示黄河中下游发达的古文化之谜的关键，是环境考古的长期研究课题。

  这次会议的参加者，尤其是一批年轻的学者，现在多已成为有建树的学者，这次会议成为展开我国环境考古的训练班、播种机，其影响是深远的，其作用在推动我国考古学发展上显示出来了。在十多年后的今天，我对支持和参加会议的单位和学者怀着深深的敬意和感谢之情。这里我要特别感谢的是巩启明先生等陕西省考古研究所的朋友们，会议的成功是由于他们付出了辛劳才获得的，我钦佩他们的远见卓识。我也怀念曹兵武同志为筹备会议跑前跑后，特别是在开会期间，他为了每天出一期简报，没有睡过一天好觉。今天中国环境考古的成就，让每个曾经支持1990年"中国环境考古学术讨论会"的人们感到欣慰。

  这里需要特别说明的是1990年举行的"中国环境考古学术讨论会"并未冠以"第一届"届数，那是因为我们未奢望后来还能继续召开全国环境考古学术会议，既然后来全国环境考古学术会成功地连续召开，所以就把1990年召开的"中国环境考古学术讨论会"当作"第一届"了。

  （4）融合之路

  自1987年至1990年间，花了四年时间奔走于北京、河北、山西、陕西与河南地区做环境考古调查和室内研究，取得了一定成果，通过召开"中国环境考古学术讨论会"，出版《环境考古研究》，在各方努力与大力支持下环境考古的局面已初步打开。但是，社会反映环境与古文化关系研究仍嫌结合不够紧密，也就是存在所谓"两张皮"的问题，我把这种状况戏称作"夹生饭"，如何消灭"两张皮"的问题，如何把

"饭"做熟，是环境考古从起步迈向深入发展的关键所在，是摆在我面前的拦路虎，若不攻克，好不容易形成的环境考古热情势必将会难以保持。思来想去，近几年自然科学家与考古学家共同组队展开区域的环境考古调查无疑是可取的，但是再如此下去则难以继续推进环境考古，必须把工作重心从面上转入点的研究。

1991年春季，我跟俞伟超先生谈了上述想法。他说："这和我想到一块去了，正好小浪底水库淹没区需要做考古抢救发掘，我们可以结合这项工作来做，请你带队做一次选点调查。"

同年4月17～23日，与裴安平、曹兵武、张广如等同志前往河南的孟津、安新、渑池做小浪底水库淹没区考古学综合研究选点调查，期间李占扬同志参加了前一阶段的考察。调查前一阶段是沿黄河支流畛河及其附近考察，重点考察了西沃、盐东、河西、卷子村、妯娌村、寨根等遗址，这些遗址以龙山文化为主，有的破坏较严重，不宜做选点处。后一阶段在渑池县古城一南村盆地的黄河南岸考察，重点考察了班村与杨家遗址，二处皆以庙底沟文化为主，考虑到班村遗址保存较好，交通等条件允许，故选在班村做考古学综合研究发掘处。嗣后，由中国历史博物馆、中国科学院地质研究所、中国科技大学等单位发起，中国历史博物馆主持和其他发起单位等多个单位参与，以及接待美、日等国专家访问，班村考古学综合研究展开了，正如俞伟超教授于同年10月15日在三门峡举行的班村考古综合研究工作研讨会上所说，这是仰韶文化发现70年后举行的一项有时代意义和纪念意义的重要考古发掘工作。

班村是黄河晋豫峡谷间最大的古城——南村盆地中的一处重要遗址。它处在黄河及其支流北涧河交汇的二级阶地前缘，南依秦岭山系的崤山，北面黄河与中条山。先辈们7000年前就在这儿生息繁衍，创造了裴李岗期的文化，仰韶时代文化繁荣，延及战国至宋。这一项工作基本达到预期目的，发掘报告正在完善和待刊印中。其中环境考古的主要收获是阐述了班村古文化形成的地质地貌环境、环境演变和文化发展间的关系，证明前仰韶、仰韶、龙山、战国和宋诸文化层与各层周原黄土有可比关系。

1993年春，为筹备1994年召开的"中国第二届环境考古学术讨论会"到洛阳市文物工作队商请支持，承叶万松队长等队领导答应大力支持。为筹备开好此次会议，我向叶队长提议可否结合考古工作开展环境考古研究，以便开会时向与会代表介绍并参观，这样既推动了队上工作，也利与会代表更好体验环境考古。叶万松队长说："队上正在开展皂角树遗址发掘，可否结合此项工作展开。"我说需要实地看一看。于是由该队派赵春青同志陪同我前往皂角树遗址考察。只见该遗址北侧出露一取土后留下的长达100余米、高近3米的剖面，灰黄色的马兰黄土上覆褐红色埋藏土，依次上覆有褐色埋藏土、新近黄土和耕作层，这与先前认定的关中周原黄土完全一致，说明黄土高原南部全新世黄土东西地区是可比的，尤其难得的是在各层周原黄土中都含有不同时代的灰坑，展现在我们眼前的是一处地质地层与文化地层能很好对比的清晰剖面。当我将考察所见告诉赵春青同志后，这位对新事物十分敏感的年青人，高兴之情溢于言表，当即把大腿一拍，高兴得跳起来，恍然大悟说："原来如此，这是我从来没听到过的。"我将考察情况告诉了叶万松队长，当即决定结合皂角树遗址，作为伊洛河流域环境考古试点合作展开研究。因为皂角树遗址是洛阳市开发区建设中的一项抢救性发掘工作，不论从配合开发区工作或为准备1994年"中国第二届环境考古学术讨论会"都需要立即展开工作，故此后，直至1997年间我不时前往洛阳，以皂角树遗址环境考古指导的身份与洛阳文物工作队合作工作，期间，我曾提出几项建议。第一项建议是考虑到发掘后，所发现稀有清晰的地质地层与文化地层对比剖面会由于开发区施工被破坏，希望召开一个小型的现场会议，当即得到叶万松队长等支持，笔者协助洛阳市文物工作队于1993年10月29日在洛阳市召开了"皂角树遗址考古工作座谈会"，应邀出席的有刘东生、俞伟超、严文明、蒋若是、商志馥等先生和笔者，大家见到皂角树遗址北侧清晰地质地层与文化地层清楚关系的大剖面很是高兴，俞伟超先生拍着我的肩膀高兴地说："问题解决了！"会中专家们还查看了在文化层中浮选出的丰富的农作物种子和植物果实等遗存，专家们认为皂角树遗址发掘"展示了考古学与自然科学结合研究的必要性和良好的前途"。我的第二项建议是要系统地研究皂角树遗址自然环境演变与文化发展的关系，这样除研究文化层包含的古环境信息

外，也要研究与各期文化层同期的地质地层的古环境信息。因此，后来就将遗址北侧剖面全部清理出来，解剖剖面中各灰坑的内涵；在遗址东侧开掘四个探方，了解遗址边缘古河道掩埋过程及其与人类关系。并且，于1997年7月冒着酷暑寻找遗址旁古河道走向，在几十平方公里上大规模钻探，结果查明该古河道是从洛阳盆地西向东南流汇入伊河的一条较大的古河道，皂角树遗址曾濒临该古河道的牛轭湖，并且测绘出该河道的横剖面。另外考虑到二里头文化是皂角树遗址主要内涵，必然要与同处洛阳盆地的二里头等遗址联系起来，这样于1996年对洛阳盆地进行了环境考古的全面考察，并且绘制出了洛阳盆地环境考古图。我的第三项建议就是皂角树发掘报告要将人类生存环境融入进去，后来依此办理。《洛阳皂角树》发掘报告已于2002年由科学出版社出版。2003年元月6日在北京大学举行《洛阳皂角树》出版座谈会，会上《洛阳皂角树》发掘报告受到鼓励与好评。严文明先生认为过去像皂角树这样小的遗址最多写一个简报，现在居然写出这样一本书，过去大型遗址发掘不知丢了多少东西。王巍先生认为《洛阳皂角树》的出版标志着考古综合研究从与自然科学接触到融合，黄河中、下游文明起源的研究要坚持多学科综合研究。陈淳先生在《中国文物报》上发表评论，认为《洛阳皂角树》是环境考古典范之作。

  洛阳皂角树遗址的环境考古是如何与古文化相融合的？

  首先是弄清了这里3700年前二里头文化以来至唐宋环境演变与文化发展的关系，这是通过地质地层周原黄土与各期文化有清楚的对比关系后，并运用古土壤类型研究，古植物的孢粉、硅酸体分析与果实种籽鉴定，古动物鉴定以及磁化率测定，从中提取古环境信息，证实了环境变化与古文化演变间有相关关系。另外从二里头时期暖湿气候到东周、汉及至唐宋气候变凉干，导致遗址旁古河道湮废，其过程左右了皂角树人从二里头时期到汉，人们随着河水减少，渐向河靠拢，生动地揭示了人类逐水而居的情景。从丰水而兴的二里头文化，到少水至缺水引起商、东周、汉直至唐宋遗存的减少，反映出皂角树人在环境由好到坏影响下，文化由兴变衰的过程。这一过程在洛阳及周边地区不同程度的体现出来。这一过程揭示古都洛阳演变与环境的关联。这一过程与我国经济、文化、政治中心由北向东南转移有联系。这一影响至今仍在延续。

其次是从皂角树遗址二里头文化层中找到粟、黍、麦、稻和大豆农作物籽实，这成为二里头文化能在黄河中游河洛一带繁荣的经济基础。原来二里头文化及其政治中心能立足于洛阳盆地，它的熠熠生辉的青铜文化是有洛阳盆地五谷丰登的农业支撑，是无衣食之虑的洛阳人们创造的。尽管我们研究的是二里头时期洛阳一个普通村落，却反映华夏历史之初的二里头文化发端于黄河中游有社会和经济的基础。

因此，皂角树遗址的多学科综合研究，证明环境考古在研究人类生存环境与人类文化发展的这"两张皮"时是可以结合的。只要我们努力工作是可以"煮熟"自然科学与考古学结合这锅饭的。

《洛阳皂角树》这个硕果是考古学家与第四纪地质学家通力合作的结晶。为服从消灭"两张皮"的中心任务，那么就要有所为，有所不为，我宁肯暂缓撰写已获得科学出版社资助出版专著《中国环境考古概论》，也要坚持搞皂角树遗址研究。为了消灭"两张皮"，我可以退休之躯通宵达旦；可以奔走于洛阳山川之间；可以冒盛暑汗流浃背穿梭于古河道钻探工地；可以笑对误会；可以在意外事件发生时，可能前功尽弃的情况下坚持。在十年融合的道路上，不仅仅是环境考古的收获，而且是对我身心的锻炼与意志的考验。

《洛阳皂角树》展现出环境考古的很好前景，放眼神州大地环境考古科学之花盛开，我们将有信心做出更加令人兴喜的环境考古成果。

我之所以长期把环境考古重点放在中原，为的是企图从环境考古去诠释中原古文化何以发达，去认识中原古文化在华夏文化中的地位，为完成这一任务，我分作三步走。

第一步是摸中原全新世黄土与文化层的关系。由于中原的古文化遗存丰富，又这里全新世黄土发育，有利全新世黄土与文化层关系的研究，这是从时空关系展开中原环境考古研究的先导。这一步起始于1987年对北京上宅遗址的研究，初步完成于1995年在《第四纪研究》2期上《周原黄土及其与文化层的关系》论文的发表。

第二步探讨中原全新世环境演变与文化发展的关系。这一步起始于20世纪90年代初对班村遗址和皂角树遗址的环境考古研究，初步完成于

1997年《洛阳皂角树》一书的撰写。

　　第三步是提出中原古文化核心区地域文化名词——嵩山文化圈。余于2003年在济南举行的"中国第三届环境考古学大会"上做《十五年来中国环境考古》主题报告，在谈到黄河中下游环境考古时首次提出"嵩山文化圈"的概念，继于2005年在《中原文物》上发表《论嵩山文化圈》论文。嵩山文化圈的提出，标志着我们以系统论的观点从事环境考古，用山、水、土、生（生物）、气（气候）、位（位置）的多古生态因素分析的方法，剖析了中原文化形成的机制，从而深化了"中原文化"与"河洛文化"的研究。嵩山文化圈科学概念的提出是中国环境考古从摸索到走向成熟和中国考古学成功走上综合研究之路的重要标志之一。嵩山文化圈科学理念受到有关方面的重视，如《文明》杂志在2006年3月迎接普京总统访问嵩山的专刊上刊载了我写的论文《中华民族文化的核心：嵩山文化圈》。同年4月后分别应郑州市、登封市和郑州大学之邀做了有关嵩山文化圈的报告，受到欢迎。河南省省委常委、郑州市市委书记王文超同志多次会见我和我们研究集体，他指示：一方面要尽快向大众宣传"嵩山文化圈"科学理念，另一方面要成立学术团体与机构深入研究嵩山文化圈。"郑州中华之源与嵩山文明研究会"已经成立，嵩山文化圈的深入研究已经展开。

三　边缘科学——领悟之门

　　本人年届70多。早已过知天命之年，然何为天命，不知所云，大概是指对事物的领悟。这里就谈点领悟吧！

1．引进与创新

　　当今世界，文明甚多，然其大类不出东方与西方。两者各有所长，互相取长补短，人类甚幸。作为东方文明组成部分的华夏文明，乃东方文明的代表，她在绵延几千年的历史中，创造了辉煌业绩。我国四大发明成为促进西方文明进步的原动力。不仅汉唐盛世的西安，即算在宋都开封，都是世界颇具吸引力的大都市。然近两百年来，尤其近百多年间，我国一度沦为列强蚕食的殖民地。有识之士，痛心疾首，图复国，纷纷走出去，引进来。

余一生做了两件事，一是在中国科学院地质研究所创建第四纪孢粉分析实验室，并运用于研究我国第四纪地质问题。现代花粉分析的奠基人是瑞典人斯德哥尔摩大学地质学教授波斯特(L.V.Post, 1884~1951)，他于1916年在奥斯陆(Oslo)斯堪的那维亚自然科学16届会议上作了"瑞典南部泥炭沼泽沉积的森林花粉"的讲演，他运用了花粉百分统计方法，并制作了花粉式。因此，孢粉分析作为一门学科是20世纪20~30年代在西北欧诞生。后来我国学者丁骕、徐仁先生等注意孢粉分析，而且徐仁先生等在印度从事过孢粉分析研究，但真正作为一个学科引进是在徐仁先生等指导下起始于20世纪50年代，徐仁先生是我国孢粉分析的奠基人，王伏雄先生是我国孢粉形态学的奠基人，我有幸在刘东生先生领导下，成为我国早期创建第四纪孢粉分析的成员之一。

余做的另一项工作就是在我国提出和力倡环境考古。环境考古的提出始自20世纪30年代的英国，但作为一个学科开始于1964年布策尔(Butzer, K.W.)发表《环境与考古学》(Environment and Archaeology)一书。正如前述，我国提出环境考古并付诸实践始于1987年北京市平谷县上宅新石器遗址发掘。就发表论文而言，始于1989年发表《北京环境考古》专文在《第四纪研究》创刊号上。召开全国最早的环境考古学术会议是1990年在临潼举行的《中国环境考古学术讨论会》。出版专门环境考古文集《环境考古研究》(第一辑)是1991年。成立最早的地方性环境考古学团体是1987年成立的"北京市文物古迹保护委员会环境考古分委员会"。成立全国性学术团体"中国第四纪科学研究会环境考古专业委员会"是在1994年。

从上述可见，不论我从事的花粉分析或环境考古，都比国外晚了20~30年，均属于引进。引进并不等于照抄，而是要结合国情应用。如像环境与人的关系来说，我们先辈早有"天人合一"的思想，这一富有深刻哲学内涵的理论，是对人与环境关系的高度科学概括，其思想的光辉成为华夏文明宝库重要组成部分而享誉中外。我们无论是引进花粉分析或环境考古，都要运用"天人合一"的理论去指导问地、问天、问人。

我国现代科学基础薄弱，必须要经过引进、学习的过程，但是并不是我们不能创新。我们运用孢粉分析建立起我国全新世地层划分方案，成为展开我国环境考古的基础。在我国黄河中、下游提出全新世周原黄土概念，确立了地质地层与文化层有可比关系，建立起了全新世黄土地层与文化层间的时空框架，也就是说，原来黄河中下游各地区孤立分布的各期文化遗址堆积，在找到与全新世地层对比关系后，各地同期文化层嵌在相同的全新世黄土地层中了，这样不仅利于文化层远距离对比，也利于对各期文化形成环境的研究、理解和新文化层的发现。我曾依据周原黄土分层，在灵宝盆地荆山村首次发现裴李岗期文化层，也在禹州市著名的瓦店龙山遗址上辨别出汉文化层。周原黄土与文化层时空框架的确立对推进考古学、第四纪地质学有重要意义。就考古学而言，黄河中下游周原黄土与文化层关系的确立，标志了我国考古地层学的完善，并为考古学走上综合研究之路开辟了前景，这对邻区甚至邻国都将产生影响。2002年我在河南省文物考古研究所建所50周年庆典暨华夏文明起源学术会上作了《再论周原黄土及其与文化层关系》的报告，会间，韩国学者李隆助教授表示希望把我的这个报告论文放在他们办的刊物上发表，可见这一研究已引起邻国的注意。就第四纪地质学而言，它完善了全新世地层学的概念，把第四纪古环境研究引上自然环境演变与人类相互关系研究之路，从而使古环境演变研究深化和更人性化。

2．变与不变

社会在前进，科学在发展，任务在变化，变是绝对的，不变是相对的。

如前所述，在我从事30年第四纪孢粉分析之后，虽感到对第四纪研究的理解有收获，但若只拘泥原有工作就很难上一个新的台阶。全球变化科学研究潮流出现，要去适应。上宅新石器遗址研究任务需要以一种新的方式参与。在英国公司工作应变中得到启发，凡此种种新情况、新潮流、新需要与新思维的促使下，感到要有一个变化才能适应新形势，于是我提出搞环境考古。这对我说是个大转变。这意味着我要去学习和从事不懂和不善长的科学研究领域。

由于环境考古适应了社会与科学发展需要，受到国家自然科学基金会的资助，得到合作单位的鼎力协助，从事的单位与个人愈来愈多，好像形势不错，但古环境变化与古文化发展研究结合不紧密的"两张皮"问题成了前进路上的拦路虎，困扰着我，我曾感到烦恼，觉得有点不自量力，自然科学本身问题很多，社会科学更是难于量化，现在我居然还要想通过环境考古把两者结合起来，谈何容易。

我感到担子有千斤重，如果不向前走，搞成夹生饭，已搞起来的环境考古可能凉下来，历史的责任怎么承受得了！

冷静想来，问题是工作不深入，深入的关键是要改变工作方式，不能再满足于1989年后的区域调查，而是要蹲下来与考古学家合作发掘，力图从点上突破。要把全新世黄土地层与文化层对比得出的周原黄土观念抓扎实些、明确些，方能起牵一发动全身的作用。于是才有1991年工作重心转到点上研究，此后走了十多年自然科学与考古学融合之路。

在走过十多年区域地层研究和环境与文化关系研究后，得以从区域上来认识环境与文化的关系，于是在2003年提出"嵩山文化圈"这一地域文化的理念。

我在社会和科学发展大潮推动下而大变，又在大变中遇到问题时，在工作方式方法上小变。然而要万变不离其宗。我从事环境考古大变中，却利用了我搞孢粉分析对第四纪地层，特别是全新世地层与古环境研究的基础。虽我暂时不搞区域环境考古调查，但我把区域调查的知识应用到点的研究上，才不易犯见树不见林的毛病。

总之，一个人一生中不适应社会需要而变，那么势必落伍。若不利用原有基础，重敲锣鼓重开张，起跑就可能落后。

变是与时俱进，只是变中要不离其宗。

3．个人与集体

个人是集体中的一员，个人在集体中的作用是有区别的，但个人不论有多大贡献都与集体分不开。由于历史的机缘，由于许多前辈、领导的指导与提携，许多同仁的支持与关爱，我才为我国孢粉分析、第四纪地质和环境考古做了一点微薄的工作。

这里要补充追忆些与发展我国环境考古有关的人与事。

20世纪初，李四光先生力辟风水说糟粕，扬其精华，精辟地指出环境对人类对人类社会有深刻影响，李四光先生应是我国明确论述环境与文化关系的初期代表。裴文中先生等认识到古文化发展与古环境演变有重要关系，他是我国环境考古的先驱。侯仁之先生是我国环境考古最初的大力支持者和指导者，侯老对我的提携，感谢不已。

1981年3月4日，在中国第四纪研究委员会全新世分会首次工作会议上，刘东生先生谈到中国全新世研究时说：中国全新世研究要以地层年代研究为主，是否可以考虑与文化层联系来研究，这样不但对我国全新世研究是一个促进，而且对邻国还会有较大影响。周廷儒先生在会上谈到，如果把发掘的文化遗址分别点在地貌图上，对认识文化的发展可能会有裨益。我作为该学会的秘书长听到这些卓识，时常萦绕脑际。1987年我提出结合上宅遗址研究开展环境考古，其中也包括受刘东生先生上述讲话的启发。在做《北京环境考古图》时我运用了周廷儒先生的上述思想作为制图的重要原则。

刘东生先生对发生在第四纪地质学界新事物的敏感性是难以匹敌的，这是源于他的渊博知识和对第四纪科学执着追求的思想。1989年，请他检查我在徐水地区做的环境考古工作，他在百忙中欣然前往，并在考察中询问我怎么会想到搞环境考古的，他说这是裴文中先生早就想搞，但未能实现的。言谈之间，充满了对我工作的肯定，从而使我信心更足，决心要持之以恒把环境考古搞下去。1994年在广州举行全国第四纪学术会议期间，他卓有远见地提出在中国第四纪研究委员会下设环境考古专业委员会，并要刘嘉祺秘书长征询我的意见，我十分赞同和感谢刘东生先生的决策，并积极协助筹组。自此后，我国才有了全国性的环境考古学术团体。由于我国环境考古在"中国第四纪研究委员会环境考古专业委员会"的领导下步向有组织的发展，大大推动了我国环境考古工作。我们深深感谢刘东生先生不顾高龄，总是满腔热诚地指导、支持与投入环境考古工作。

许多考古学家和考古与文物管理、研究单位都大力支持环境考古工作，没有他们的大力支持和积极参与，我国环境考古不可能出现人才辈出、著作涌现和影响扩大的局面。1988年5月上宅遗址综合研究汇报会上俞伟超先生洞察到环境考古对考古的重要，在会上口头邀我合作开展此项研究。同年8月26日我应俞先生之邀前往中国历史博物馆做《考古学的新内容——环境考古》学术报告。此后，我与中国历史博物馆等单位在黄河中下游合作进行环境考古。记得1991年10月19日参加由俞伟超先生在三门峡市主持的班村遗址发掘工作会后的返京火车上，已是深夜，在旅客们都已入睡时，俞先生还与我在车厢间的通道里兴致勃勃地长谈环境考古问题。俞先生是我国考古学革新的重要策划者，他对促进我国环境考古的热诚令我钦佩。还有严文明先生也是我国环境考古的坚定支持者，据我所知他是最早明确谈到要在中国搞环境考古的考古学家之一，我国环境考古的重要学术活动，他都是每请必到，并发表十分有见地的谈话和文章，热情支持和指导环境考古。此外，还有苏秉琦、贾兰坡、施雅风、石兴邦、安志敏、张忠培、黄景略、丁国瑜、安芷生、刘嘉祺先生等也都给我国环境考古以热诚支持。

1990年11月11~12日，接待我国赴美学习的荆志淳博士陪同明尼苏达大学著名地质考古学家拉普(C.Rapp)教授来访，次年8月11~19日，应邀陪同拉普教授到商丘考查。1991年我编《环境考古通讯》时，致函拉普教授，请他为刊物写稿，承他应允写了《环境考古学的时代已经来临》(Environmental Archaeology Comes of Age)一文，其中谈到"在今后的十年里环境考古学将在中国考古学研究中起到重要的作用。我们看到来自于自然科学和考古学领域的中国学者已经开始从事环境考古学的研究。我个人希望今后的十年里能够为中国的环境考古学和地质考古学的进一步发展做一点微薄的工作"。拉普教授后来还多次来华访问，还指导荆志淳博士与唐际根博士等合作研究安阳殷墟，承邀我参加了部分工作，并承提供机会于2002年前往英国参加东亚考古学讨论会，我做了《殷墟孢粉分析》(Sporo-pollen Analysis of the Yin Dynasty Ruins)报告(刊在周昆叔著《花粉分析与环境考古》，学苑出版社，2002年)，受到与会者欢迎。我十分怀念与拉普教授和荆志淳博士的交往。由于中国同仁的不懈努力，基本实现了拉普教授的预言。感谢拉普教授和荆志淳博士等友人为发展我国环境考古做的有益贡献。

《洛阳皂角树》出版的重要性在于说明环境考古中的古环境与人类文化发展关系的研究是可以融合的，其中对二里头文化层农作物种子

运用浮选法进行寻找是关键之一,而此种方法的运用在我国还属推广时期,其成功与赵春青同志、刘长江先生等的艰苦努力分不开。又遗址旁古河道的发掘与寻找,方孝廉先生持之以恒地做了很大贡献。在对洛阳盆地进行环境考古调查中谢虎军等同志出力甚多。皂角树遗址发掘是许多人的劳动结晶,但洛阳市文物工作队以叶万松队长及朱亮、王支援副队长为首的队领导所起的领导作用更是关键。

我和我国环境考古之所以能展开,是许多前辈悉心指导、领导热情支持和同仁不懈努力的结果,恕我不能一一写到。

我国孢粉分析或环境考古之所以能展开,根本是靠国家的实力和改革开放的东风。解放前贫弱的中国,国无主权,民缺衣食,发展科学系奢谈,难以为继。因此,我庆幸生活在愈来愈强大的祖国,她是我们工作的坚强后盾,我们的一切成就都是在为建设我们强大的祖国添砖加瓦,为中华在世界民族之林崛起做贡献。我们深深感谢祖国,也感谢国际友人的友好支持。

强大祖国是事业成功的靠山,回报祖国是事业成功的最大动力。

4. 干与学

正如前述,我作为一个学生物出身的人来搞第四纪地质学和创建第四纪孢粉分析室,自然会要遇到许多困难。在困难面前,我有过动摇。1958年的一天,我怀着忐忑不安的心情敲开刘东生先生办公室的门,跟他谈了我想调动一下工作的想法。刘先生答说:这事你要去找柴主任谈(指时任地质研究所办公室主任的柴云山同志)。事后,我想了许多。想到我大学毕业时班上最早被中国科学院挑选的情景和服从分配的承诺;想到我作为1952年首届全国统一考试的学生,是为满足国家急需而提前毕业的,长沙市教育局为使我们这些提前毕业的学生能参加与应届毕业的高中学生同考,把我们集中突击训练,选出长沙市最有教学经验的老师教我们,生活上更是无微不至地照顾,甚至连换洗衣服都有专人服务,若现在我到了为弥补国家科学空白的前线退下来,那合适吗?何况就算是去搞与我所学接近的工作,就会那么一帆风顺吗?思来想去,放下了想调动工作的念头。

我的经历说明,学什么,干什么,当然好,能较快入门。但学与干不关联，或关联很少，也未必是坏事，虽然入门慢些，一旦入了门，还会表现出某种优势。所学和所用，并无不可超越的鸿沟，只要我们勇于接受挑战，干中学，学中干，以干带学，以学促干，我们的才干会得到更好的增长，头脑变得更灵活，对促进社会与科学发展就会有所贡献。这是我们把自己塑造成复合型人才之路。时势造就人，不要受所学的局限，要勇于接受挑战，努力去适应时代的需要。

5．鉴古与知今

任何物质与事物都不是孤立存在的。自200多万年前人类诞生后，作为万物之灵的人类，也是依赖于天、地、生的环境因子而生、而演进。不仅于此，至约1万年前，当人类社会形成后，人类不仅是自然界的一员，而且作为社会成员而存在，这样人类不仅受自然界的影响，也受社会作用。况且，由于人类在适应和作用自然界中变得愈来愈聪明，近代人类显示出对自然环境超强的作用力，导致生态环境严重失衡。人类惊呼要恢复和整救生态环境，这就只有从人与环境的历史中来认识现今和预测将来。

中国环境考古的重要任务是要从环境角度阐述中国文化的特点。中国文化有许多特点，如多样性、统一性和继承性，其形成有社会的、政治的、文化的和环境的诸多原因。中国文化特点的环境原因是什么？我以为中国环境的"四性"与中国文化的形成与发展有密切关系。

第一，中国环境的多样性。中国地跨亚寒带、温带、亚热带和热带，且有青藏高原气候区域；高原莽莽，平原广袤；山脉绵延，河流纵横；湖泊棋布，盆地罗列；生物多样，地产丰富。这些为人类生存、迁徙提供了广阔空间和良好条件，为避免灾害提供了回旋余地，为创造多样性文化提供了难得的舞台，致活力强劲。

第二，中国环境的封闭性。中国西依高耸山地与高原，东面浩瀚的太平洋，高山深海固然阻碍了史前与史初人们与外界的交往，然而在中国的广阔地域上彼此交流，因此，中国环境的封闭性是相对的，并未影响其文化发展，而且有利于我国文化统一性的形成。

第三，中国环境的优化性。温带与亚热带是产生文明的摇篮，中国此带广阔，超2000公里，而且距今约8000～3000年的史前和史初期，这两气候带恰值在中国中心地带北纬34°～35°交汇，这里不论光照、温度、雨量和湿度等气候要素都适合人类生存；这里地势上为高原与平原之交，少洪涝病痛之灾；又这里地处东西南北之要冲，便利文化传播，尤其是草原文化与农业文化的交融；还物造天成，中岳嵩山成中国古代四渎中的河水、济水、淮水重要水源地，故形成了在华夏文化中起核心作用的嵩山文化圈。发达的嵩山文化圈对周邻有强大的辐射和吸纳作用，有利中国文化统一性的形成。

第四，中国环境的相似性与稳定性。中国是世界上黄土分布最广的地区，其分布超过半个中国。中国是世界上黄土分布最厚的地区，黄土高原黄土平均厚达100～200米，最厚可达400米以上。中国黄土是世界上黄土形成历史最长的地区，早可追溯到2000万年前，黄土高原形成也可达250万～100万年以上。黄土高原1万年以来黄土沉积平均以1米计，一年沉积降尘约0.1毫米。黄土是只缺磷的沃土。降尘是黄土之源，是对抗水土流失的物源，是养育华夏儿女土地的肥源，因此，我曾把降尘对中国农业的重要贡献称为空中的尼罗河。黄土为中国文化传承提供了相似的、稳定的和良好的土壤母质，因此适合石器和木器工具耕种的黄土是中国农业文明强大的物质基础。以广阔黄土为耕种对象，有利粗耕农业技术的推广、交流和相似生活方式的形成。因此中国广阔分布的黄土，以及相同的季风环境，有利中国文化统一性和继承性的形成。

总之，中国文化特点深深地打上了环境的烙印。

前些年，乘火车前往西安，与旅伴神聊，在过三门峡市后，一位朋友指着黄河说：黄河是害河，怎么说她是中华民族文化的摇篮?这个问题激起了我对黄河的深思，我想旅伴的问题有三个误区：

第一个误区叫古今不分。问者殊不知古今有别。黄河成孕育华夏文明摇篮主要是指史前与史初，那时黄河中游的自然环境与现今有别。在8000～3000年前，这里属亚热带北缘，比现在暖温带年气温高2℃左右；雨量约大200毫米；土壤不是现在的褐土，而是比现在黏性大的棕褐土或棕壤；那时的植被也比现在茂盛，栎等阔叶树多，甚至还有亚热带的个别成分，如凤尾蕨、海金沙、枫香、青冈、山毛榉；动物还有亚热带成分扬子鳄、竹鼠、麋鹿和獐等。这个时候南方气候作用在北方黄土地带，气候温润，有助黄土的地力发挥，所以这里的人们创造了粟作农业，还兼种稻，到夏代的洛阳地区已有五谷农业，人们生活占有南方湿润气候与北方黄土地利双重优势。洛阳盆地较发达的农业支撑这里形成了灿烂的新石器文化和青铜文化，成为中国政治、经济、文化中心，人才辈出。据《影响中国历史100名人》(王慧敏主编，民族出版社，1999年)统计，北宋以前古代中原出了名人40个，占全国2／5。

第二个误区叫黄河与黄土分离。所谓黄河文化摇篮是指黄河流经的黄土地区而言，即指黄河流域，既包括黄河，也包括黄河贯流其上的黄土。黄土高原这个地质建造，把北部内蒙古高原草原文化与南部低地农业文化联结与融合起来，促成了黄河文化摇篮的形成。

第三个误区是对黄河利弊评价有失公允。如前所述，形成黄河文化的史前与史初期，这里的环境比今好，人口比今少，那时的土壤是含黏粒多的褐红色的棕褐土或棕壤，土壤不容易被侵蚀，故那时的黄河绝不会像现在年含泥沙16亿吨。要知道黄河原来称作河水，只是到汉以后才改称为黄河。这与这里褐色埋藏土转变为新近黄土的时间恰相合，黄土侵蚀加重，河水中的泥沙含量明显增加，河水的黄颜色加重，引起人们对河水感观发生变化，可能因此导致把河水改称为黄河。看来汉代把河水改称黄河可能正是汉代水土流失加重的反映。再者黄河下游成地上河，主要是北宋前后的事，此前黄河是建造华北平原的大功臣。即使现今，黄河的利仍远大于弊。

我们永远不能忘记黄河母亲的恩惠。

6．职责与进取

我们依赖社会而生，尽职尽责工作回报社会，这是天经地义的事。经受磨难，甚至在险境中也要镇定和坚持，这是迈上真理之路所必须的，这也是人生的享受。

宇宙、世界，均为时空概念，广泛也。作为星球系统中的地球当然是宇宙的一部分。地球上的一切物质，无论生物与无生物自当宇宙之组分。所以，人与人类社会既是地球也是宇宙的组分。人类的诞生、演化乃至文化创造，均与宇宙有关。因此我们要认识人与人类社会就必将其置于地球与宇宙系统中研究。所以，老子在他的《道德经》开篇就讲"道"，也就是要人们凡事要尊重客观规律办事，认识人，当然更应如此。作为一个研究地球最年轻的地质时代——第四纪地质工作者，自然会从问地始，又必须联系到天，最后落实到天地与人的关系上来。

观今宜鉴古，无古不成今。

鉴古不泥古，一切只为今。

我们观察物质眼力不及，需要借助眼镜或放大镜或显微镜。同样，我们研究事物难达，需要多种知识，故边缘科学出现，乃人类认识发展规律与科学进步使然。

边缘科学把我们带到突破局限而达到相对全局地观察事物的境界，我们得以新眼光、新知识去洞察事物、社会与世界，从而有所发现。所以，边缘科学成为研究物质与事物的最佳视点。

从事边缘科学研究的工作者，要具备多种科学素质，酷似以一个专家组的视角去考察和分析问题，利于凝聚思维，发现问题，解决问题。这样要求边缘科学工作者要有突破传统与克服困难的勇气，要有加倍钻研科学的热情与奋斗精神。其思想要能应变，但万变不离其宗。其方法是带着问题，干中学，学中干。

情未了，学无边。

暑 趣

顺时而动，张弛之道，处事之章。

暑者，炎热也。这让我想起我国著名漫画家丰子恺先生为形容重庆的炎热，画了一只伸着长舌头喘气的狗，足见暑热难熬。

《易·系辞上》："日月运行，一寒一暑。"暑是日月运行之道。我国大部分地区暑天雨热同季，热量足而雨水多，利万物生长，故暑天是夏收秋播的季节。辛苦的汗水浸透着衣裳，然而夏收的硕果，秋实的希望，让人们喜上眉梢。

《淮南子·地形训》："暑气多夭，寒气多寿。"可见，暑天炎热多汗，不及时补液，若再贪凉，寒暑不均，必易染病，故"多夭"。这样防暑就十分重要了，度好暑成为人们生活的重要一环。自记事起，我已度过了70多个暑天，时事变迁，多已淡忘，但有三件事，没齿难忘。

我的老家位于湖南省株洲市荷塘区明照乡东流村刘家坤。我家处在一丘陵南麓，山上绿树成荫，房前阡陌纵横，池塘点点。少年时，一天劳作之余的夜晚，一家老少在晒谷场上或坐或躺，边喝茶边聊天，摇扇乘凉，仰望苍天，星斗闪烁，不时流星划破夜空，打破了寂静夜晚，翘首指点，乐不可支。萤火虫一闪一闪，在夜幕下十分醒目，酷似一盏盏灯笼，在眼前晃来晃去，似乎在有意地捉弄着我们。这种田园牧歌式的生活，令我回味无穷。

20世纪40年代，为了消磨暑假，我在堂屋把方桌一摆，展开纸笔，对着西墙上悬挂的齐璜（即齐白石）画的"芦雁图"临摹起来。"芦雁图"一共六幅，两边各一幅字，中间四幅为画，表现雁在芦苇丛中戏水和觅食的情景，有的雁伸脖挺立，有的没水觅食，有的展翅起飞，有的彼此亲昵，一派生气盎然。令人拍手叫绝的是雁伸脖扭转时着墨极淡或

株洲市明照乡东流村刘家坤素描图

不着墨，恰到好处地利用透视原理，把雁伸脖的一瞬间表现得淋漓尽致，雁群活灵活现。想来我现在能画几笔，得益于齐璜老先生的启蒙。

今年盛暑是在嵩山少林寺前的王指沟嵩山少林风景区管理局旅游度假村度过的。这里两山夹一沟，沟长约2公里，自南向北流，汇入少林寺前少林溪，转东流入少林河，穿登封市区而过，南流入颍河，属淮河水系。王指沟上游谷地狭窄，不过几十米至100米，沟两侧山高可达海拔800米以上。王指沟的下游谷地较宽，可达200～300米，用石块垒砌的流水沟，沟宽约20～30米，海拔约550～600米，沟两侧山高海拔约700～800米。沟两侧房屋面沟相向而建。王指沟少林旅游度假村建在王指沟下游北侧台地上。少林旅游度假村的房舍系租农民的房屋，经装修改造成单门独院的三星级宾馆。临沟两侧有宽敞的公路可直通10多公里外的登封市。

层峦叠翠，优势树种是栎树，计有栓皮栎、麻栎与蒙古栎等树木，多为落叶阔叶树，树林密闭，难见天空，阳光从树丛间隙射入道道光束，在弥漫的潮湿空气中，形成梦幻般的世界。

穿行在林间小道上，遮天蔽日的葱翠树木，散发出泥土与植物的清香，醒人肺腑。漫步其间，如入隔世境界。间或传来少林寺诵经悠长的乐曲，又入佛法圣境。

林中一些小块黄土地辟为练少林拳的场所，小伙子们在与世隔绝

少林旅游度假村

少林旅游度假村后山远眺王指沟上游

的森林中龙腾虎跃，不时从丛林中传出拳击声和呐喊声，宁静中又生气盎然。

王指沟沟中草木繁茂，杏、桃、板栗等果木点点，沟中、沟两侧和山麓的闲置土地上种有蔬菜，沟边盛开着蔷薇、木槿等花草，石榴果实累累，花椒种子已紫红，香气扑鼻，空气新鲜，暑天无浩暑，漫步其间，令人心旷神怡。雨后溪水涌流，潺潺的清泉拍打着沟中的巨石，发出清脆的叮当声，王指沟溪声与小孩们戏水声组成一曲悦耳的乐章回响在山间。

王指沟是度暑问禅的天堂。在这天堂里，"智者乐山"，"仁者乐水"，"上善若水"，心境自明，何不乐哉。此乃禅宗少林寺的一方水土，它养育出了禅拳无双的少林文化。

在散步中，我哼出了"少林景区之歌"：

> 嵩山之阳，少林辉煌。千年古刹，闪耀光芒。
> 山川拥戴，碧水天光。溪水潺潺，鸟语花香。
> 吼声震天，三伏练忙。禅拳声起，友朋四方。

住在王指沟这乐山乐水圣地度暑，暑气虽减，志气要增，努力做事，夕阳更浓。

俄罗斯印象

友邦俄罗斯的启迪。

2008年6月1～7日间,我参加了"中国第四纪科学研究会教育与普及专业委员会大连学术研讨会"的会后赴俄罗斯科学考察。我们一行25人,主要是来自全国科研院所和大学从事第四纪地质、地貌和地理科学研究与教学的学者,在中国第四纪科学研究会教育与普及专业委员会主任朱诚教授率领下前往俄罗斯考察。俄罗斯是与我国近邻的世界大国,又是我20世纪50年代读大学和工作初期,在学习上和工作上受益殊多的国家,前往考察愿望较之别的地方更加浓厚。

一　文化交流

2日,也就是抵达莫斯科的次日上午10时,我们应约抵达莫斯科俄罗斯科学院地理研究所考察。该所坐落在一条安静的街边上。一幢不大的三层楼房,在粉刷一新的明黄色油漆衬托下,简朴中显得明快与讲究。研究所的大门普通得就像一扇便门,门旁边挂着长方形的小铜牌却明白写着是我们要访问的单位,如果不是前些年在这儿求学并获得博士学位的我国江南大学张光生教授引领,我怎么也不会相信这就是我们将要访问的世界著名地理科学研究所。我们一到,该研究所的副所长,也是张光生教授的尊师杰西可夫(A.A.Tishkov)教授已在门口迎候我们。教授是一位中等身材50多岁的科学家,随笑容而轻微浮动的胡须显得十分干练,在他亲自主持下,我们在一间约100平方米的报告厅中,不到两小时完成了会见与学术交流活动。这是我既生疏又熟知的研究所,因为20世纪50～60年代,我在我国展开初创的北京埋藏泥炭和东北

摄于俄罗斯科学院地理研究所前
(从左至右：樊仲英、单岁琴、周昆叔、谢志仁)

嵩山行 ◎ 肆 人生絮语

沼泽调查中和在全新世地层研究中的主要参考书《苏联全新世森林与古地理》，就是该研究所原所长、有世界全新世先生之称的涅依什塔特教授写的，他也是我的老同学与同事陈硕民副博士的导师。在这看似简陋的楼房里，却诞生了世界地理科学权威和为中俄友谊做出重大贡献的科学殿堂。常说人不可以貌相，海水不可斗量，我想这也能诠释一个单位工作好坏，不能全在形式，重在内容，在简朴的环境下做出不平凡的工作，这才是最可宝贵的。

6月6日，上午10时，也就是我们赴俄访问的最后一天，如约来到莫斯科大学地理系访问。莫斯科大学高耸的摩天大楼已早在图片与影像中有了印象，但在几百米以外莫斯科大学的庞大建筑群赫然耸立在眼前时，我仍然为她那弘大的气度所惊叹。我们经安检后被迎接到18层的会见厅，以N.C.卡西莫夫院士为首的几位地理学教授会见了我们，并进行了学术交流，从他们介绍和赠送的新著中，知道他们在关注生态地貌与生态经济方面等地理前沿问题。莫斯科大学是1755年由世界著名的全才科学家罗蒙诺索夫教授创建的，由起初三个系55名学生，经过253年的不懈努力，建成了有26个系5万多学生的世界一流大学，其中有3000名中国学生就读。地理系设有15个室，含70人的教学与科研队伍。最让我难忘的是简短会见后随后的参观。在大楼的24～31层（缺29层）设有世界顶尖的自然地理博物馆，我们从28层开始逐次参观到24层，共参观了5层。进入28层展室，在大门右侧就见到对我国和世界第四纪地质、地貌有重要贡献的大科学家奥勃鲁契夫的铜雕胸像，要知道他是100年前在我国考察黄土后，就提出黄土是风成学说的人。虽于晚近被以刘东生先生为首的我国科学家以新风尘说证实，但这是经过100年争论与许多人艰苦努力工作才获得的。奥勃鲁契夫教授100年前独到的见解和科学洞察能力令人敬佩。在奥勃鲁契夫教授的熏陶和感召下，莫斯科大学地理系人才辈出、硕果累累。也表现在那些难得一见的岩石断层、稀见的矿物与岩石标本以及动、植物化石和现代动、植物标本的展出。在那脸盆大的菊石化石和有两米多长象牙的完整象头骨化石等标本前，人们驻足观看，纷纷拍照，以便保存这一重要科学宝库的印象。在那一排排盒装土壤标本前，李志忠教授要我为他摄影留念。这是世界著名土壤学家道库恰耶夫教授为首的前苏联与现在俄罗斯土壤学家所做出的杰出贡献。展览中精彩实物与精美图解相辅相成，以及研究成就展览与历史人物呈现相得益彰的展陈手法，令人难忘。

二 人文荟萃

我们的访问是在莫斯科市和圣彼得堡市展开的。

莫斯科市是一座南北长40公里、东西宽30公里、面积达1000平方公里、人口1000万的大都会，分作9个行政区。自1147年始建，至今有863年的建城史。15世纪成为首都，于1712年迁都至圣彼得堡，后于1918年重新迁都回到莫斯科市，自此之后，莫斯科市一直是俄罗斯的首都。莫斯科市有莫斯科河和雅伍查河（Yawuza）环流，该市就是以流经这里的主要河流莫斯科河命名的。莫斯科市市中心红场西边是克里姆林宫，它本是建在莫斯科河畔的要塞，后演变成俄罗斯政府的首脑机关所在地。在宫墙侧畔是革命导师列宁的墓地。紧邻宫墙北是第二次世界大战无名烈士墓地。墓地上终年不停燃烧的火炬和在墓地上目不转睛的值勤卫士，以及他们挺胸与高抬腿正步行进的庄严交接仪式，提示俄罗斯民族牢记英雄的功德，宣示俄罗斯是不可侵犯的。庄严肃穆和忠于职守的卫士表现，吸引着大批游人驻足观看。红场南部为繁复的瓦西里升天大教堂。在红场北侧耸立着紫红色的历史博物馆。在历史博物馆北立有在第二次世界大战中功勋卓著的朱可夫元帅骑马铜雕像。再往北是繁荣的地下商场。在红场东侧是著名的古姆百货大楼，这里欧洲著名品牌的商品琳琅满目。红场附近的阿尔巴特步行街出售各种工艺品等，在街上有休闲的饮品店，还有街舞、演奏和魔术表演等，有画家在为人们画素描像。集政治、文化和经济于一体的9公顷红场，成为俄罗斯和世界显赫要地。

在莫斯科大学楼上和它坐落的高台地上眺望，莫斯科市一览无余。莫斯科河像一根飘带，从远方飘流而来，在莫斯科大学观景台下绕了一个大湾后，又飘然而去。在莫斯科河大拐湾的内侧，镶嵌着巨大圆顶覆盖下的奥林匹克运动场。在繁花点点、万树丛中的莫斯科楼宇地下，有20世纪二三十年代建成的繁忙多层地下铁道。通过斜长上百米的电梯把

莫斯科市红场

从莫斯科大学俯瞰莫斯科市

行人送入几十米下的地下铁路通道。一座座生动的人物雕塑、繁复的图案和美丽贴画的地铁站台，在不同形式的电灯光的照射下，晶莹夺目，让人目不暇接。这是建造者为缓解人们处在地层深处沉闷氛围和便于识别车站而进行的精心设计。莫斯科市地下铁道的建造气魄，令人叹为观止。这些疾驶在地下的莫斯科地下铁路，是莫斯科市繁荣的动力，是保持莫斯科活力的"血脉"。

圣彼得堡市坐落在莫斯科市西北几百公里外，是一座面积达600万平方公里，生活着500万人的俄罗斯第二大都市，二市间有铁路相通，乘一晚上的火车可以到达，很是便捷。

圣彼得堡市是彼得一世大帝于1703年始建的，至今已307年了。为什么俄罗斯著名大都市用了一个德语名字呢？一说是当时人们多会说德语，一说是皇后是德国人的缘故。"堡"是德语"城市"之意。后来一度改称圣彼得格勒，"格勒"是俄语"城市"的译音。这里是原苏联领袖列宁发动十月革命的要地，故曾一度称作列宁格勒。

圣彼得堡市给人印象最深的是"三都"，即水上之都、文化之都和避暑之都。

圣彼得堡市坐落在涅瓦河三角洲上。有由洗衣河、喷泉河等60条大小河流组成的水网。圣彼得堡因多河，有北方威尼斯之称。这里形成楼宇依河而建、河绕楼群而流的生动景观。有河就要有桥，这里河多桥也就多，大小桥达300多座。横跨100多米到200米宽的涅瓦河有固定或可开合的多座大桥，这些大桥与开阔的涅瓦河，以及畔河而立的冬宫、圣彼得堡宫、耸立28米高的巨形灯塔和耀眼金顶建筑，组成一幅人类创造与自然界交相辉映的动人画卷。市里小河的小桥虽不像涅瓦河上大桥恢弘，却见一座桥两端雕塑有两个雄狮，各雄狮口中分别含着一条粗大钢索，用以托起那精制的小桥。这座多河之都，由众多的大小桥梁，把坐落在涅瓦河水网各岛上的圣彼得堡联成一体。圣彼得堡得河之灵性，受河交往与旅游之惠。圣彼得堡以涅瓦河与芬兰湾与波罗的海相通，再与世界五大洲相连，这样圣彼得堡就成为了世界名都。

　　圣彼得堡屹立着300多座博物馆和100多座教堂。除一些教堂是东正教教堂外，还有一些教堂虽名为教堂却从来未做过教堂用，而是一些纯纪念性建筑。如市中心耸立的世界第三大教堂伊萨克教堂，是尼古拉一世于1818～1858年花了40年时间建造的，127米高的教堂由四周118根

圣彼得堡市的洗衣河

圣彼得堡市冬宫的金色大厅

巨形大理石柱托起。教堂前还有一座雕像群，最上面是尼古拉像，底座四角是尼古拉的皇后和三个女儿雕像，雕像细腻，栩栩如生。所以，伊萨克教堂是为彰显尼古拉一世功绩而建造的。还有作女子教学用的哥特式建筑斯姆尼教堂。又如沙皇的独生子尼古拉为纪念他的父亲逝世而建的滴血教堂。还有1801年至1811年间，花了11年建造的喀山大教堂，是为纪念打败拿破仑战争而建造的纪念性建筑。1812年还在教堂前续建了在打败拿破仑战争中立了大功的库图佐夫等两位将军的塑像。俄罗斯大诗人普希金、大音乐家柴可夫斯基、格林卡都在圣彼得堡度过了重要的时光。俄罗斯大文豪陀思妥耶夫斯基的名著《罪与罚》也是在圣彼得堡完成的。圣彼得堡还是俄罗斯新近两位总统普京和梅德韦杰夫的家乡。所以，圣彼得堡是名副其实的文化之都。

圣彼得堡市还有我记忆中难忘两件事。其一是我于20世纪50年代后期进行北京埋藏泥炭研究中，需要对泥炭进行煤岩学研究，也就是要把泥炭中的植物残体在显微镜下进行鉴定，以判定泥炭的类型，这需要有对组成泥炭的植物做解剖学研究成果参考，否则无法进行。例如对组成泥炭的主要植物莎草进行鉴定，就要事先对不同种莎草植物体的根、茎、叶等进行显微解剖学研究，而这是我国从来没有做过的研究。因此，无泥炭植物残体鉴定资料参考成了我进行北京埋藏泥炭研究的拦路虎。为克服这个难题，在查阅中国科学院图书馆图书不成的情况下，只好烦请该馆到前苏联的列宁格勒图书馆借阅，幸运的是如愿以偿。其二是我儿子周自力于20世纪90年代初期求学于该市。圣彼得堡市哟！你为中俄友谊夯实了基石。

圣彼得堡市处在北纬60°和东经30°的地方，暑天无酷暑，我们呆的几天中，早晚凉意甚浓，要穿两件衣服，中午虽热一些，但也难于出汗，故这儿是避暑胜地。说是胜地，不仅无暑气，而且由于文化氛围浓厚，是学习、体验、休闲之所。如到涅瓦河畅游，看1918年列宁发动十月革命攻打冬宫的阿芙乐尔号巡洋舰；到瓦西里岛的灯塔旁去听涅瓦河的涛声；到圣彼得堡罗要塞去领略古风；到冬宫金壁辉煌的大厅观赏300万件文物；到市西北普希金城田园牧歌式的叶卡捷琳娜花园漫步；到芬兰湾畔喷泉如柱的夏宫体验皇室生活情趣和享受盛夏的快意。晚上还可以看世界一流的芭蕾舞表演，在艺术的殿堂里接受美的陶冶。这里清新的空气令人心旷神怡。在圣彼得堡度夏是何等惬意。所以，圣彼得堡还是避暑之都。

圣彼得堡市芬兰湾畔的夏宫

圣彼得堡市叶卡捷琳娜花园素描图

圣彼得堡得水土之灵气，历史与现代相辉，美景与文化互映。所以，圣彼得堡被联合国列为世界第八大旅游城市。

三　令人思索

考察除去往返各一天，实际考察时间仅5天，5天考察对于俄罗斯这样的大国来说，真是九牛一毛啊！但所见所闻还是令人深思。

俄罗斯国土面积有1700万平方公里，几乎比我国大一倍，而人口差不多是我国的十三分之一，俄罗斯真正是地大物博的国家，以当今紧缺的石油资源来说，其拥有量占世界第二位。我们能像俄罗斯那样在沃野中保留那么多森林吗？可以在城市郊野修别墅吗？显然是不可能的。我们要在稀缺的耕地上发展高效农业才能更好地养活我们自己。我们要始终坚持紧缩用地的国策，始终要注重保护耕地和节约资源。这要成为我们长期坚持的国策和自觉的行动。

俄罗斯是处在纬度偏北的国家，以寒带气候为主，故生物种类不如处在温带、亚热带和热带地区的我国多。所以，见到他们的森林覆盖度虽大，但种类不算多，以适应凉寒环境的白桦、云杉、椴等为主，这些植物可以生长在以寒带气候为主的俄罗斯原野上，而它们只能生长在我国北部的中山上和南部的高山上。就其农业来讲，俄罗斯不论粮食作物或果蔬品种都较我国少。由于俄罗斯冬长夏短，农作物的活动积温影响农作物品种与分布。这反映在他们的市场上蔬菜和水果品种较少，而且价格比我国高出很多。俄罗斯人多喜肉食，这与他们要从肉食中索取高热量以御寒有关，或许与他们原是以游牧为主的民族不无关系。我国气候是以温带为主和以农业立国，我们是以素食为主。我们两国人民的生活方式，甚至思想与文化有差异就是很自然的了。我们要懂得和承认这种差别，就应彼此尊重这种差别。

  莫斯科的地下铁道工程宏大，不仅层次多、层高大和车速快，而且把各站台装修成各具风韵的艺术殿堂。还有那一座座美丽的教堂、宫殿与博物馆建筑和那栩栩如生的人物雕像。还有在圣彼得堡市的涅瓦大街、莫斯科大街等的街道尽头往往竖立起一座标志性建筑。可以看出俄罗斯人追求实用中也很追求美，甚至把美的追求放到很高的地位，为此不惜工本。俄罗斯朋友追求实用与美的统一的努力是值得我们好好学习的，因为只有既好用又美的东西才让我们赏心悦目，而这对便利人的生活和陶冶情操都有深刻影响。只有懂得美的人和民族，才会爱人爱物，惜人惜物，善于教人和造物，这关乎人才培养。也许俄罗斯的科学发达和人才辈出与他们讲究美有关。

  莫斯科大学地理系展出的丰富自然地理研究成果，这是他们历年卓越工作成就的记录，是难能可贵的科学档案，只有这样科学才得以传承，才有利民族和世界文化的发展。

  在俄罗斯考察的成功，我们要记得莫斯科导游爱尼丝小姐和圣彼得堡导游谢丽雅小姐的功劳，是她们利用在北京第二外国语学院和厦门大学学习的中文为我们做细致和周到安排、做详细讲解与努力提示的结果。还有我们的同胞为我们准备了可口的中餐，也使我们能精力充沛地应对紧张的考察活动。他们是在市场经济催生下的中俄友谊使者。可以预期新的时代里中俄友谊之花会越开越茂盛。

  当即将写完这篇短文时，原苏联英雄奥斯特洛夫斯基的名著《钢铁是怎样炼成的》，提醒人们不要碌碌无为而后悔的警句又在我脑子里回荡。生活要学习，学习要努力！

魅力埃及

埃及的谜与爱。

2010年春节过后不久的3月4日抵达上海市,参加由中国第四纪科学研究会教育与普及专业委员会主办,由华东师范大学承办的"海峡两岸高校第四纪教育及学术研讨会"。会后组织去埃及开罗大学作学术交流和考察,从3月9日起程,17日返回上海,在埃及逗留了7天。

埃及是世界四大古文明古国之一,那闻名遐迩的金字塔和神奇的尼罗河早已印在脑海里,对这古文明之国旅行的期盼是多数人求之不得的,我早有的期盼终成现实,自然会在心中激起波澜。

经过十几个小时的飞行,抵达埃及已是入夜时分,夜幕下的这座中东大都会,在巴士外时明时暗地闪过。埃及匆匆的7天之行,每天都让我既兴奋又沉思,我到底看到了什么?可以用两个字来概括,那就是"谜"和"爱"。

距今5000~4000年间的古埃及时代,也就是通常所说的法老时代。据导游赛义德(中文名高大伟)先生说:法老为古埃及民族名,并非个人名。这就是说法老王是古埃及法老民族的国王。

令人惊奇的是他们在4000年前已有能力在开罗西南边自吉萨(Giza)开始,在尼罗河西岸的高台地沙漠之中垒起96座大小不同、结构形式大同小异的金字塔。据赛义德导游说:金字塔的称呼来自中国的"金"字。可不是嘛!"金"字确对金字塔从形到意做了贴切的表达。不过,这可能是埃及导游的一种附会。在参观卢克索的帝王谷中,同行的山东大学栾丰实教授对我指出一墓道壁画中的一幅鸟头人身神像上顶着一弯月,弯月中有太阳图,他说这与大汶口文化中的图形何其相似。真是古人们对天的观察形成的观念有相似性吧!又古埃及的象形文字与

嵩山行 ◎ 幅

开罗吉萨胡夫金字塔与狮身人面像

卢克索帝王谷

图坦卡蒙金面具

孟菲斯拉美西斯二世雕像

我国甲骨文和现在的东巴文似乎如出一辙。这些也许可以看做中埃文化的渊源吧！

　　古埃及的文物给人的震撼力，在考察中所见所闻无处不在。超万块巨石垒起的仰视难及的金字塔就不用说了。在开罗博物馆陈列的4000年前林林总总的展品，许多也令人惊叹不已，尤其令人久久不能忘怀的是那图坦卡蒙的金棺和金面具。还有在埃及第一个古都孟菲斯，10米高卧陈的千古一帝拉美西斯二世雕像，其雕工之讲究和五官比例之准确令人费解。要知道这些古埃及无与伦比的杰作产生的时代，在世界其他许多地方还属蛮荒时代，但那时的埃及已是有王朝编年史的社会了。联想我国那时还是传说的五帝时代，是"协和万邦"的社会，这说明我国文明起源与形成研究之迫切。我国文明起源、形成与埃及有同也有异，同在王权，异在王权的内涵与形式。我国仰韶时代的500平方米大房子和龙山时代的蛋壳陶，还有发达的农业与玉文化等了不起的古文化，我国多种多样的环境孕育了比埃及更多丰富的古文化。我坚信5000年华夏文明史会随着我国古文化研究的深入而逐步清晰起来的。

　　古埃及人创造的伟大文明，例如金字塔是如何建造的，除作国王陵墓外还有什么意义，凡此都是个谜。据新近研究建造金字塔是自愿的，何能自愿，应是在"神权"的驱使下，是在"复活"的期望下调动起人们聪明才智和巨大创造力的。埃及古文化的非凡成就是在至高无上的王权统治下创造的，古埃及文明是权威在国家形成与文明起源中起关键作用的一个范例。现今权威也是重要的，权威是社会的动力，维护权威也是维护社会发展的动力。

　　狮身人面雕刻是古埃及文明的重要组成内容，还有埃及古老壁画中人身动物首的许多神像，这些反映着古埃及自然与人合一的哲学思维。

　　那幢幢古埃及建筑中气势磅礴的石柱和20～30米高耸的方尖碑，它

古埃及建筑气势磅礴的石柱

古埃及庞贝柱

似乎不能单以建筑结构和装饰之需来解释，它是否还包含埃及对天国的崇拜与诉求呢？它与我国的华表有异曲同工之效吗？它是否是清真寺建筑某些元素的原型。

  辉煌的埃及古、中、新王朝文明是尼罗河的礼物，所以埃及文明又称尼罗河文明。这个100万平方公里国土的埃及，96%的国土都是沙漠，只有流经其间的尼罗河为大片的绿洲，它以其占国土4%的面积，不仅创造了世人叫绝的埃及古文明，至今仍养育着埃及7000万人口，故埃及人民深情地称尼罗河为母亲河。十分罕见地流淌在沙漠中的古老尼罗河，它属著名的东非大裂谷，那平坦无垠的河谷，堆积阶地不发育，说明它一直处在沉降之中，这保证着尼罗河年复一年洪水带来的沃土得以不断堆积。考察中见到开罗东一座1世纪罗马城堡深陷在约6米的地下，在比邻处建有17世纪的一座著名基督教教堂，这说明1600年间尼罗河泛滥沉积物可达6米，那么尼罗河年平均沉积速率就是约3毫米。正是这尼罗河的恩赐，使尼罗河畔长出绿油油的小麦、甘蔗和棉花等农作物，也生长着茂盛的棕榈树、椰枣树、桉树和木麻黄等和郁郁葱葱的芒果树。在这生气勃勃的尼罗河的远处天际线边不时出现着座座金字塔。埃及人民世代在尼罗河畔劳作中仰望金字塔，捍卫和延展着埃及文明。这一景观不断提示着人们，这就是埃及的文明与力量。这一类似的景观也出现在我国关中盆地渭河北岸。从西安穿过渭河向北，通过头道塬、

嵩山行 ◎ 幛

嵩山行 ◎ 肆 人生絮语

尼罗河畔的农田

尼罗河谷素描图

二道塬，在高高的三道塬上就可以看到引人注目的汉武帝茂陵等座座高耸的帝王陵。

　　我们离开卢克索，穿尼罗河东行，入沙漠，过红海山脉，重入沙漠，抵红海之滨，住Sunny Days宾馆，引红海之水入宾馆内，成一

尼罗河至红海地质地貌剖面示意图

沙漠高原　尼罗河谷　沙漠　红海山脉　沙漠　红海
帝王谷

Sunny Days宾馆

红海西岸

嵩山行 ◎ 懂

天然与人工的露天游泳池，其设计独具匠心。沿红海西岸返回开罗途中，见输送石油和天然气的管道、车辆不时出现，这是埃及的电能和外汇之源。

古埃及文明经过别的地方难以匹敌的辉煌之后，莫名其妙地消失了，这是印证了"盛极而衰"？还是古埃及穷奢极欲的王室纪念工程耗尽了埃及人民的财力与精力的报应？或是战争与环境的原因？

考虑到各文明古国处在北纬30°左右，形成一个"文明形成带"。这个文明形成带也是灾害带，二者相随是否是该带为环境活跃带，既有生也有灭，祸兮，福兮，真是祸福相随吗？该文明带上文明古国虽有相似的文明形成环境，但也有差别，这些差别影响了各文明的形式、内容、兴与衰。

当世界其他古文明先后消失后，唯独我中华文明长流不息。我国文明能延续，与埃及相比，是否因为我国有大得多的国土，文化内容更丰富，活力大，对灾害抵抗力更强，发展农业的条件更好等等。至于我国文明能延续，是神州大地总体如此，还是各区域有所不同？原因何在？这些都是要引为思量的。

要说其他古国文明消亡，也不尽然。以埃及来说，不论埃及经过多少变故与苦难，他们还是不屈不挠地维护了民族独立。他们曾在

苏伊士运河

人造绿洲

嵩山行 ◎ 肆 人生絮语

向我们致意的埃及孩子们（朱诚摄）

1859～1869年的10年间，冒牺牲20万人的决心修通了苏伊士运河，给欧亚之间提供了较原先绕好望角快两倍的便捷航运，埃及人民为世界做出了非凡的贡献，他们也从过往苏伊士运河的船舶获得税收，每天可获得1500万美金的回报。强盗看上了苏伊士运河这块"肥肉"，埃及人民与敌人进行了殊死的斗争，他们骄傲地在苏伊士运河边筑起了以枪与刺刀为标志的胜利纪念碑。还有从开罗到亚历山大城的公路两旁的沙漠中，新建的绿洲望不到尽头。这些不就是埃及文明"基因"的表现、绵延和弘扬吗？

当我们乘坐的大巴车穿行在开罗人车流中时，人们尤其是天真可爱的埃及孩子们总是向我们投以灿烂的笑容和发出友好的欢呼声，让我沉醉在中埃友谊的氛围中。这种氛围的形成，远可以溯至阿拉伯数字文化的传递，近可以追溯到1956年北京举行100万人大游行声援埃及在纳赛尔总统领导下的反侵略斗争。这种埃及人民对中国人民的友情，从导游赛义德先生知道，还包括对我国进步的钦佩。

埃及文明之先进，之突然消失，又顽强地新生，让我们着迷和深深的热爱她。

埃及文明是埃及人民的骄傲，是世界文明的宝库。祝愿埃及人民生活幸福，中埃友谊万古长青。

访问泰国

泰国亲情、友情异景与红树林

  2008年7月7日至16日间，在北京大学宋豫秦教授率领下访问了我久盼的友邻泰国，同行者还有宋教授的博士研究生曹明兰和硕士研究生龚捷与孟俣希。我们一行老中青五人共同度过了一段愉悦的时光。

  泰国位于中南半岛，面积513115平方公里，人口6476万。其国土面积与我国豫、鲁、冀三省相当，而人口只有三省的三分之一。泰国

泰国

为热带气候国家，访问期间时值雨季，故时而大雨倾盆，时而雨过天晴。泰国东西沿海为雨林分布区，山上雾气升腾，山下阡陌纵横，盛产稻谷。

我们此次泰国之行的主要任务是考察该国红树林的分布、研究、管理和利用等情况，为我国浙江温州沿海红树林引种提供参考。

红树林是热带淤泥质海滩生长的一类特殊森林植物，分属6个科，含数十种，其中以红树科（Rhizophoraceae）植物为主。由于涨潮时，红树林露出在海水中，故红树林又有海上森林之称。红树林有防风、防浪和护海岸的重要功能。

泰国沿海的23个省都有红树林分布。更多的红树林分布在泰国南部的安达曼海沿岸。红树林面积为2528平方公里(2000)、2336平方公里（2004）。

泰国红树林有35种，主要有：红树(*Rhizophora apiculata*)、红茄(*Rhizophora mucronata*)、角果木(*Ceriops tagal*)、红榄李(*Lumnitzera littorea*)、杯萼海桑(*Sonneratia alba*)、海桑(*Sonneratia caseolaris*)、木榄(*Bruguiera gymnorrhiza*)等。其中，红树是当地的优势种。

红树

红茄（*Rhizophora mucronata*）：

别名：茄藤（台湾），属红树科红树属

描述：乔木；树皮褐色，有纵裂皮孔；支柱根下垂入地。叶阔椭圆形至矩圆形，长10～16厘米，宽5～10厘米，顶端钝尖或短尖，基部楔形，中脉和叶柄均绿色；叶柄粗壮，长2.5～5厘米；托叶长5.5～8.5厘米。总花梗从当年生的叶腋长出，约与叶柄等长，有花2至多朵；花具短梗，基部有合生的小苞片；花萼裂片卵形，长12～15毫米，宽5～7毫米，淡黄色；花瓣比花萼短，边缘被白色长毛；雄蕊8，4枚瓣上着生，4枚萼上着生；子房上部圆锥形，突出花盘外，长2.5～3毫米，花柱不明显，长0.5～1.5毫米，顶端浅2裂。成熟的果实长卵形，顶端收窄，基部粗糙，暗褐绿色，长5～7厘米，直径2.5～3.5厘米；胚轴圆柱形，粗糙，长36～64厘米，直径1.8厘米。

红茄

杯萼海桑（*Sonneratia alba*）：

杯萼海桑生长于滨海泥滩和河流两侧而潮水到达的红树林群落中。它是灌木或乔木，高2～4米；枝和小枝均有隆起的节，近4棱形。叶倒卵形或阔椭圆形，长4.5～6.5（～8)厘米，宽3～4(～5)厘米，顶端

杯萼海桑

圆形，基部渐狭成楔形，中脉在上面平坦，在下面凸起而稍宽，侧脉纤细，不明显；叶柄扁，长5～10毫米。花具短而粗壮的梗；萼筒钟形或倒圆锥形，有明显的棱，结实时形状不变，裂片外反，内面红色，长1.5厘米，宽约5毫米，常短于萼筒；花瓣形状与花丝不易分别，长13～20毫米，宽0.5～1.2毫米，白色，有时下部浅红色；花丝白色。果实成熟时直径3～4厘米，长2～2.5厘米。花果期秋冬季。生于滨海泥滩和河流两侧而潮水到达的红树林群落中。杯萼海桑主要分布于非洲的马达加斯加北部和亚洲热带浅海泥滩，北达日本的琉球群岛南部。

杯萼海桑的木材在马来西亚是一种名贵的商品木材，多作建筑和造船用，但在我国因材积不多，木材结构虽细致而纹理局部交错，亦不耐腐，仅供一般木器、家具、板料等用。树皮含单宁17.6%，可染渔网；果实可食。

海桑（*Sonneratia caseolaris*）：

海桑，小乔木，高5～6米。全株无毛。具多数呼吸根。小枝通常下垂，有隆起的节，幼时具钝4棱，稀锐4棱或具狭翅。叶对生；叶柄长5～7毫米；叶片厚革质，形状变异大，阔倒卵形或倒卵状长圆形，长5～10厘米，宽3～5厘米，先端钝尖或圆形，稀具尖头，基部渐狭而下延成楔形；侧脉每边8～12条，纤细，不明显。花单生枝顶，径约5厘米；花梗短而粗壮；花萼筒平滑无棱，浅杯状，果期碟形，裂片平展，通常6片，裂片比萼筒长，内面绿色或黄白色；花瓣6，条状披针形，暗红色，长1.8～2厘米，宽0.25～0.3厘米；雄蕊极多数，花丝粉红色或上部白色，下部红色，长2.5～3厘米，花药肾形；花柱长3～3.5厘米，柱头头状。果实成熟时直径4～5厘米。花期冬季，果期春夏季。

海桑

木榄(*Bruguiera gymnorrhiza*)：

红树家族里，木榄是很重要的一位成员。在我们划分的七大类红树族群中，有一类就叫做木榄群系，因为那里主要的植物就是木榄。如果我们按照生物进化地位给红树家族排个"梁山位次"，那么木榄群系可以坐上第二把交椅。虽然木榄像其它红树植物一样比较喜欢炎热的气候，但它也可以在福建、台湾等省份生根，发芽，健康成长，只不过没有它在热带老家长的一样好罢了。根据生长环境温度的不同一株成熟木榄的高度也有相应的变化，但一般在3～7.5米，最高的可以达到11米，也就是四层楼的高度。木榄的树干和电线杆差不多粗，也只有这样，他才能支持起自己庞大的身躯。如果你发现海边的树林里大部分都是一种

木榄

树，而且从远处看整个树林都是深绿色的，外表很平整，那么这片树林就有可能是木榄林哦！在木榄还是树苗的时候，它的身子下端有一节圆圆胖胖的干，好象一个梭子。科学家把这部分称为原胚轴，还发现它的长度大概有10厘米和一只自动笔差不多。它的上边连着茎，仔细观察茎上的叶子，你会发现大部分叶子似乎像是约好了一般，一对一对的从茎的顶部长出。木榄的叶子还有一个特点，那就是叶片的形状像一个鸡蛋，只是"蛋"有个"尖脑袋"。平时我们把叶片翻过来观察时，会看见叶片背面边缘全是紫红色，很像关公的红脸蛋。长大以后，木榄会长出它的最奇怪的一个东西——膝状呼吸根。膝状呼吸根是木榄用来吸收空气中氧气的像人膝盖的特殊的根。但它为什么会长出这么奇怪的根呢？正如前面介绍的一样，木榄大部分生长于淤泥中，它没办法在泥里得到充足的氧气，于是只好把自己的"鼻子"——根伸出地面从空气中得到氧气。在生长时，它的根基部先迅速生长，把根的先端顶起，使之露出地面。接着，根的顶部的生长速度逐渐加快并且超过了基部的速度；而与此同时，根的基部生长放慢。这个过程使根翘起的部分向下弯曲，形成了像人膝盖的形状。然后，根的先端重复上述的生长过程，长出许多大大小小的"膝盖"。这样，我们看到的膝状呼吸根就形成了。木榄有许多根，每条根都像上述过程一般生长，并不断反复。所以，能在木榄林里看到奇特的"膝状"根景观正是许多的木榄共同生长的结果。

角果木(Ceriops tagal)：

灌木或乔木，高2～5米；树干常弯曲，树皮灰褐色，几平滑，有细小的裂纹；枝有明显的叶痕。叶倒卵形至倒卵状矩圆形，长4～7厘米，宽2～3(～4)厘米，顶端圆形或微凹，基部楔形，边缘骨质，干燥后反卷，中脉在两面凸起，侧脉不明显；叶柄略粗壮，长1～3厘米；托叶披针形，长1～1.5厘米。聚伞花序腋生，具总花梗，长2～2.5厘米，分枝，有花2～4(～10)朵，花小，盛开时长5～7毫米；花萼裂片小，革质，花时直，果时外反或扩展；花瓣白色，短于萼，顶端有3或2枚微小的棒状附属体；雄蕊长短相间，短于花萼裂片。果实圆锥状卵形，长1～1.5厘米，基部直径0.7～1厘米；胚轴长15～30厘米，中部以上略粗大。花期秋冬季，果期冬季。

在我国的分布有台湾省和广东省南部(雷州半岛)和海南省。在热带海滩或海湾内，为红树林组成树种之一。树皮含鞣质，质量好，可提制栲胶。

红榄李(Lumnitzera littorea)：

形态特征 常绿小乔木，有时灌木状，高1～6米；树皮灰黑色。叶互生，密集于枝顶，肉质，倒卵形或倒披针形，长3～8厘米，宽1.5～2.5厘米，先端圆而微缺，基部渐狭下延成短柄，叶脉在两面均不明显。总状花序顶生，长2～5厘米，多花，苞片脱落；小苞片1～2，着生于萼管中部以下的一侧或两侧；花两性，有短而粗的花梗；萼绿色，管状漏斗形，长1～1.5厘米，萼檐5裂，裂片卵状三角形，长约2毫米；花瓣红色，长圆形或椭圆形，长5～6毫米，先端急尖；雄蕊10，有时较少，比花瓣长2倍，花丝红色；子房纺锤形，与萼管合生，1室，胚珠4，花柱与花丝等长，上部粗厚，柱头棒状。果纺锤形，15～20毫米，中部直径约5毫米，熟时黑褐色，有纵条纹，顶部冠以宿存的花萼裂片。

特性 分布区内年平均温21～25℃，全年无霜，海水表层平均温为25～25.8℃，适生于风平浪静，土壤含盐0.46%～2.7%的海湾淤泥中。常与红树（Rhizophora apiculata Bl.）、海榄雌（Avicennia marina

(Forsk.) Vierh.）、苦郎树（*Clerodendron inerme* (L.) Gaertn.）、海漆（*Excoecaria agallocha* L.）、瓶花木（*Scyphiphora hydrophyllacea* Gaertn.f.）、榄李（*Lumnitzera racemosa* Willd.）等混生，是组成热带海岸红树林群落树种之一。其果实藉海浪可漂浮各地，但在我国南部由于受到各种自然因素（如水温、土壤、风和海浪等）的影响和人为干扰，致使仅在局限地区才能生长。花期9~10月，10月以后果实成熟，母树周围有时也有幼苗生长，有些植株不及2米高即已开花结实。

保护价值 红榄李是红树林的偶见成分，分布区十分狭窄，对研究我国热带海岸植物区系和盐碱土植物群落都具有一定科学意义。红榄李材质坚硬，纹理细致，可作精工木料。

我们一行在7月7日的夜幕中顺利抵达曼谷机场。当晚，邀请我们前来的东道主、泰国国家科学博物馆馆长披猜．宋成（Pichai soncheaeng）博士早已在候机楼迎候。高大、敞亮的候机楼内的步行道旁多处摆放着头戴面具、高约3米的武士彩塑像，颇似我国寺庙大门内矗立的"四大金刚"，令人耳目一新。经过驱车个多小时，我们抵达国家科学博物馆近旁的一所宾馆，房间设施虽较简陋，但宽敞整洁。曼谷城内密若繁星的灯光，提示我们此乃东南亚之大都会也。

泰国国家科学博物馆馆长披猜博士对我们的行程做了周到细致的安排。我们主要考察地点是他武里（尖竹议）和春武里（斑善），此外还参观了古都大城和首都曼谷。

8日早餐后，我们应邀到国家科学博物馆会客室会见披猜教授及其他工作人员。主、宾分别介绍后，披猜教授致欢迎词，宋豫秦教授致答谢词，并代表访问组赠送了"大河村遗址"出土的双连壶复制品等，披猜教授十分欣赏双连壶，当即命助手摆置在他办公室展架最高层上。随后，我们首先参观了国家科学博物馆。该馆科普展览内容丰富，如有风力、海洋和日光发电模型，还有能与发明大家爱因斯坦对话的高科技展品。展品中还包括泰国的国风民情，生动，精彩。

9日上午，我们应邀到位于曼谷东南100多公里的庄他武里东方大学分校访问。该校坐落在犹如海南岛风情的乡间，是泰国主要培养海洋专业人才的高等学府。听了该校介绍后，我兴致盎然，即兴吟诵了一首感言诗：

> 东方，东方，日出之方。
> 东方，东方，人才成长。
> 东方，东方，发达兴旺。
> 东方，东方，迷人之邦。

9日下午，我们到Kung krabaen湾考察红树林，这里是泰国国王提倡红树林保护的示范公园，因此是我们考察组此次访问的重点内容之一。在濛濛细雨中，漫步于通往红树林深处的木质栈道上，只见海湾近岸满布茂盛的丛丛红树林，那密被的红树林有如竹丛，所不同的是它的枝叶纵横交错；更有特色的是它那种类繁多的红树下端气根丛生，人难穿越；而更大的不同是红树植物特殊的繁殖方式，即，某些红树所结果实成熟后会自动脱落，并借助重力插入海滩淤泥中。过了些时日，这豆荚状的幼胎就会萌发成一株茁壮的红树苗，从而使红树林生生不息。虽然我在70年代中期曾观察过海南岛海口东南清澜港的红树林，80年代中又发现过香港古红树林的花粉，但今次在异国见到数量之多和种类之丰的红树林，还是令我兴奋不已。我们在尽情欣赏红树林之美景、呼吸着林间那沁人肺腑的新鲜空气之时，深深感谢上天所赐给人类的这类海陆之间的屏障，它们如同一列列的忠诚卫士一样，常年恪尽职守地护卫者人类免遭风浪和海啸的侵袭。

考察Kung krabaen红树林公园后，我们又踏入公园近旁的海洋生物馆。置身那五花八门的海洋动物世界中，再次领会到海洋的博大胸怀和令人为之倾倒的生命力。

10日清晨，我们告别了令人难忘的庄他武里东方大学分校，途经春武里市的一个市镇，主人建议我们在位于镇中心的美丽公园中小憩。只见被那密不透风的树叶包裹着的挺拔树木上端，酷似一株株高大粗壮的蒲棒，这让我强烈地感受到泰国的热带风光。驱车续行数十公里，我们来到又一片红树林分布区考察。从栈道上放眼望去，大片的红树林郁郁葱葱。与昨日所见有所不同的是，这里的红树林与高大的蕨类植物共生；还有遍布淤泥之上的如蚯蚓粪堆般的泥丘，此乃一个个栖息于此的螃蟹窝。当地村民近年来通过艰苦努力恢复这片曾被破坏的红树林后，原本已经濒临消失的螃蟹得以重生。令人高兴的是，村民们终年都可进入红树林地捕捉螃蟹，或直接出售，或制成蟹酱。此林下产业现已成为大家的一条致富门路。傍晚时分，在途中一处别具风情的红树林餐馆进餐后，我们来到了春武里东方大学的校本部，下榻于二层的独栋房舍，环顾四周，水丰林茂。由于披猜教授的精心安排，我们当晚欣赏了该校每年一次的校园晚会。整场节目主要由一泰国著名男舞蹈家表演，通过他的肢体语言和场景与音响配合，讲述了一个人类由来，充满艰险和炽烈情爱故事，虽基本是场独舞剧，但剧中那悲欢离合的感人情节却令人颇为震撼。

11日，上午访问东方大学海洋生物研究所，披猜教授曾任该所所长。从他们所从事的科研内容，可以感觉到十分注重科研与生产相结合。当时我们遇到一群群活泼可爱的小学生在老师的引领下参观海洋博物馆，又深深地感受到他们注重科学研究与普及教育的结合。下午，我们来到由华人兴建的庙宇道德天灵宫，该宫设道德宝善堂与哪吒太子殿，庙内建筑高耸雄伟，建筑体之上的雕龙之多，平生未见。由此感知，旅居泰国的华人同胞是以道德天灵宫为载体，借龙文化传递着中华民族生生不息的团结和奋斗精神。这种精神也表述在天灵宫的楹联中：

> 道德本无私恩泽宏敷千里润
> 天灵应有感法轮常转九州春

11日晚上应海洋研究所之邀出席在斑善湾海滨设的晚宴。夕阳映照下，一览无余的浩瀚海湾，不仅又见到茂密的红树林，而且艘艘海轮引起我情思绵长。

> 凭栏观海闪金光，高台畅饮赏夕阳。
> 斑善湾上风送爽，一衣带水连两疆。

12日上午，我们来到春武里市市郊海滨考察红树林。这里的红树林高大、粗壮和古老，林中不时传来清脆的啪啪声，此起彼伏，令人称奇。一打问，方知是与红树林共生的跳跳鱼发出的声响。只见那长不过半尺，体呈圆锥状的条条跳跳鱼在戏水。跳跳鱼给宁静的红树林增添了勃勃生机。下午参观动物园，令人印象深刻的是猪赛跑和识数表演。随后参观了海滨海产市场，生意人迎客笑容随腥中含香的海鲜味飘然而来。

13日上午，主人特意安排我们到春武里市的海军基地参观。经过森严的军港大门后，很快来到一栋龟形建筑物前，几位身着挺拔淡黄色军服的青年军官早已在大门前迎候我们。经介绍，方知由于泰国连年无战事，一些海军部队在服役期间同时肩负起保护海洋环境，培育红树林和发展海龟养殖业。参观中见到一幢幢超百平方米建筑物中的个个鱼池里，大小不同，种类多样的海龟在池水中下潜上浮，安然自在。随后到海湾的一沟谷中参观红树林，沟谷溪水潺潺，红树林密被，进入红树林中，话音可辨，人迹难觅。下午参观了海军的海洋 海岛自然博物馆。这个博物馆建在近100米高的丘陵上，依丘就势而建。丘麓有绿草如茵的公园，森林掩映中的博物馆与展出的海洋生态和谐统一，各馆间有步行小道相连，富于变化。到丘顶豁然开朗，海湾尽收眼底，湛蓝色海水衬托下的码头、别墅既安静又生气盎然，令人心旷神怡。山顶博物馆主要陈列着泰国海军史，包括历任海军司令的业绩。还陈列有泰国国王、王后和王室的大幅照片，其中包括我们熟知的诗琳通公主的玉照。照片中的她温文尔雅，似乎在欢迎大家的光临。晚上应邀看了"人妖"表演。所谓"人妖"是让男孩吃药让其雌性化，声、形、肤都呈现出女性特征。"人妖"在舞台上又歌又舞，演者入神，观者痴迷，欢呼雀跃，笑逐颜开，此成泰国文化中一大特点，是泰国娱乐场所不可或缺的内容，成泰国旅游业的一大亮点。据说"人妖"年龄一大，不适合表演，经吃药调理还可重归男儿身。

14日离春武里市前往泰国古都大城。抵达大城已是午时，在河旁能容纳200人就餐的榕树餐馆吃午餐。该餐馆在一棵硕大的榕树下摆开，有棚顶，风雨无虑，榕树干裹着黄布，并有贡品陈设，这与我国视古树为风水林的习俗类同。这种尊重自然，敬畏自然的观念属自然崇拜，有利人与自然界和谐共存。午餐后，到古都大城遗址参观。只见遗址近旁宽敞的马路一侧为穿古城的河渠，宽达200—300米的清澈河水将古城分隔开来。河对岸绿树丛间古佛塔点点，若隐若现，清新幽静的环境与前几天穿行在车水马龙的闹市中的感受判然两样，我的思绪被此情此景带到了远古。马路的另侧就是游人常去的古大城遗址。我们本来想与有的游人一样骑在高大的象背上，居高临下，悠然自得的观赏古城，但由于时间紧迫，只得就近步入皇宫遗址。入址前被兜售相册、筷子和纪念章的商贩围绕，可见这里是游人常到的地方。一进入遗址，片片残垣断壁映入眼帘。我们穿过废墟，进入高达20~30米、三塔相连的古佛塔中。这些幸存的磅礴和华丽的古佛塔，传递着300年前1499年间泰国的古都史，可惜大部毁于1767年敌国的入侵，其与我国圆明园的命运如出一辙。侵略者对人类文明的破坏，他们的罪过无以复加，他们是人类共同的敌人，那些无耻之徒已成为人类永远鞭打的罪人。傍晚我们回到了曼谷，下榻到一座豪华的四星级宾馆，披猜教授在宾馆宴请了我们一行。晚上宋豫秦教授与来访的泰国华裔亲戚情深意长的攀谈，我们怕打扰他们就乘地铁到市中心参观艺术与小商品市场去了。灯光照耀下的鳞次栉比商店的商场中，熙熙攘攘的人们在欣赏和议购珠宝首饰与热带工艺品，再次让我们沉浸在繁华的泰国曼谷之都中。

15日，我们到达闻名中外的泰皇宫参观。这个皇宫的地位类似北京故宫，而其建筑多似我国云南傣族竹楼与佛塔，只是规模庞大，金碧辉煌，令人炫目，叹为观止。

16日，凌晨1点20时乘机回国，于7时抵达北京首都机场，在宋豫秦教授率领下的泰国之行圆满结束。泰国朋友的微笑与奇观异景至今仍时时萦绕脑际。泰国文化中所体现的中泰友谊源远流长。

泰国对红树林的种植与管理方法，以及爱护红树林的理念使我们受益良多，他们熔海岸保护与开发于一炉的思路值得我们参考。全新世中期热带季雨林曾分布到浙江沿海地区，相信只要政府重视，措施得当，我国东南沿海地区的红树林引种事业在不久的将来一定可以获得巨大成功。

致谢：感谢宋豫秦教授修改本文和补充泰国红树林资料。

附 录

附录一

论嵩山文化圈[1]

周昆叔[1] 张松林[2] 张震宇[3] 杨瑞霞[3] 蔡全法[4] 宋国定[4]
宋豫秦[5] 莫多闻[5] 王辉[5] 鲁鹏[3] 郝利民[3] 王超[3]

(1.中国科学院地质与地球物理研究所 2.郑州市文物考古研究所 3.河南省科学院地理研究所 4.河南省文物考古研究所 5.北京大学环境学院)

一 论题的提出

2002年9月，笔者中周昆叔在济南举行的"中国第三届环境考古学大会"上做《中国十五年来的环境考古》学术报告，在论及黄河中下游环境考古时，提出这里有嵩山文化圈和泰山文化圈。2004年春，为执行国家自然科学基金项目《河南双洎河流域史前人类生存环境研究》，周昆叔与笔者张松林、莫多闻、王辉讨论中，张松林谈到嵩山文化圈事，并说写了一初稿[2]。其后，我们一直在思考嵩山文化圈问题，并以此为指导展开双洎河流域环境考古研究工作，还在双洎河流域环境考古研究工作阶段报告中讲到嵩山文化圈问题。为此，今作一专论。

文化是具有地域性的，这源自于人对环境的依赖与适应。中外学者对中国文化的区域性早有不同程度的阐述，其中特别是近代考古学家有较详细的论述。如苏秉琦先生根据考古学文化区、系、类型，将我国考古学，特别是新石器考古学文化划分为10个地区[1]。后来他又在讨论中华文明起源中将中国史前文化区系类型按"条块"划分为北方、东方、中原、东南、西南和南方六区[2]。严文明先生曾论及中国史前文化的统一性与多样性，将中国考古学文化划分为中原、甘青、山东、燕

---

[1] 该文系国家自然科学基金项目成果，项目批准号40371110。原文刊登在《中原文物》2005年1期。
[2] 张松林，嵩山文化圈在中国古文明进程中的地位和作用。

辽、江浙和长江中游六大文化区[3]。张光直先生曾将龙山时期文化划分为相互关联的山东、良渚、黄河中游、齐家和青龙泉五个区[4]。这些都是基于史前考古学文化特征而分区的，在某种程度上也反映了文化的区域性，但都不是主要从生态环境来考虑文化区域划分的，结合古生态环境来进一步推动我国古文化的区域性研究是很必要的。

上述考古学文化区的划分，本身就说明了中国文化内涵丰富多彩，如苏秉琦先生言简意赅地概述为"满天星斗"[1]。然而他们在陈述中国文化多样性的同时，也都肯定中原文明的"核心"地位。苏秉琦先生称中原文化为"腹心"[1]，为"直根系"[2]。严文明先生称中原文化为"花心"[3]。中原文化"核心"作用是如何体现的？它到底有什么特殊？

首先，从现在嵩山地区发现的旧石器虽属北方细小石片石器系统，但在某些遗址，如巩义神南洪沟、登封君召遗址中发现砾石石器占有一定比例，这说明早在旧石器时代嵩山地区古文化就有中国南北文化交融与过渡特点。

其次，距今9000～7000年新石器文化早期晚段到中期早段裴李岗文化遗址达70处以上，且可以分出裴李岗、贾湖两类型，它密集地环嵩山分布，据初步统计达48处，以其数量之多和分布之密为全国之冠。其农业兼有粟作与稻作，就农业先进性来说也名列前茅（图一）[5、6、7]。

第三，距今7000～5000年的仰韶文化，如其色彩缤纷的陶器一样，可分半坡、庙底沟、秦王寨、后岗、下王岗等类型[8]，仰韶文化影响东至滨海，西抵青藏高原东侧，北达长城内外，南入长江中下游[9、10、11]，类型之多和影响之广纵横达1000公里，也为全国之冠，在世界上也是罕见的。

第四，距今4500～4000年的豫西、豫中龙山文化。"这个类型又称为王湾或煤山类型，在黄河中游龙山文化诸类型之中分布最广，所发现遗址最多。遗址分布于山西河南之间黄河两岸，河南的洛河河谷和嵩山地区，向东沿淮河支流颍河伸延到禹县以东"[4]。可见豫中的嵩山地区龙山文化在黄河中下游占有重要地位。近年间嵩山东麓双洎河支流溱水旁发现古城寨龙山古城，黄土高原东部边沿原野上耸立着10米以上

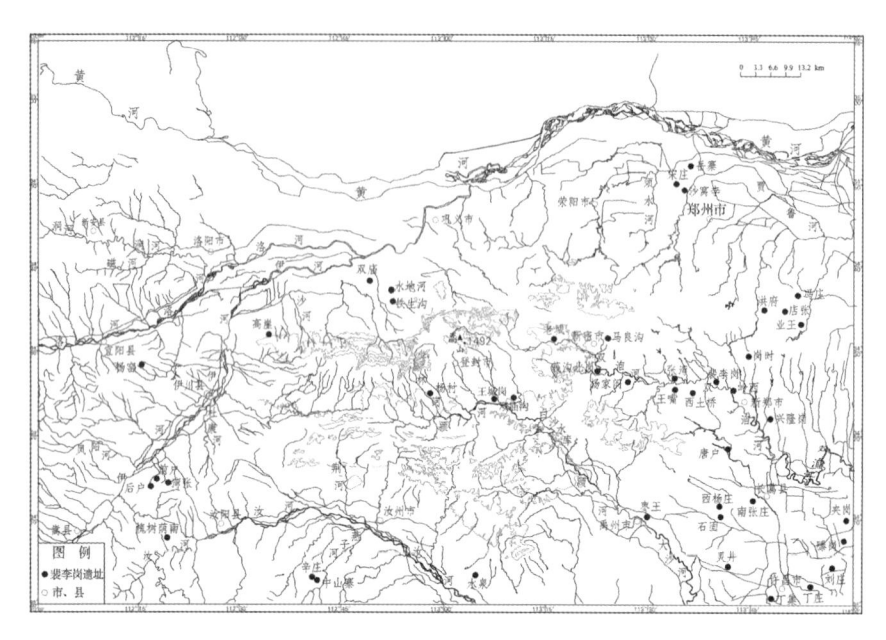

图一　环嵩山裴李岗文化遗址分布图

夯筑城墙，经4000年风雨仍傲然屹立，其工程之优化，叹为观止，此乃人类的杰作，它代表着嵩山地区龙山文化的丰富内涵[12、13]。

第五，距今4000～3000年是中国夏商周三代的立国中心[14]，是中国踏入文明时代最早的地方，是萌发中国治国之道和形成礼仪之邦的发祥地。

第六，距今3000～1000年是战国、秦汉、唐宋时期国家的政治中心[15]，使中国成一统的世界大国。据英国经济学家麦迪逊新近研究，公元1000年前，中国人均GDP在西欧之上[16]。

综上所述，可见中原古文化之特殊，特殊在它早在旧石器时代就已显露南北文化兼有，是中国新石器文化很发达的地区，是立国与强国的中心地区。究其原因，树有根，水有源，还是要从孕育中原文化生态环境中寻找，即要从这里山、水、土、生（生物）、气（气候）和位（地理位置）影响人类生存和文化创造的诸环境要素中去考察。

二　嵩山文化圈的内涵

中原古文化发达的原因，历来人们都重视环境因素的分析，如20世纪初《禹贡》杂志学者们从地理位置、水文和气候进行探讨，近代亦然，只是较之更详[14、17]，这些研究是有益的，但有两点不足，那就是对中原古文化形成的环境因素综合研究不够，尤其对山的作用重视不够。

为什么要重视山对人类文化的影响呢？因为山能为人类提供丰富的生活资源，尤其水、土和生物对人类影响大，在旧石器和新石器时代初更是如此。

从中国人类迁移的规律来看，总的情况是从山向原迁移。旧石器时代主依山。旧石器时代向新石器过渡时主依山麓。新石器时代至三代时期主要依高阶地或台地（一般高出河沟10米左右），秦汉后迁向低阶地或台地（一般高出河约5米）（图二）[18]。这取决于人类演化、生产力水平、气候和地貌的变化。

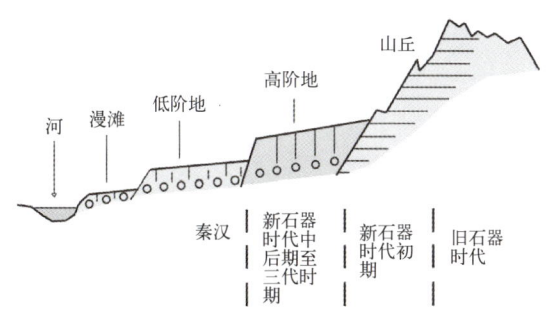

图二　中国人类迁移模式图

说到人类对山的依赖似乎不言而喻，然而在探讨人类生存规律时，却缺乏对山足够的重视。

山对人类生存重要性需要分析。山的规模要适度，太大，丛山峻岭，人类进得去，出不来，水土等生活资源难以满足人类需要，不适人类栖居；太小，人类对水、土、生物等资源需求受限，也不适合人类生存。因此，只有有一定规模，人类生活资源丰富，便利人类出入、居住和生活的山才适合人类的需要。

嵩山如何？嵩山有如下优势。

嵩山是秦岭东屹的一部分，以伊河龙门与西部诸山隔开而成一相对独立的山体，面积约4000平方公里，东面广阔的华北大平原，南隔汝河与伏牛山相连，北隔黄河与太行山相望。嵩山是东亚中国有35亿年地质历史的古陆，历经太古宙、元古宙、古生代、中生代和新生代，层序清楚，时代连续，被誉为"五代同堂"，亦说"七代同堂"，嵩山以其丰富的地质内涵被评为国家地质公园[19]。由于地史悠长，且处中纬温带，四季分明，生物繁茂，水资源丰富，河流发育，呈放射状，为淮河重要源头，系淮河最重要支流颍河干流发源地，为其支流汝河、双洎河和贾鲁河的发源地，也为黄河支流伊洛河的重要水源地，为万里黄河入华北平原增加活力。丛山峻岭的嵩山似乎都是山，其实不然，嵩山中心区可分三个地貌单元，北部，即嵩山主峰所在，最高峰玉寨山海拔达1512米，次高峰嵩山海拔达1492米(图版一，1)，为呈东西布列的中低山。南部为箕山，较北部低，多在海拔1000米以下，为低山丘陵，也为东西向展布，在上述二山之间夹着低丘(图版一，2)，海拔300~400米，相对高度一般为50米左右，而且在低丘中有大金店、登封与芦店盆地。嵩山中的低丘与盆地，南北宽约10至10多公里，东西长约80公里，面积约100平方公里。自低丘西向东分列着南河涧沟、顾家河、少林河、老东沟、书院河、五渡河和石淙河共七条河，这些河源于嵩山主峰南麓，共同南流汇入箕山北的颍河。嵩山不仅丛山密布，而且山中有低丘盆地，这样嵩山中包含了较广阔的汇水地域。由于嵩山北坡缓南坡陡，且高差悬殊，达1000米，这样既能挡西北干冷风，又能迎东南暖湿风，所以嵩山山中温和多雨[20]。因此，嵩山水网密布，其密度达每平方公里0.32公里，且水量丰富[19]，年变率小[20]（图三）。

嵩山山中颍河上游不仅水网发达，且各支流均有二级阶地，今举两例。登封市石道乡石道村为1271公里[22]颍河的源头，这里泉眼众多，泉水涌流，常年不断补给颍河(图版一，3)。该段河谷宽约300多米，深约10多米，两侧有砾石堆积的低丘，谷地中有二级阶地与漫滩，二级

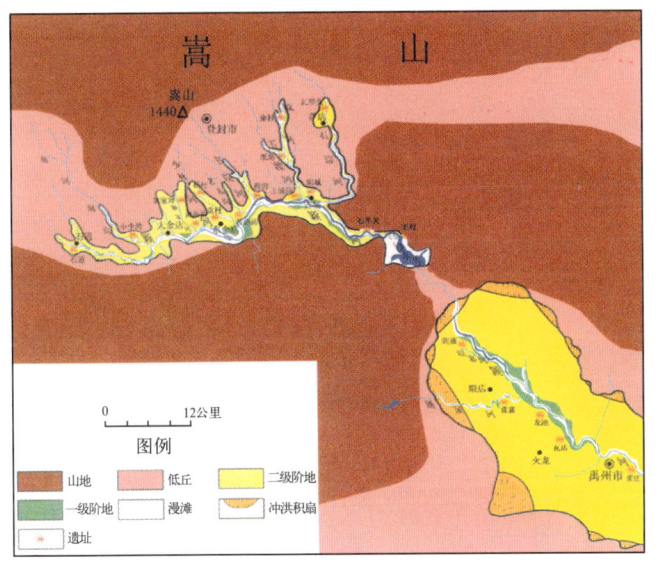

图三　颍河上游环境考古图

阶地高约10米，堆积马兰期黄土与砂黏土，一级阶地高约4米，堆积有砂黏土与砂砾。其南岸二级阶地分布有龙山文化遗址（图三、四）。在登封市告城镇一带颍河谷地开阔，其西有北来的五渡河汇入颍河，五渡河与颍河之间分布较广阔的二级阶地与不宽的一级阶地，二级阶地下伏砂砾层，其上堆积有中更新世离石黄土的第一层埋藏土、晚更新世马兰期黄土和全新世周原黄土（图版一，4），这里分布有裴李岗、仰韶与龙山时期的文化堆积，为王城岗遗址所在处（图三、四）。这里较宽二级阶地上堆积的黄土为古今人类耕种、居住与生活提供了理想的场所。由于嵩山谷地既依山，又傍水，又有宜居、宜种的较高与开阔的黄土阶地，因此裴李岗时期的人类就生活在这里。据不完全统计计各类遗址有14处，其中含裴李岗文化遗址2处，含仰韶文化遗址5处，含龙山文化遗址11处，含二里头文化遗址9处，含商文化遗址2处，含东周文化遗址1处，含战国与汉文化遗址1处（表一；图五）。

表一 嵩山谷地颍河流域部分遗址统计表

遗址名称	地　点	文　化	面积（万平方米）
石道	登封市石道乡石道村南300米	龙山、二里头	39.000
小李湾	登封市小李湾村西北约200米	二里头	9.300
袁村	登封市东金店乡袁村东	龙山	50.000
油坊头	登封市油坊头村东	龙山	8.800
杨村	登封市杨村西北50米	裴李岗、仰韶、龙山、二城头	43.000
朱家坪（袁桥）	登封市朱家坪村东南	仰韶、龙山、商	13.000
程窑	登封市程窑村北，东距西范店100米	仰韶、龙山、二里头	3.900
西范店	登封市西范店村东北台地上	二里头	2.800
王城岗（八方）	登封市古城镇西北1公里，八方村东北	裴李岗、仰韶、龙山、二里头	150.000
康村	登封市燕半坡村西稍南150米	仰韶、龙山	9.200
纸坊（华楼）	登封市纸坊村	龙山、二里头	
瓦窑头	登封市康村乡郭村南	龙山、二里头	400.000
王村	登封市王村东南邻近白沙水库淹没区	二里头、商、东周	8.800
石羊头（垌上）	登封市垌上村南300米，石羊关村西南1公里	仰韶、龙山、二里头	10.00

　　发源嵩山的每一条河流，都是人类依存的场所与传播文化重要通道，其中最有代表性的是双洎河流域。双洎河源于嵩山东侧马岭山山麓登封市大冶镇西施村紫罗池。它的源头至超化镇名洧水，洧水流到超化镇与绥水汇合，改名双洎河。双洎河作东南流，长171公里，流域面积1758平方公里。它在扶沟县彭庄与贾鲁河相汇，再入颍河，最终入淮

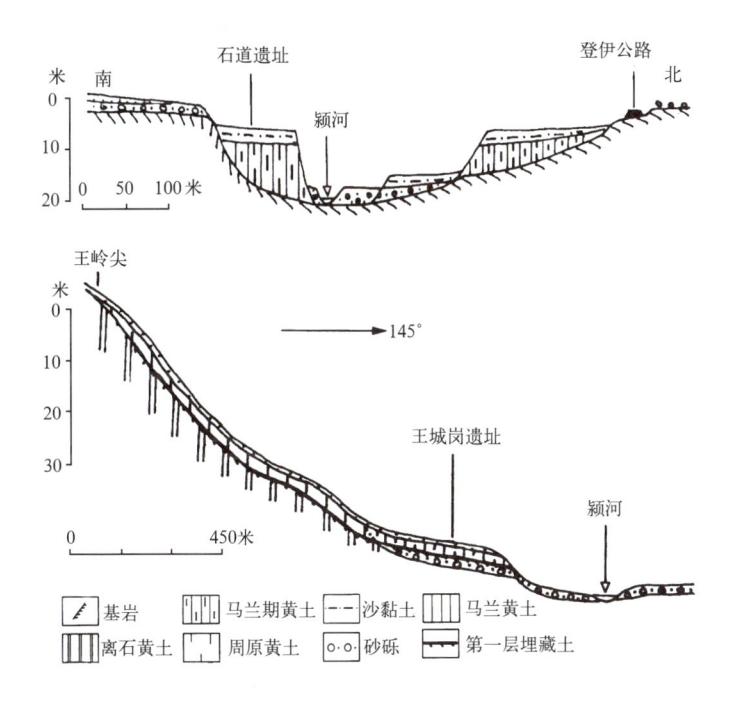

图四　登封市石道乡石道遗址、告城镇王城岗遗址地质地貌剖面图

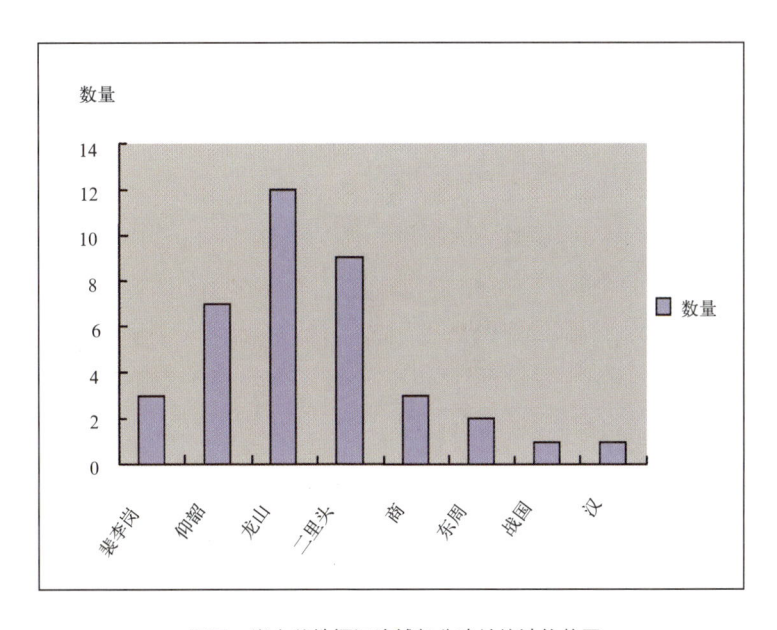

图五　嵩山谷地颍河流域部分遗址统计柱状图

河。双洎河汇入溱水等众多支流,近似羽状水系,嵌在嵩山东侧的具茨山与云梦山之间,伸向华北平原。此河上游在灵崖山一带有石灰岩分布,形成一些岩溶洞穴可供居住;山上植被茂盛,可供采食;河浅流淌,可供饮用捕捞,故灵崖山发现有旧石器晚期人类。双洎河中上游倾斜堆积平原上,黄土台地广布,近山、傍水、利垦殖,据初步调查这里分布有32处新石器至夏商时期的遗址。这里最显著的特点是新石器中早期的裴李岗遗址多,达14处,占全省裴李岗遗址约五分之一。这14处遗址中10处分布在中上游,占71.4%,而中游只分布4处,占28.6%,裴李岗文化的命名处就位于该河中游新郑市裴李岗村。双洎河中上游裴李岗遗址占绝对多数和裴李岗遗址环嵩山分布的情况,清晰地说明旧石器时代人类栖居山地,到新石器时代通过双洎河等河谷向华北平原进发的事实(图六)。

从上述可知嵩山这约4000平方公里的山体,以其山体大小适中,中低山丛布,山中夹有较广的低丘与盆地,水网发达,黄土台地广布,利于人类生存。嵩山位居中国东西南北的要冲,便利人们交往、文化辐射与

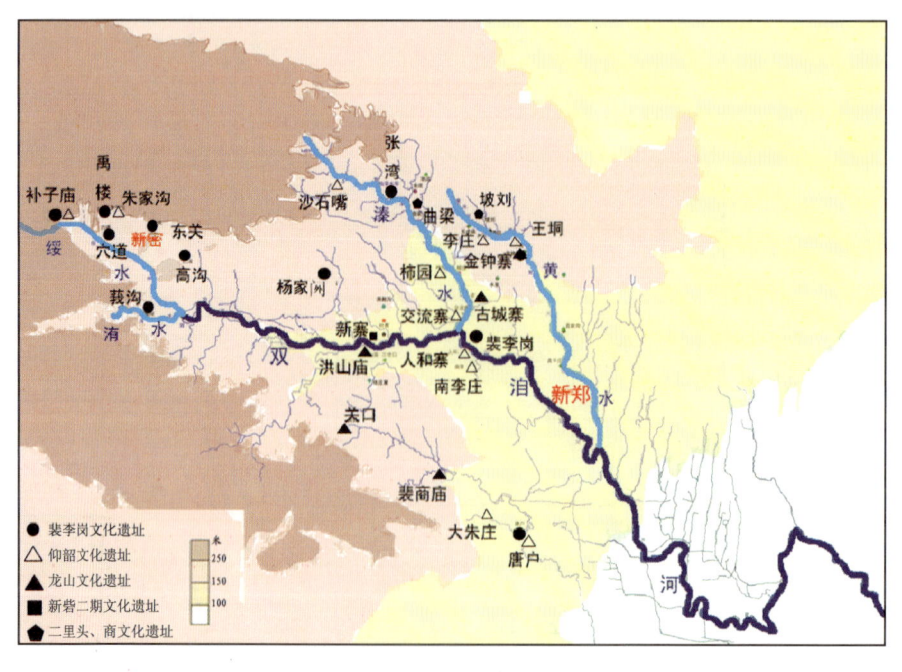

图六　双洎河流域地势与遗址分布图

反馈。这里气候属暖温带南沿，近亚热带。植被属暖温带落叶阔叶林亚地带。在全新世中期，即距今8000～3000年间，裴李岗、仰韶、龙山和夏商周时期属亚热带，年平均气温较今高约2°C，年平均降水量较今高约200毫米，水、热、生物等资源丰富，能较好满足人类需要[17、21、22、23]。不仅在中国，即使在世界上，温带与亚热带之间也为人类适居地和文化发祥要地，这是人类对自然界的适应与选择。嵩山以山、水、土、生（生物）、气（气候）与位（地理位置）俱宜，成为人类文明重要发祥地。旧石器时代人类从嵩山沿着它四射的河流走向原野。通过开垦种植劳动，创造愈来愈丰适的生活。他们的足迹踏遍嵩山周围，甚至更远，将嵩山的文化传向四方，并吸收周边文化，从古至今形成有嵩山影响与印迹的嵩山文化圈。

嵩山文化圈是嵩山地域文化名称，指嵩山与其附近孕育中原古文化的核心地带及其传播地区。依与嵩山远近，文化关联程度疏密，可将嵩山文化圈划分出中心区（核心区）、边沿区和影响区。

嵩山文化圈中心区（核心区）包括嵩山山体、山麓、山前盆地、山前冲洪积扇、剥蚀堆积倾斜平原和剥蚀堆积平原，东界华北冲积平原，西接豫西谷地，北邻黄河，南抵淮河（如图七所示或未示者；图版二）。这里分布有许多重要文化遗址，如登封君召、荥阳织机洞[24]、新密灵崖山、许昌灵井[25]和巩义洪沟等旧石器时期遗址；新石器时

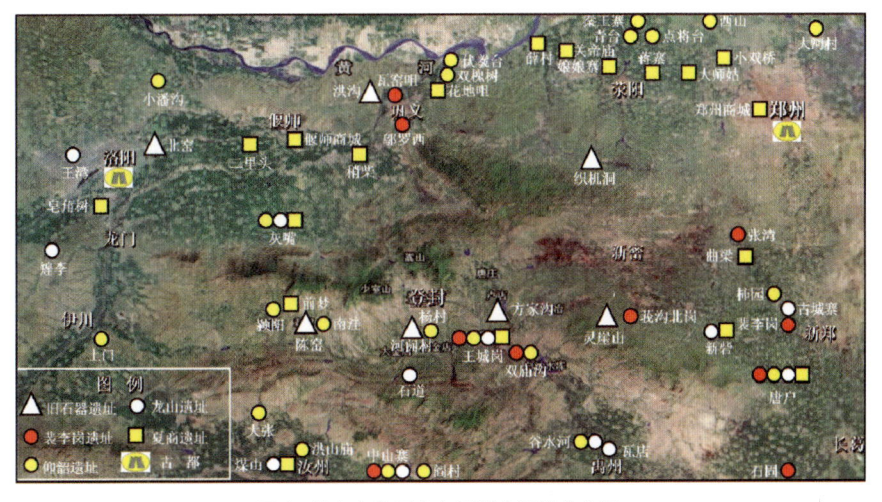

图七 嵩山文化圈中心区部分遗址分布图

期遗址有裴李岗文化时期的裴李岗[5]、莪沟[26]、石固[27]、贾湖[6]等；仰韶文化时期有秦王寨、点军台[28]、大河村[29]、西山[30]等；龙山文化时期有王城岗[31]、煤山[32]、古城寨[13]，瓦店等，夏商时期遗址有新砦[33、34]、二里头[35]、郑州商城[36]、小双桥[37]、偃师商城[38]等，这些遗址构成了中原嵩山文化圈的主体，在中华文化中起着核心作用。

嵩山文化圈边沿区，大致可划在东到豫东、西到关中、北达冀南、南抵淮河。嵩山文化圈影响区与仰韶文化影响区类似，东到滨海，西到青藏高原东侧，北达长城内外，南抵长江中游。

三 嵩山文化圈的意义与研究课题

嵩山文化圈概念是近10多年来对黄河中下游乃至全国进行环境考古认识的概括，是源于对嵩山地区山、水、土、生（生物）、气（气候）和位（地理位置）诸环境因素对人类影响的综合分析，发现嵩山在孕育中原古文化中起到发动机与孵化器的作用。嵩山文化圈可以帮助我们认识中原古文化形成之环境缘由，有利于对中原古文化乃至中华古文化内在联系的理解；明确了对中华文明起核心作用的中原古文化的地域特点；增进对中华文明统一性与差异性的认识；有益于中华民族的凝聚力增进；有益了解何以嵩山能处五岳之中，得东、南、西、北四岳之拱卫；也有益于了解中国人何以有崇五岳的情结；更有益调动我们保护和建设嵩山、河南、国家的积极性。

物质既是可分的，也是有核心的，文化亦然。我们要认识到中原古文化在中华文化中核心地位的客观存在，也要认识中原古文化是受益周边文化才得以进步的，中原文化只有虚心学习中外文化才能得以弘扬。中国文化能"多元一统"[39]，和"多元一体"[40]，互不矛盾，相辅相成，与嵩山文化圈起核心作用有重要关系，否则中华文化难能做到既多元又统一。因此，中华民族文化应是"有核心的多元一统"，或"有核心的多元一体"文化。

嵩山文化圈的提出是我们从古环境与古文化关系上深入认识中国的

图版一

1. 嵩山与山南芦店盆地康村遗址

2. 嵩山腹地低丘与盆地

3. 嵩山石道村颍河发源处

4. 嵩山袁村遗址仰韶文化层与黄土

图版二

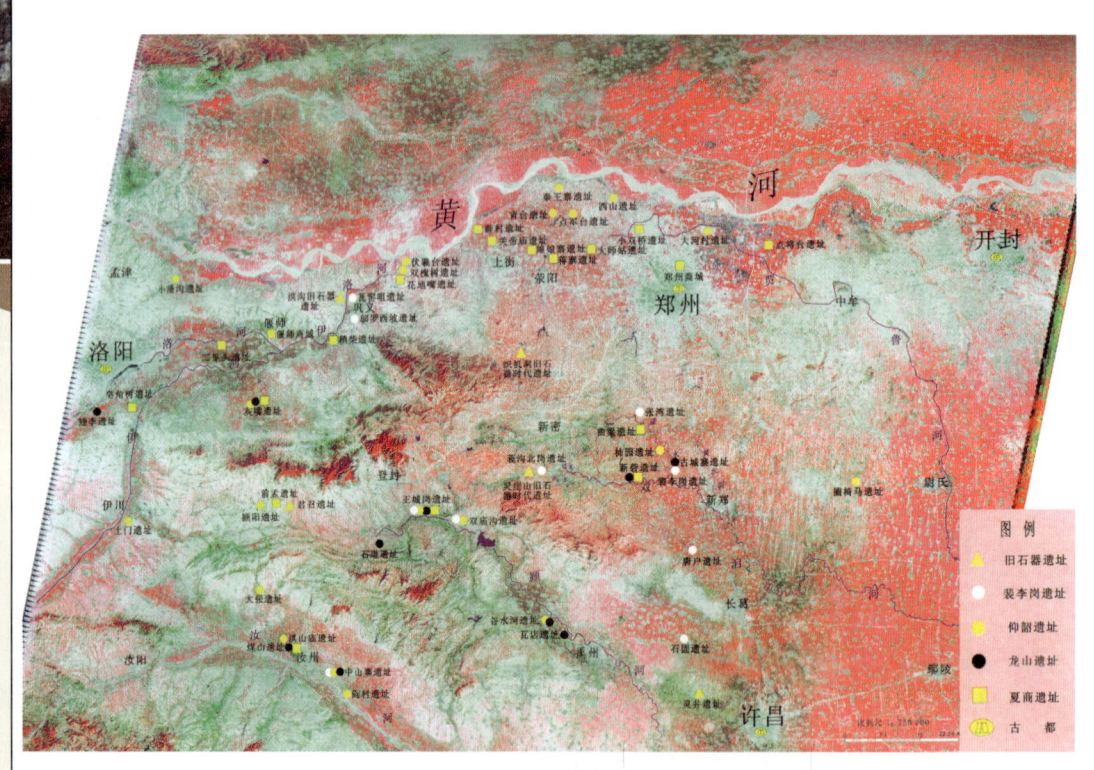

嵩山文化圈中心区部分遗址分布图

新起点，还有许多问题待研究，如嵩文化圈层划分与内涵的深入分析；嵩山文化圈的地域特点、变化与文化发展；古环境变化、社会发展与古文化演进关系分析；适宜环境与剧变环境对人与文化的影响；古环境变化与古文化演变的模式建立；古环境变化与古文化交流等许多课题都有待深入和新展开研究。如果说我们在研究中找到了某些答案，还不如说需要我们找的答案更多。不过，嵩山文化圈新概念，或与山相连的多环境因素古文化圈概念将帮助我们更好地发展我国考古学、环境考古学、第四纪地质学和古今文化研究。

最后，要深深感谢曾经与我们合作和给予帮助的中外朋友们。

参考文献：

【1】苏秉琦《关于考古学文化的区系类型问题》，《文物》1981年5期。
【2】苏秉琦《中国文明起源新探》，三联书店，1999年。
【3】严文明《中国史前文化的统一性与多样性》，《文物》1987年3期。
【4】张光直《中国相互作用圈与文明的形成》，载《庆祝苏秉琦考古五十五年论文集》，文物出版社，1989年。
【5】开封地区文管会等《河南新郑裴李岗新石器时代遗址》，《考古》1978年2期；开封地区文管会等《裴李岗遗址1978年发掘报告》，《考古》1979年3期；中国社会科学院河南一队《1979年裴李岗遗址发掘报告》，《考古学报》1984年1期。
【6】河南文物考古研究所《舞阳贾湖》，科学出版社，1999年。
【7】国家文物局主编《中国文物地图集》河南分册，中国地图出版社，1997年。
【8】张松林《浅谈仰韶文化的类型和类型划分》，《论仰韶文化》，《中原文物》1986年特刊（总5号）。
【9】巩启明《试论仰韶文化》，《史前研究》创刊号，1983年。
【10】严文明《仰韶文化研究》，文物出版社，1989年。
【11】方酉生《试论大溪文化》，《论仰韶文化》，《中原文物》1986年特刊（总5号）
【12】河南文物考古研究所等《河南省新密市古城寨龙山文化城址发掘简报》，《华夏考古》2002年2期。
【13】周昆叔《古城寨古城的伟大创造》，《花粉分析与环境考古》，学苑出版社，2002年。
【14】王星光《生态环境变迁与夏代的兴起探索》，科学出版社，2004年。
【15】河南省文物考古研究所《河南省文物考古工作五十年》，《新中国考古五十年》，文物出版社，1994年。
【16】林行止《停滞千年中国奋起》，《参考消息》2004年10月26日。
【17】周昆叔、张广如、曹兵武《中原古文化与环境》，张兰生主编《中国生存环境历史演变规律研究》，海洋出版社，1993年。

【18】周昆叔《北京环境考古》，《第四纪研究》1989年1期。
【19】程胜利、荣子海、张翼《嵩山地质博览》，地质出版社，2003年。
【20】王文楷等《河南地理志》，河南人民出版社，1990年。
【21】胡厚宣《气候变迁与殷代气候之检讨》，《中国文化研究会刊》4卷，上册，1944年。
【22】周昆叔《周原黄土及其与文化层的关系》，《第四纪研究》1995年2期。
【23】洛阳市文物工作队《洛阳皂角树》，科学出版社，2002年。
【24】张松林、刘彦锋《织机洞旧石器时代遗址发掘报告》，《考古学报》2003年1期。
【25】周国兴《河南许昌灵井的石器时代遗存》，《考古》1974年2期。
【26】河南省博物馆等《河南密县莪沟北岗新石器时代遗址》，《考古学报》1981年1期。
【27】河南省文物研究所《长葛石固遗址发掘报告》，《华夏考古》1987年1期。
【28】郑州市博物馆《荥阳点军台遗址1980年发掘报告》，《中原文物》1982年4期。
【29】郑州市文物考古研究所《郑州大河村》，科学出版社，2001年。
【30】张玉石等《郑州西山遗址发掘获丰硕成果》，《中国文物报》1994年3月13日。
【31】河南省文物研究所《登封王城岗与阳城》，文物出版社，1992年。
【32】中国社会科学院考古研究所河南二队《河南临汝煤山遗址发掘报告》，《考古学报》1982年4期。
【33】中国社会科学院考古研究所河南二队《河南新寨遗址试掘》，《考古》1981年5期。
【34】赵春青《新寨期的确认及其意义》，《中原文物》2002年1期。
【35】中国社会科学院考古研究所洛阳发掘队《1959年河南偃师二里头遗址试掘简报》，《考古》1961年2期。
【36】河南省文化局文物工作队《郑州二里岗》，科学出版社，1959年。
【37】河南省文物研究所等《1995年郑州小双桥遗址的发掘》，《华夏考古》1996年3期。
【38】中国社会科学院考古研究所河南二队《1983年秋河南偃师商城发掘简报》，《考古》1984年10期。
【39】严文明《中国文化的统一性与多样性》，《文物》1987年3期。
【40】费孝通《中华民族多元一体格局》，中央民族学院出版社，1989年。

附录二

再论嵩山文化圈[1]

周昆叔[1]　宋豫秦[2]　鲁鹏[3]　莫多闻[2]　王辉[4]　陈盼盼[3]

（1. 中国科学院地质与地球物理研究所　2. 北京大学　3. 河南省科学院地理研究所　4. 中国社会科学院考古研究所）

一　几个观念

1. 关于"崇山"

我国是一个多山的国家，山地占国土面积的三分之二。我国地势高差悬殊。大陆地形依据海拔高度可以划分为三级阶梯，青藏高原为第一级阶梯，海拔多在4000米以上，是世界上最高最大的高原。青藏高原以外，北起大兴安岭，向南经太行山、巫山至雪峰山一线以西，为第二级阶梯，海拔多在1000米以上。第二级阶梯以东为第三级阶梯，海拔一般在500米以下[1]。总的地势是西高东低，故长江、黄河等大河均由西往东流。我国大陆上的降水有由东往西递减的趋势，故东部地区水资源丰富，西部水资源缺乏。中华民族自古至今，以山为依，以水为托，人与山水之关系犹如水乳交融。人对于山的依赖可以远溯至500万年前的人猿揖别，在几乎整个旧石器文化时代，人类都是在山林环境中度过的，故我国的旧石器遗址主要是分布在我国第二级阶梯上[2]，因为这一阶梯里中山和高原发育，景观异质性强，气候以暖温带为主，水系发育，生物多样性，食物链长，适宜古人类生存繁衍的空间广阔且少见毁灭性的自然灾害。到了新石器时代，由于进入了农业社会，人们既要有

---

[1] 原文刊登在周昆叔、齐岸青主编《中华文明与嵩山文明研究》（第一辑），科学出版社，2009年。

种植农作物的土、水、肥等自然资源，又要依赖山地进行采集、狩猎以补充食物，故先民们开始向山间河谷台地和山前平地迁移[2]。进入历史时期，为了满足日益增加的人口对物质资源的需求，人类对自然界的依赖程度更高，从而产生了对山水的敬畏之感，并演化为崇拜对象。到了2100年前，汉武帝立五岳，即立东岳泰山、西岳华山、北岳恒山、南岳天柱山和中岳崇山。后来除南岳改安徽天柱山为湖南衡山外，其他四岳均延续至今。实际上五岳之称先秦时代业已出现，因为《尔雅·释山》即明确记载"泰山为东岳，华山为西岳，霍山（天柱山）为南岳，恒山为北岳，崇高（山）为中岳"。"五岳"之由来似与当时流行的五行观念有关，或基于下述之考虑，一是五岳布局东、西、南、北、中各方皆有；二是皆位于人口分布较密集的区域；三是相对独立的中山；四是景色壮丽且各具特点，故后人有泰山雄，华山险，衡山秀，恒山奇和嵩山奥之说。据《史记·封禅书》"天子祭天下名山大川，五岳视三公，四渎视诸侯，诸侯祭其疆内名山大川"。由于上至皇帝祭祀与封禅，下至达官贵人，儒雅名流，乃至平民百姓对五岳均极为推崇，赞颂不已，加之五岳均为历代营建寺庙、宗祠等首选之宝地，使得五岳均成为自然与人文交相辉映之境。

《说苑》曰："五岳何以视三公？三公能大布云雨焉，云触石而出，肤寸而合，不崇朝而雨天下，施德博大，故视三公也。"可见统治阶级视五岳为"三公"，赋予其人格化地位，并非全然出自精神层面，也有祈求风调雨顺和社稷安宁之实际目的。五岳何以具"大布云雨"之功呢？这是因为五岳皆海拔千米以上中山，森林蒸腾作用强盛，水气上升易凝聚成雨雪。山上裸石多而易散热，故"云触石而出，肤寸而合，不崇朝而雨天下……"。山上云雾缭绕与否，能辨雨旱。以农为本的时代，五岳乃气候之"晴雨表"，这就拨开了人们对名山大川崇拜有加的神秘面纱了。所以，古代先民的崇山情结，追根到底乃出自对自然界的依赖之情。这也是"天人合一"观念得以出现并经久不衰的根本缘由。

2. 关于"山地文化圈"

以山命名文化圈还是近年间的事，正式发表以山命名文化圈的论文，始于《中原文物》2005年1期刊登周昆叔等撰写的《论嵩山文化圈》一文。该文在本书中重刊，便于读者查阅。

根据考古学研究，将相近考古学文化以分布区地名命名文化区，这已为大家熟知。以山作为地域古文化名词尚不为人熟知，今作一说明。

人类在特定生态环境下创造出特定的文化，故考古文学文化分区也在一定程度上反映了形成该文化的生态环境。若从人类依存的生态环境与文化分布综合考虑，就发现有的古文化有环山分布特点，于是就有以山命名文化圈的论述。以山命名文化圈应作如下考虑：

该山相对独立、地史悠久、资源丰富，是面积达数千平方公里的中低山；有多条河流从该山发源；人们在大致相同的生态环境因素综合作用下，创造出环山分布的相同或相似文化谱系，这样的山才可以命名为山地文化圈。如嵩山文化圈最为典型，裴李岗、仰韶、河南龙山、夏、商、周文化一脉相承。此外还有泰山文化圈、大洪山文化圈等山地文化圈。泰山文化圈含后李、北辛、大汶口、龙山和岳石文化。大洪山文化圈含边畈、屈家岭、石家河等文化。为什么说嵩山文化圈最典型呢？该山山中及其周围分布有中原文化谱系的许多重要遗址，该文化圈的古文化是中国国家起源的文化，是华夏文明形成的核心文化，所以，嵩山文化圈是山地文化圈中最典型者、最重要者。

从上述对山地文化圈的讨论，可见不是凡山可以命名为文化圈的。

以山地命名文化圈，并非忽视水环境因素。水从山而出，人依山、水而生，所以讲山实际上包括了水环境因素，而且包括了除山、水外的土壤、生物、气候与地理位置环境因素。

以山命名文化圈的意义是基于人类生存生态环境系统，来诠释古文化谱系与自然环境的内在关系与形成机制，这样促使考古学文化分区细化、深化和科学化。所以，以山地命名古文化圈是环境考古学对考古学研究做出的新贡献。

3. 关于"嵩山、嵩山文化圈和嵩山文化"

嵩山之名绵延数千年，累有更替，但多强调其高大雄伟和处在国之中部，故自隋唐至明清间多称为中岳嵩山，此外还有中岳、崇高、外方等称谓。

"嵩山文化圈是嵩山地域文化名称，指嵩山与其附近孕育中原文化的核心地带及其传播地区。依与嵩山远近，文化关联程度疏密，可将嵩山文化圈划分出中心区（核心区）、边沿区和影响区"；"嵩山文化圈中心区（核心区）包括嵩山山体、山麓、山前盆地、山前冲洪积扇、剥蚀堆积倾斜平原和剥蚀堆积平原，东界华北冲积平原，西接豫西谷地，北邻黄河，南抵淮河。""嵩山文化圈边沿区，大致可划分在东到豫东、西到关中、北达冀南、南抵淮河，这是嵩山文化圈与周边文化频繁交流、关系密切地区，这里是文化活跃地带，如形成客省庄、周秦、青莲岗、石家河等文化。嵩山文化影响区与仰韶文化影响区类似，东到滨海，西到青藏高原东侧，北达长城内外，南抵长江流域，这些地区都可以找到嵩山文化圈中原文化的元素。"[3] 笔者所指嵩山，包括太室山（一般标注嵩山处）、少室山山群、箕山及其间的低丘区，还包括向东延伸的具茨山与向东北延伸的云梦山。

嵩山文化圈和嵩山文化是两个既相互关联又不尽同一的概念，前者主要指夏、商、周三代及其之前嵩山地区的人类文化，而嵩山文化的内涵更加广泛，它指的是嵩山地区古往今来的考古学文化、历史文化及当代文化。

二　环境与文化

嵩山三水绕环境我国古代有四渎，渎指独立入海的大河，四渎为河、济、淮、江四水之统称，除江水主要流经华南外，其他三水均主要流经在华北。

河水即今黄河。嵩山的河水水系位于嵩山的西北部。黄河一级支流伊洛河绕东流至嵩山西北时，接受了源于嵩山的白降河、马涧河、浏涧河等。在巩义与荥阳间的汜水，也源于嵩山而北注于黄河。其范围北起荥阳西的黄土台丘地，入云梦山沿山脊至嵩山山脊，下山脊入登封市石道乡西的颍河源头与白降河上游狂河间的岗地，上箕山，顺箕山西的山脊，下箕山，经汝河源头丘岗地，与伊河相接（图一中的I区）。流域面积约3713平方公里。这里分布的主要遗址有陈窑、土门、王湾、二里头、灰嘴、洪沟、花地嘴等。

古济水河道即今郑州市北郊之黄河河道。嵩山的济水水系位于嵩山的东北部，包括有枯河，索河、须河（合流称索须河）[4]、贾鲁河的上游。这几条河流入今郑州市西北荥阳故城东的古荥泽后汇入济水。其范围西界河水流域，南沿云梦山东麓山脊行，下行到郑州市与新郑市间的丘台岗地（图一中的III区）。流域面积约2964平方公里。这里分布的主要遗址有关帝庙、秦王寨、西山、小双桥、大师姑、织机洞、郑州商城、大河村、沙窝李等。

淮水即淮河。嵩山淮水水系位于嵩山的东南部，包括淮河支流汝河、颍河及颍河的主要支流双洎河、溱河，其范围界于上述嵩山河水、济水流域之间（图一中的II区）。流域面积约8693平方公里，这里分布的主要遗址有王城岗、双庙沟、方家沟、萁沟北岗、新寨、古城寨、裴李岗、唐户、石固、灵井、瓦店、阎村、中山寨、煤山等。

绕嵩山分布独立入海的河、济、淮三条大河，为嵩山文化圈华夏文化核心形成和中国国家起源提供了优越的、无与伦比的水资源环境。将嵩山水系作上述划分，有助于深入研究本区古今文化。

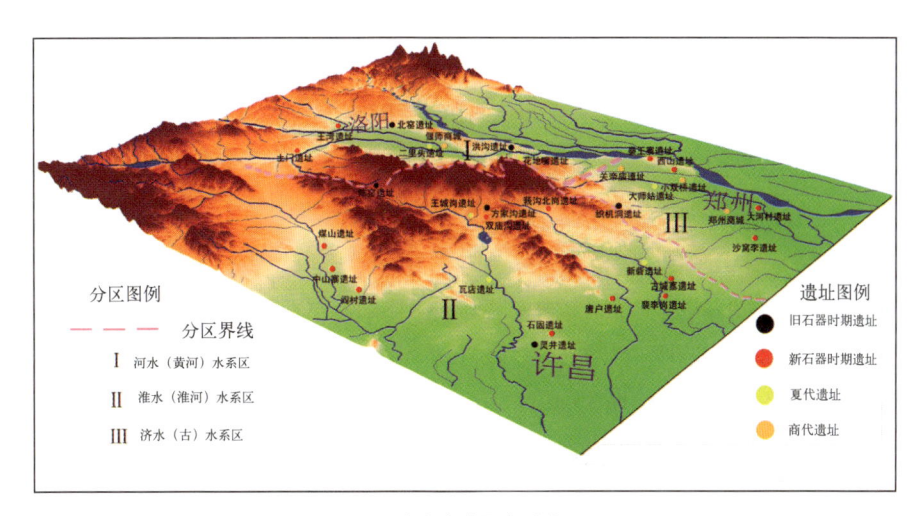

图一　嵩山文化圈水系分区图

三　河水、黄河之辨

关于河流变迁对环境与文化的影响，河水改道是典型事例。黄河下游是易变之河，华北平原主要是黄河冲积而成。现在黄河之前身即河水，自出晋豫峡谷后，经华北平原东北流入渤海[2]。但是有两个问题耐人寻思，那就是河水出晋豫峡谷先东流转向东北流，其拐点何在？又河水后来改东南流始于何时？改道的原因究竟是什么呢？令人寻思。

据我们对孟州至原阳黄河北岸的考察，发现从孟州向东经温县城，直抵武陟县的西阳照村为一长40多公里、宽约1公里的条形岗地，南陡北缓，南侧陡坎整齐，与黄河左岸广宽的一级阶地相交，高4～8米；北侧向北边沁河缓缓倾斜。此岗为马兰期黄土堆积物，其成因可追溯到数万年前晚更新世的冰期时代。当时气候干冷，西北风盛行，风沙与尘埃随西北风漫天飞舞，如天女散花般降落于我国北方大地，厚度多达数米至几十米不等。这种黄土堆积物是20世纪初由瑞典地质学家安特生根据北京西北的马兰峪堆积的黄土命名的，故称马兰黄土。值万年之前地球历史进入冰后期的全新世早期，气候转暖，雨水增加，流水的侵蚀作用加强，河沟发育。自此以降，河水水量大增，以万钧之力奔腾东流，强烈冲刷堆积在山前平原上的马兰黄土。到了全新世中期，气候进一步转暖，雨量大增，河水的冲刷力也随着进一步加大，河谷增宽，从而造成了前述岗地南侧几米高的马兰黄土陡坎，成为河水的北岸。而岗地北侧由于沁河等河的侵蚀，破坏了马兰黄土，堆积了厚层的砂黏土、砂砾等冲积物，使岗地北侧成缓倾斜地貌（图二、三）。

因此，孟州至温县的岗地在河水与沁河的侵蚀作用下残留的马兰黄土台地。保留在平原上的黄土岗地既近水又干爽，故成为人们理想的聚居地。从西向东40多公里的岗地上，一个个村、镇与孟州城和温县城绵延坐落，恰似一长街，当地人称之为"青峰岭"，我们称之为孟州—温县台地（图二、三；图版一，1）。

由武陟县西阳照村往东约10多公里相对低的地方，堆积着冲积物。再向东至武陟县的刘庄和与之相连的原阳县小刘庄，坐落在马兰黄土岗

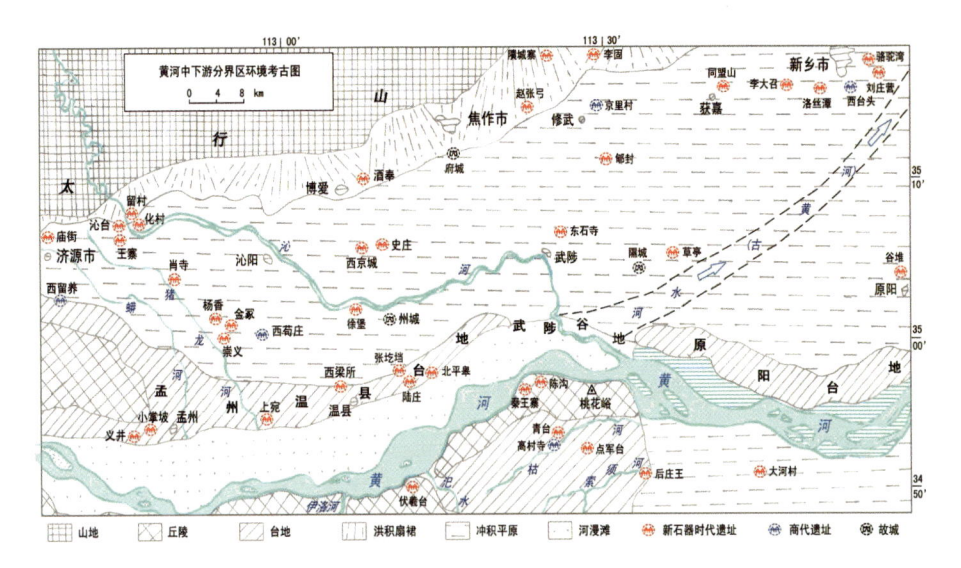

图二　黄河中下游分界区环境考古图

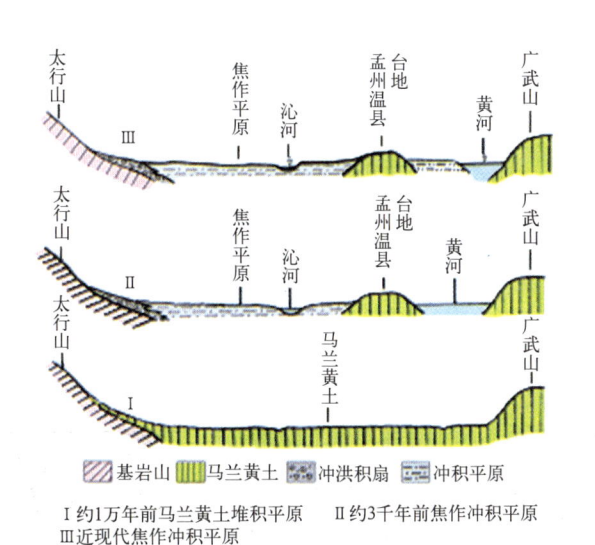

Ⅰ约1万年前马兰黄土堆积平原　Ⅱ约3千年前焦作冲积平原
Ⅲ近现代焦作冲积平原

图三　万年来焦作平原地质地貌演变图

地上，并向东延伸。不过由于受黄河晚期沉积物堆积作用的影响，马兰黄土岗地南陡坎不甚明显，我们称之为原阳台地（图二、三；图版一，2）。孟州—温县台地与原阳台地间的冲积低地称为武陟谷地，此即河水出晋豫峡谷后，入华北平原转向东北流的拐点（图二）。由上可知，孟州—温县台地为河水（古黄河）的北岸，武陟谷地为河水故道。当河水曾流过的武陟谷地被淤积废弃后，改作东流，遂袭夺了古济水河道，造成河济合流，故原阳台地应是河水改到后黄河的北岸。

关于河水从武陟谷地作东北流，不仅可从地貌与沉积物结构之不同得以认定，而且从遥感影像上也可看到河水故道是绕新乡市经内黄流向东北（图四）。

经过了长时间的变故，河水才改道与济水合流。2007年由河南省文物考古研究所刘海旺研究员主持发掘内黄县三杨庄遗址，发现4米厚的河水泛滥沉积物下埋藏有完整的汉代农家院落（图版一，3）。另外现任首都师范大学教授的袁广阔先生前几年发掘的位于三杨庄遗址东南约20公里的濮阳市高城遗址，发现战国城墙上堆积有3米厚的汉代河水洪泛沉积物（图版一，4）。这两处考古新发现或可说明，河水改道东南流的起始时间是在汉代。此时正是全新世周原黄土的新近黄土层开始堆积的时间，说明由于气候变得干凉，加上人为对环境的影响，水土侵蚀增加，流水夹带的泥沙不断壅塞河水的河道。导致洪水来临时，流水不畅，被迫改向东南，最终袭夺济水形成二水合流至今。太行山新构造的抬升运动对河水改道作用如何呢？据我们对太行山焦作市至辉县市间峪口冲洪积扇和新乡市西太行山前的实地踏查，峪口冲洪积扇前沿陡坎不明显，新乡市西冲洪积扇不发育。这说明全新世地壳抬升并不明显，故导致河水改道的基本动因不是太行山抬升，而应是全新世晚期气候变得干凉所引起的。

图四　遥感影像图示黄河以北河水之故道

另外，我们在郑州市黄河游览区广武山（又称邙山）考察时，对据说是原黄河水利委员会主任王化云先生主张的将桃花峪作为黄河中下游分界的划分法心存疑问。但后来发现桃花峪正朝向河水拐点武陟谷地，并且后来河水改道，也恰好是在此袭夺济水，故认为王化云先生提出的将桃花峪作为黄河中下游之分界是极有见地的（图版一，5）。另外，黄河中下游分界线放在桃花峪，可能与桃花峪以东黄河河道变为地上河有关。

1．南北向与东西向"十字形"古文化通道

晋豫间黄河中下游自西向东有一条深陷的涵状地带，或称廊道，此乃地质构造华北地台西南隅与昆仑—秦岭地槽东延的接合处。此涵状地带西与渭河盆地相连，东抵郑州西与黄土高原和华北平原之交汇处相接，东西长约700公里。由于这条廊道自古至今为我国中部地区东西间的交通要道，故道上留下了丰富的古文化遗存[7、8]，举其要者即有旧石器时代的蓝田、陈家窝、大荔、芮城、张家湾、织机洞等遗址；中石器时代的沙苑遗址；新石器时代的北首岭、半坡、西坡、庙底沟、三里桥、仰韶、王湾、秦王寨、西山和大河村等遗址；夏商时期的二里头、偃师商城等遗址；西周的成周、东周王城、虢国墓地；秦代的秦始皇陵及兵马俑。有世界文化遗产龙门石窟；有著称于世的11朝古都西安、9朝古都洛阳、7朝古都开封和古都郑州。在嵩山、伏牛山、太行山的山前形成了长达1000多公里的南北向古今交通要道，故这里也遗留有丰富的文化遗存[7、8]，自南向北举其要者即有旧石器遗址许昌灵井、安阳小南海、北京周口店等；新石器遗址有杨庄[9]、贾湖[10]、唐户、裴李岗、西山、秦王寨、孟庄、磁山、北福地[11]、镇江营、雪山等；夏、商、周有郑韩故城、郑州商城、安阳殷墟、北京琉璃河遗址等；古墓有潞简王陵、北朝墓地、满城汉墓等；古都有郑州、安阳、北京。上述两文化古道在嵩山附近交汇而形成"十字形"文化古道。嵩山文化圈恰值其交汇处，因而聚集效应和辐射效应显著，从而在中国古文化发展历程中起到核心的作用（图五）。沿此中国中部十字形古交通、古文化要道向中国东、西、南、北延伸，则将中国多元古文化连成一体。

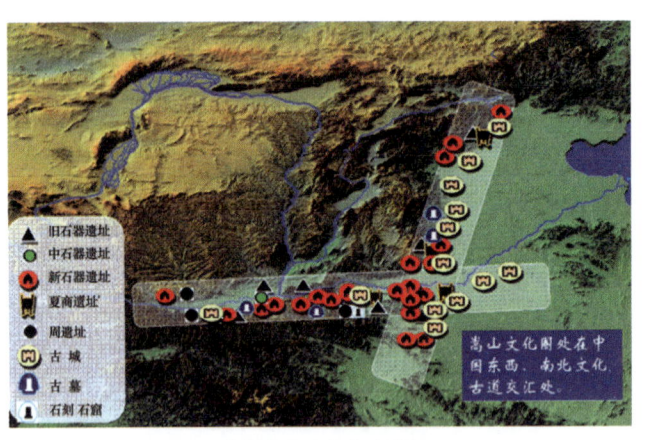

图五 中原十字形文化古道图

2. 大河村遗址旁全新世古湖沉积孢粉分析

大河村遗址位于郑州市东北柳林乡大河村西南约1公里的小丘上，面积达40多万平方米，1964年发现，1972年至1987年间经过15次发掘。由于该遗址主含仰韶文化，还含龙山文化、二里头文化和二里岗文化，绵延3300年，以及发掘出完整而工艺特殊的"木骨整塑"房屋和发现匠心独具的大量陶器，这里仰韶文化与邻区大汶口文化、屈家岭文化有交流，这些丰富的考古学内涵，致使大河村遗址在中国考古学文化中具有突出的重要性[12]。

笔者周昆叔于20世纪90年代初曾到大河村遗址考察，向陪同考察的同志询及文化堆积等情况后，判定遗址附近应有古湖沼。又严富华先生等为该遗址做的孢粉分析结果表现的全新世环境演变较为完整，惜当时采样较稀，故环境演变只能表现出一个大概[13]。考虑到中原核心地区虽做了较多的环境考古工作，但缺乏全新世较详细的孢粉分析结果，根本原因是由于未找到或找到而未能获得较理想的孢粉分析结果的剖面。为研究这里全新世期间人地关系，选择一个重要的遗址找湖沼沉积采样做孢粉分析，是深入展开中原核心区环境考古工作的要务。于是在2008年3—4月到大河村遗址附近进行寻找古湖沼的踏勘和钻探，几经努力，在大河村遗址西约100米的麦地下和遗址西南约200米处找到深灰色粉细砂为主的湖泊沉积物，判定这里应是大河村遗址旁大河村先人依畔的湖泊。请中国地震局工程勘察处汽车钻工作队帮助，在大河村遗址西南角几十米外的居民场院中打钻取样做孢粉分析和 ^{14}C 年代测定。打钻两孔，钻孔1岩芯留大河村遗址备用，钻孔2岩芯每隔2厘米取样做孢粉分析与 ^{14}C 测定年代（图版一，6）。

郑州大河村钻孔2岩芯描述如下：

1．0～38厘米（1～19号样品）：细砂，黄黑杂颜色斑，夹有陶片、红烧土块等文化遗物。

2．38～78厘米（20～39号样品）：灰黄色黏土质粉砂、粉细砂与深灰色黏土团块混杂，部分样品含有红烧土块。

3．78～124厘米（40～62号样品）：深灰色粉砂质黏土或黏质粉砂土，多含有红烧土渣。

4．124～262厘米（63～131号样品）：杂色的粉细砂间夹粗砂团块，部分样品含有较多炭屑、红烧土块。

5．262～324厘米（132～163号样品）：灰黄色黏质粉砂间夹粗砂、细砂团块，下部黑色，另夹有较大的钙结核，底部还含有大量的红烧土块。

6．324～334厘米（162～167号样品）：粗砂，根孔，炭屑较多。

在334厘米的岩芯中共采取分析样品167个。岩芯岩性反映出三种沉积物环境。0～78厘米岩芯主为黄色粉砂，混杂黑色、灰色斑块状黏土，含陶器残片与红烧土块，这表明该段沉积物为湖泊消亡后的堆积物，其中文化遗物为大河村遗址堆积物经再搬运而来。78～324厘米岩芯主为深灰色粉砂、粉细砂，为湖泊沉积。该沉积又可分为三部分，78～124厘米为黏土，代表较为典型的湖泊沉积。124～262厘米，多粉细砂，反映湖水变浅或来沙量增加。262～324厘米，黏质粉砂夹粗砂、细砂，下部显黑色和含较大的钙结核和大量的红烧土块，是有机质、钙质与红烧土块淀积而成，为湖泊初期。湖泊沉积中夹杂的红烧土块是大河村遗址文化堆积被水冲入湖中。324厘米以下为粗砂，为古湖泊形成前的古河道沉积物。古湖泊是在全新世初期古河道中形成的。二者为不整合接触关系。

从167块样品中总共统计出21291粒孢粉。含鉴定出80个类别。乔

木花粉30个科属，包括冷杉属（*Abies*）、云杉属（*Picea*）、铁杉属（*Tsuga*）、油杉（*Keteleeria*）、雪杉（*Cedrus*）、松属（*Pinus*）、柏科（*Cupredaceae*）、罗汉松属（*Podocarpus*）、桦属（*Betula*）、桤木属（*Alnus*）、鹅耳枥属（*Casrpinus*）、苗榆属（*Ostrya*）、栎属（*Quercus*）、山毛榉属（*Fagus*）、栗属（*Castanea*）、胡桃属（*Juglans*）、山核桃属（*Carya*）、榆属（*Zelkova*）、椴性（*Tilia*）、枫香属（*Liguidamabar*）、豆科（*Leguminosae*）、柳属（*Salix*）、榉属（*Ulmus*）、化香树属（*Platycarya*）、枫杨属（*Pterocarya*）、木犀科（*Oleaceae*）、槭树属（*Acer*）、爵床科（*Acanthaceae*）和冬青属（*Ilex*）。灌木草本花粉34个科属包括榛属（*Corylus*）、麻黄属（*Ephedra*）、蒿属（*Artemisia*）、紫苑属（*Aster*）、莴苣属（*Lactuca*）、矢车菊属（*Centaurea*）、菊科（*Compositae*）、黎科（*Chenopodiaceae*）、地榆属（*Sanguisarba*）、石竹科（*Caryophyllaceae*）、忍冬属（*Lonicera*）、蓼属（*Polygonum*）、鹿松草属（*Thalictrum*）、伞形科（*Umbelliflorae*）、杜鹃科（*Ericaceae*）、胡颓子科（*Elaeaghaceae*）、毛茛科（*Ranunculaceae*）、唇形科（*Labiatae*）、凤仙花科（*Balsaminaceae*）、柳叶菜科（*Oenotheraceae*）、眼子菜科（*Potamogetonaceae*）、香蒲属（*Tyhar*）、狐尾藻属（*Myriophyllum*）、莎草科（*Cyperaceae*）、禾本科（*Gramineae*）、葎草属（*Humulus*）、蔷薇科（*Rosaceae*）、菱科（*Hydrocaryaceae*）、泽泻科（*Alismataceae*）、茜草科（*Rubiaceae*）、茄科（*Solanaceae*）、远志科（*Polygalaceae*）、杏菜属（*Nymphoides*）、水鳖科（*Hydrocharitaceae*）。蕨类孢子15个科属，包括石松属（*Lycopodium*）、卷柏属（*Selaginella*）、水龙骨属（*Polypodium*）、水龙骨科（*Polypodiaceae*）、膜叶蕨属（*Hymenophyllum*）、凤尾蕨属（*Pteris*）、紫萁属（*Osmunda*）、里白属（*Hicriopteris*）、瘤足蕨属（*Plagioguria*）、海金沙属（*Lygodium*）、桫椤属（*Cyathea*）、铁线蕨属（*Adiantum*）、金毛狗属（*Cibotium*）、金粉蕨属（*Onychium*）、石韦属（*Pyrrosia*）。藻类有环纹藻（*Concertricystes*）。

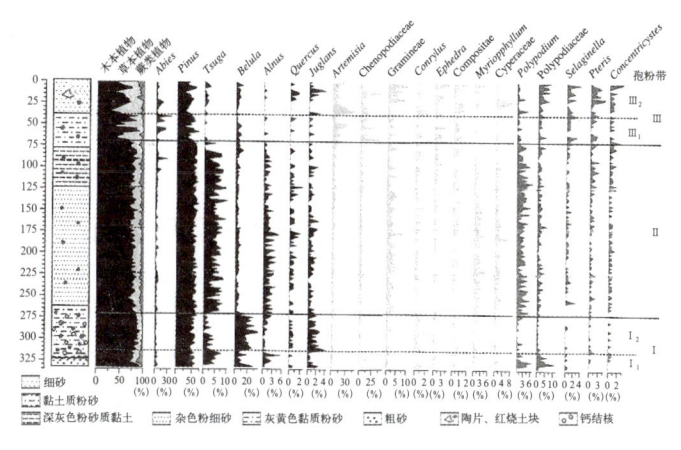

图六 郑州市大河村遗址旁全新世古湖沉积孢粉式

依据上述孢粉组合及其孢粉谱，绘制成孢粉式（图六），可以看出大河村遗址旁全新世古湖地层的孢粉分析结果有三个方面的意义。

（1）植物种类多，主要类型少。孢粉类型较多，但含孢粉数量多的主要类型并不多，只有19个类型，即冷杉属、松属、铁杉属、桦属、栎属、胡桃属、蒿属、藜科、榛属、麻黄属、菊科、狐尾藻属、莎草科、禾本科、水龙骨属、水龙骨科、卷柏属、凤尾蕨属和环纹藻属，我们以上述类型做成孢粉式。其他的孢粉类型都只零星被发现，发现孢粉量较多的植物只占整个孢粉组合的四分之一。

（2）森林与草原兼有的植被。木本、草本、蕨类植物孢粉各占的比例，以木本花粉居多，一般可达70%或更多；草本花粉其次，一般达10%～20%；蕨类孢子最少，一般只占5%～10%。木本花粉虽多，但多为松、桦，松一般可占到50%～60%，而桦除在剖面底部可占到20%～30%，到剖面中上部一般只占到5%左右。灌木草本花粉除蒿在剖面上部可达10%～20%，少数可达30%～40%，其他草本，蕨类孢子多为5%以下。由于松、桦花粉属远距离传播花粉类型，远播几十公里是常事，所以它们的花粉数量多并不一定代表植株多。通观大河村遗址旁古湖的孢粉组合，反映的植被是森林与草原兼有。

3. 孢粉式可分为三个孢粉带：

Ⅰ带：松、桦孢粉带。剖面深2.72～3.34米。气候温凉。可分两个亚带：

I1松、桦、铁杉孢粉亚带。剖面深3.16～3.34米。

I2松、桦、胡桃孢粉亚带。剖面深2.72～3.14米。

气候摆动，前温和，后温凉。

Ⅱ带：松、铁杉、水龙骨带。剖面深0.78～2.72米。此带有四个最显著的特点，其一是桦树花粉骤然大减，从前带占20%减到不及5%。其二是华北该段栎树花粉出现峰值，本剖面虽陆续出现，但量多不及2%。其三是铁杉属花粉连续出现，量可达5%～10%，这是华北罕见的。铁杉现今在华北已无分布，现今与阔叶树混交分布在江南，或分布在西南2000～3000米的中山上。该段还出现了一些典型亚热带植物孢粉，如山毛榉、山核桃、枫香、冬青、凤尾蕨、桫椤、海金沙、里白、石韦（图七）等。这与本区贾湖[10]、王因[14]、五村[15]、殷墟[16]、韩小庄[16]、王城岗[17]等处同期发现的亚热带动植物互为印证。此孢粉带反映古气候为亚热带。其四是水生植物狐尾藻花粉不断出现，验证

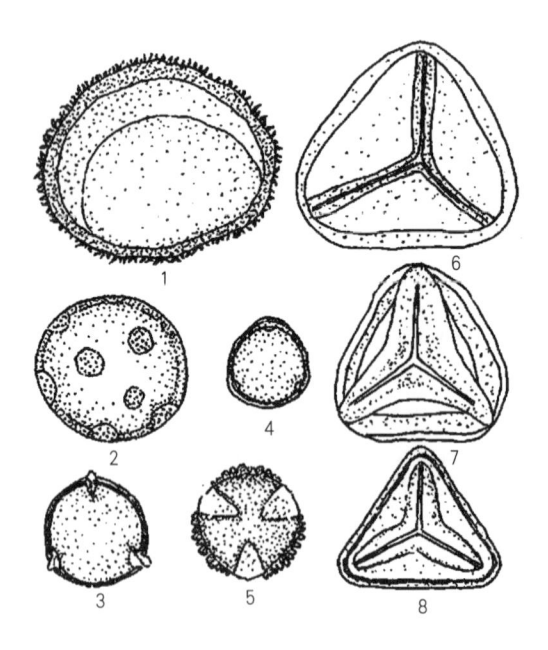

图七　郑州市大河村遗址旁全新世中期古湖沉积
含亚热带植物孢子花粉部分素描图

1.铁杉属（*Tsuga*）　2.枫香属（*Liquidambar*）　3.山毛榉属（*Fagus*）
4.山核桃属（*Carya*）　5.冬青属（*Ilex*）　6.海金沙属（*Lygodium*）
7.金毛狗属（*Cibotium*）　8.桫椤属（*Cyathea*）
约放大400（1、6、7、8）～800（2、3、4、5）倍

了存在湖水生态环境。

III带：松、蒿、禾本科孢粉带。剖面深0.02～0.78米，气候凉干。可以分为两个亚带：

III_1 松、蒿孢粉亚带。剖面深0.38～0.78米。

III_2 松、蒿、藜、禾本科、卷柏孢粉亚带。剖面深0.02～0.30米。气候愈来愈干凉。

纵观大河村遗址旁古湖沉积孢粉式，2.72米桦花粉明显减少，而铁杉花粉明显增多。说明气候由温凉转温暖。0.78米松、铁杉花粉明显减少，而蒿、藜、禾本科花粉明显增多，说明气候由温暖变凉干。这种全新气候三段式变化与华北该期气候变化的趋势是一致的[19、20]，代表了全新世早、中、晚三期，推断年代早期约为11000～8000年；中期约为8000～3000年；晚期约为3000年至近代（^{14}C年代正在测定）。大河村遗址形成于全新世距今6000多年至3000多年间的温暖湿润亚热带气候环境下。

四　问题讨论

嵩山文化的伟力源于这里稳定和适宜的环境及其对不同景观的合理利用。

1. 稳定适宜环境与持续发展

大河村遗址旁全新世古湖孢粉分析说明，嵩山文化圈全新世中期是松、铁杉的花粉曲线形成峰值，虽然曲线有变化，但其变化较小，以致无法再分出亚带。这说明嵩山文化圈文明起源在较稳定的温暖湿润亚热带环境下。有丰沛雨水供给绕嵩山的三水水系，河水丰盈，墒情好，日照足，人们在褐红色土壤上耕作，促成了农业发达和文明的诞生。

据我们对嵩山文化圈核心区郑州、荥阳、登封、新郑、新密、巩义、偃师、汝州、禹州、许昌、长葛等县市新石器时代以来270处遗址所含考古学文化的统计得出如下结果[8]。含单一考古学文化的遗址有150处，占55.5%。含2个时代考古学文化的有100处，占37%。含3个时代考古学文化的遗址有14处，占5.1%。含4个时代考古学文化的

遗址5处，占1.8%。含5个时代考古学文化遗址1处，占0.3%。含2个时代以上考古学文化的遗址合计120处，占总数的44.2%，也就是说含几个时代考古学文化的遗址的比例比含单一考古学文化遗址占的比例略少（图八）。这样的统计结果与实际情况可能有较大差别。一方面由于多数遗址未作深入调查，如在登封深入进行的遗址专项调查[5]，20个遗址中含几个时代考古学文化遗址有15处，占总数的75%，而含单一考古学文化遗址仅有5处，占25%（图八）。可见若对嵩山文化圈遗址进行深入调查，含多个时代考古学文化遗址数至少会与含单一考古学文化遗址数持平，而且很可能较之多。另一方面可能受新石器文化早段裴李岗文化遗址多单一考古学文化影响有关，例如双洎河流域14处裴李岗文化遗址中，含单一考古学文化的遗址有12处，含两个以上的考古学文化的遗址仅2处。嵩山文化圈许多考古学文化出现同一遗址中，延续时间可达1000年、2000年、3000年、4000年，甚至可达5000年。如果对其历史时期的文化进行调查，可能延续时间更长，有的甚至距今9000～8000年来文化绵延不断。多期考古学文化在同一遗址及其附近出现的比例如此之高，是本区域的突出特点。嵩山文化圈史前与史初长期在同一地点上聚居。这说明嵩山文化圈环境的稳定性好，这种稳定性是由于该区域比较好的水热条件，在全新世气候波动的背景下没有出现较长时段的不利环境，古代人类可以通过适当的文化调整与小幅波动的环境达到平衡，使得古代人类文化可以保持动态的持续发展。在嵩山及其周边的稳定环境下，文化得以绵延，人们知识得以累积，社会发展达到高出其他地区的水平。每年0.01～0.03毫米尘降对土壤母质的补充，农业土壤不易因侵蚀而减薄，地力得以保持。生活在嵩山文化圈黄土堆积侵蚀平原与台地上，近水却无水患，高亢干爽而利人生。这些都是有利于该地区古代人类文化得以绵延和持续发展的有利环境条件。

2. 不同景观与因地制宜利用

嵩山文化圈有多种多样景观。有山有原。山有中山，如太室山、少室山；有低山，如箕山、具茨山和云梦山；有丘陵，如云梦山东麓有焦山至黄帝岭间的高丘；黄帝岭至胡家脑的低丘。往东有梅山孤丘。梅山东坡至荆铜为侵蚀堆积平原。自鸡王进入冲积平原。山前河谷旁有阶地，也有宽广的马兰黄土台地，如新密曲梁。嵩山与箕山间的超过100平方公里的低丘间有卢店、登封和大金店盆地。在嵩山北有几百平方公里的洛阳盆地。在这些地貌单元上有森林、草原分布，有黄土覆盖和冲积与湖沼沉积物堆积。这些地貌单元有土壤、植被、光照、温度、湿度环境条件的差异，尤其是黄土与冲积物和湖沼沉积物是干湿不同的两种环境沉积物，嵩山地区多种多样的自然环境，为这里人们聪明才智的发挥创造了得天独厚的环境条件。

在洛阳皂角树遗址的二里头文化层中发现了粟（*Setaria italica*）、黍（*Panicum miliaceum*）、小麦（*Triticum aestivum*）、稻（*Oryza sativa*）、大麦（*Hordeum vulgare*）、大豆（*Glycine max*）[21]，这是我国发现早期的五谷农业。植物对环境敏感，所以不论古今人工栽种植物首先要注意因地制宜。农作物生长发育对环境条件光、热、水、土、肥等要求更高。每一种作物有对种、管、收、藏与加工的特殊要求。如大豆的种植。大豆在甲骨文中为菽，《诗经》中也记载中原有菽，秦汉

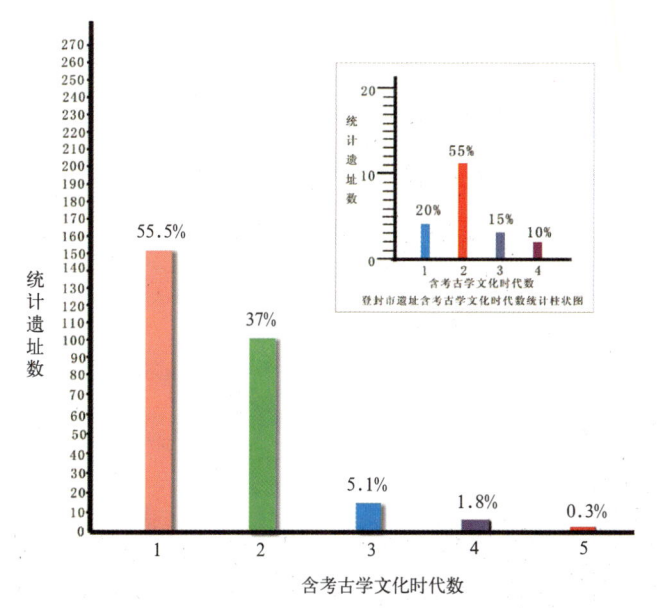

图八　嵩山文化圈遗址含考古学文化时代数统计柱状图

图版一

嵩山行 ◎ 附录

1. 孟州、温县台地　　　　　　　　　2. 原阳台地上的小刘庄
3. 内黄汉代三杨庄遗址上河水泛滥沉积　4. 濮阳高城遗址东周城墙
　　　　　　　　　　　　　　　　　　　上覆的汉代河水泛滥沉积（袁广阔教授提供）
5. 邙山（广武山）黄河中下游分界的桃花峪　6. 郑州大河村遗址旁全新世古湖钻孔岩心

后称菽为大豆。世界都承认大豆源于我国，故英文也称作soy。大豆直到20世纪90年代才在皂角树遗址的二里头文化层中被发现[21、22]。栽培大豆源于野生大豆，野生大豆的分布不限于中原，为什么栽培大豆起源于中原，可能与中原先辈已观察到这种植物需厚层土壤，中原有厚层黄土，以利大豆主根深入1米的黄土中，并且中原可以为大豆种植提供需要的喜光、短日照、喜温、嗜水的环境条件，所以中原先民较早的种植大豆。中原先民在4000~3000年前就已懂得利用干、湿不同景观种植不同性状作物，这是他们对不同景观合理利用的结果。正是嵩山及其周边的山原之交、黄土高原与华北冲积平原之交，具有多样性的地域景观组合，利于发展具有多种经济成分的文化。这样的文化既具发展活力，也更能适应和抵御气候和环境的波动。嵩山文化圈先辈对不同景观因地制宜利用中发展多种农业，从而为人们健壮体魄与发展先进文化提供了经济基础。当前，河南为中国第一农业大省，仍与这种有利的资源条件相关。

综上所述，嵩山及其周边区域全新世适宜和相对稳定的环境、地域多样景观和资源的合理利用与开发，是嵩山文化圈形成发展及其在中华文明起源和发展历史上发挥了核心作用的重要原因。

本文工作与国家十一五科技支持计划项目中华文明探源工程（二）《3500BC-1500BC中国文明形成与早期发展阶段的环境研究》课题协作进行。孢粉分析请严富华、麦学舜先生完成。工作中得到许多单位和朋友们的大力帮助和参与，还和同仁进行有益讨论，笔者致以诚挚的感谢。

参考文献

【1】焦北辰《中国自然地理图集》，地图出版社，1984年。

【2】谭其骧《中国历史地图集》，地图出版社，1982年。

【3】周昆叔、张松林、张震宇等《论嵩山文化圈》，《中原文物》2005年1期。

【4】陈石卿《索河源流考》，河南省文物考古文学会编《河南文物考古考古论集》，大象出版社，2006年。

【5】河南省文物考古研究所、密苏里州立大学人类学系、华盛顿大学（圣路易斯）人类学系《颍河文明》，大象出版社，2008年。

【6】彭爱杰《试论淮河流域龙山文化的发现发展与特征》，《中国文物报》2008年10月10日7版。

【7】国家文物局主编《中国文物地图集》陕西分册，西安地图出版社，1998年。

【8】国家文物局主编《中国文物地图集》河南分册，中国地图出版社，1991年。

【9】北京大学考古学系、驻马店市文物保护管理所《驻马店杨庄》，科学出版社，1998年。

【10】河南省文物考古研究所《舞阳贾湖》，科学出版社，1999年。

【11】段宏振主编《北福地》，文物出版社，2007年。

【12】郑州市文物考古研究所编著《郑州大河村》，科学出版社，2001年。

【13】严富华、麦学舜、叶永英《据花粉分析试论郑州大河村的地居时代和形成环境》，《地震地居（1）》，1986年。

【14】高广仁、胡秉华《山东新石器时代生态环境的初步研究》，周昆叔主编《环境考古研究（一辑）》，科学出版社，1991年。

【15】山东文物考古研究所等《广绕县五村遗址发掘报告》，《海岱考古》，山东大学出版社，1989年。

【16】周昆叔《环境考古》，文物出版社，2007年。

【17】河南省文物考古研究所、北京大学考古文博学院《登封王城岗考古发现与研究》，大象出版社，2007年。

【18】中国植被编辑委员会《中国植被》，科学出版社，1980年。

【19】周昆叔《对北京附近两个埋藏泥炭沼的调查及其孢粉分析》，《中国第四纪研究》四卷一期，1965年。

【20】周昆叔、陈硕民、冻永惠、叶永英、梁秀龙《中国北方全新统花粉分析与古环境》，中国科学院地质研究所孢粉分析组、同济大学远洋地质系孢粉分析室《第四纪孢粉分析与古环境》，科学出版社，1984年。

【21】洛阳文物工作队《洛阳皂角树》，科学出版社，2002年。

【22】周昆叔等《夏代大豆的发现》，载《花粉分析与环境考古》，学苑出版社，2002年。

嵩山情缘

(后记)

有情有缘,情缘相辅相成。

1952年我从长沙前往西安西北大学攻读生物学时就与嵩山擦肩而过,首次眺望过这座中国人民心目中的巍巍中天柱,这座神圣的圣山。后来多次因工作途经或到河南工作遥望过嵩山。1964年被派到禹州与许昌从事"四清"工作与劳动锻炼的一年半里靠近嵩山。20世纪70年代终于实现了到少林寺的宿愿,记得是从登封城沿少林河左岸崎岖不平的马车道步行到少林寺,中年体强,不觉劳累,反觉深山古刹,幽深清净,舒适安宁。1993年到洛阳市与洛阳市文物工作队合作研究皂角树遗址再到少林寺一睹尊容,当年怀抱一同参观的女娃娃,现在已是亭亭玉立的大学生了。

2000年,我从英国参加完"东亚考古国际会议"刚回国的盛夏,应邀到登封市告成镇观星台旁河南省文物考古研究所告成工作站,参与中美合作调查研究颍河上游的考古学文化,在这里汗流浃背,穿山越岭,疾步跨河工作了半个月,研究结果集结在《颍河文明》一书中。

由于历年在中原从事环境考古工作,于2002年在济南举行的"中国环境考古第三届学术研讨会"上做"中国十五年来的环境考古"主题报告中提出了"嵩山文化圈"的理念。2005年年初在《中原文物》刊出了余等写的《论嵩山文化圈》一文。2006年3月应《文明》杂志社之邀为迎接普京总统到嵩山访问出的专刊中撰写了《中华民族文化的核心——嵩山文化圈》一文。同年4月应郑州市市委宣传部之邀做了与上文同题的报告。7月应登封市市委宣传部和嵩山风景名胜景区管理委员会之邀分别做了两场题为《嵩山伟力》的报告。期间我为嵩山题词:"天地之

中，万山之祖，三水之源（后改为'三水之联'），五岳之宗。"同年应邀参加"嵩山论剑"的学术演讲，论述了"嵩山文化甲天下"。2008年应《文明》杂志社邀请为申请嵩山古建筑群成为世界文化遗产而出的专刊上写了同题论文。

2007年嵩山文化研究被郑州市列为重点科学研究课题，余与同仁先后到嵩山及其周边考察、钻探和分析实验，探究嵩山文化，于2009年将研究结果汇集在《中华文明与嵩山文明》（第一辑）一书中，该书着重论述了中原文化是中华文化的主源与核心，嵩山是中原文化的发动机和孵化器。

2009年年中在郑州市、登封市党政领导和人民的关怀下，我住到了嵩山少林风景区管理局王指沟旅游度假村7号院嵩山寄楼，想以老年之躯就地观察和学习嵩山人、物、景、文与史，希望找到古的"基因"在现代的表现，以检验我过去的工作和弥补古今联系不足，一年来的体验是：

从考察嵩山中看到了嵩山之所以"奥"与嵩山的奇、险、秀、美有关。

从考察箕山日月星辰岩画、具茨山巨石文化、许由遗迹和登封窑近800年陶瓷史中更体会了嵩山在华夏文明形成中的根脉作用和丰富内涵。

从登封少林文化、根艺文化、奇石文化和古陶瓷文化及其复仿制中，看到了嵩山人对嵩山巧利用，妙创造，认识了登封人的创新与执着精神，也更理解了"天人合一"的哲理。

2009年12月29日离登封返京。当我2010年1月20日重到登封时，蒙邓全保先生介绍阅读《中国五岳》一书，该书是英国皇家地理学会会员威廉·埃德加·盖洛（William Edgar Geil）于20世纪初来中国考察写成的，著于1929年。由彭萍、马士奎、沈弘译，山东画报出版社出版。我怀着很大的兴趣了解一个外国学者一个世纪前是怎样看"五岳"的。该书序言中很有意思谈到中国很讲究"五"这个数字，如五色、五行、五方向、五脏、五帝、五岳等，并把五岳与五行、五色对应列出：

嵩山行 ◎ 后记

> 东岳泰山对应木和青色，
> 南岳衡山对应火和赤色，
> 中岳嵩山对应土和黄色，
> 西岳华山对应金和白色，
> 北岳恒山对应水和黑色。

我阅读威廉·埃德加·盖洛写嵩山章节时，让我印象深刻的有两点。

其一，强调嵩山是"……柔道的故乡——圣城登封……"，"中岳也许是五岳中最神圣的一个"。看来一个世纪前一个外国学者就已意识到登封是"功夫之都"，是"圣城"了。

其二，强调嵩山人的品德高尚。这位英国学者在写嵩山的五章中，后三章都是写嵩山的人，其中写到上古圣人许由，写到登封的著名学者、名流、政要景日昣，尤其用了不少文字介绍这里的《烈女传》，谈到冒千难万险把死在异乡的丈夫尸体运回，幼女舍身救母和几个寡妇毁容守节、坚贞不屈等的事迹。他被这些感人至深的故事打动后，写了下面一段话："一个人一定要有所追求。可是中国通过探求人性的本质，从而更接近真理的内在。财富是身外不可确定的东西，桥梁、发动机和船舶更多地是为了方便别人。而最重要的事当然并不是一个人拥有什么，也不是他在干什么，而是他是什么样的人。"[1]一个世纪前的一个外国学者通过对嵩山史、人、社会等的观察与调查得出了"一个人一定要有所追求。"看人"不是一个人拥有什么，也不是他在干什么，而是他是什么样的人"的认识，这不仅要引以为省，也说明我们现在对嵩山史、人、物、景的调查是必要的，其中所体现嵩山人的可歌可泣的精神同样对我们有重要启迪。

嵩山是一本认识自然世界和中国社会的教科书，我很幸运读了这本伟大的书，本书就是我近期向嵩山学习的体会和答卷，期盼读者指正。稿成后，蒙中共河南省委常委、郑州市市委书记王文超同志审阅和

---

[1] 威廉·埃德加·盖洛《中国五岳》，山东画报出版社，2006年。

鼓励，还蒙登封市市委书记王福松、市长郑福林、宣传部长崔世英、嵩山风景名胜区管理委员会书记裴松宪，以及登封市史志办公室主任吕宏军审阅。蒙一直关注和鼓励我在中原工作的许顺湛老先生，耄耋之年，不顾身体不适，慨允写序。还劳驾王福松书记在百忙中应允写序。他们的肺腑之言，不仅对我是鼓励与鞭策，也对读者有导读之功。感谢河南省、郑州市杨丽萍、陈爱兰、杨焕成、孙英民、齐岸青、丁世显、阎铁城、任伟等领导。还有蒙近些年一直关照和支持我工作的宋豫秦教授为完善本书提出中肯的意见。此外还有大力支持我工作的吕伟、何聪道、李鹏、王少锋、曹红升、栗艺娜、蔡弘培、牛志学、李梓正、耿炳伦、曹宗礼、李承森、曹兵武、吕宏军、秦晓沣、宫嵩涛、孙新民、张松林、宋银涛、程胜利、王道生、王振北、田德学、刘俊杰、李占扬、马宁、苗雨国、吕厚远、吴乃琴、莫多闻、蔡全法、杨瑞霞、王超、鲁鹏和安春华等先生。难得的是承蒙登封市和嵩山风景名胜区管理委员会各级领导和朋友们对我的诸多帮助，特别是登封市文化产业办公室、登封市接待办公室、少林风景区管理局和王指沟旅游度假村劳累更多，感念至深，恕不能一一鸣谢，让您们受累了。袁一峰先生为编排与修改本书日夜劳累。毛建超先生和陈娟、张晨小姐帮助录入计算机费力甚多。有劳工小兵先生等为考察辛苦驾车。在此一并致以衷心的感谢！也感谢相濡以沫的老伴单岁琴女士始终陪伴我工作和家人的理解和支持。

非常感谢登封市对我撰写本书的大力支持与资助。